CNB 1004 개혁주의 교회관 강좌 시리즈 〈4〉
성경신학 관점으로 본 해설

복음과 선포 I

이 종 연

2007년

도서출판 깔뱅

지은이 | 이종연

서울 총신대(B.A.)와 수원 합동신학대학원대학교(M. Div)에서 신학을 수학했다.
1986년 목사 임직을 받아 진명교회에서 목회를 하며 성경원어강좌를 통해 성경원어 보급 및 개혁주의 신학 확장을 위한 저술 활동에 힘쓰고 있다. 개혁주의 교회관에 근거한 신학의 확장을 위해 2005년부터 미국 아틀란타 바이블 칼리지에서 후학들을 기르고 있다.

http://cafe.daum.net/blart
http://cafe.naver.com/blart.cafe

이제껏 펴낸 책

- 『하이델베르흐 교리문답 1』(2006년, 서울: 도서출판 깔뱅)
  전투하는 교회가 누리는 벅찬 위로를 조명하였다. 갈수록 교리를 멀리하는 배교의 시대에 바른 교회를 세워나가는 지침서가 될 것이다.
- 『한겨레 성경(모세오경 원문직역)』(1996년, 서울: 도서출판 깔뱅)
  바른 원문에서 순 한글로 직역한 한국 최초의 성경이다. 개혁의 전통에서 교회개혁을 위하여 5경을 먼저 펴냈다.
- 『바른 교회』(1998년, 서울: 도서출판 깔뱅)
  역사적 개혁신학과 그 신앙을 토대로 교회론 일부를 담았다. 적어도 이 정도는 알고 교회를 세워야 하리라.
- 『바른 찬송』(2001년, 서울: 도서출판 깔뱅)
  오늘 교회관이 빈곤해지면서 찬송을 제대로 드리지 못한다. 성경에서 찬송계시를 새롭게 드러냈다. 꼭 읽어보시라.
- 『바른 성경과 한글 번역』(2002년, 서울: 도서출판 깔뱅)
  성경관이 무너진 배교의 시대에 바른 원문에 입각한 성경관과 배달말인 순 한글 번역의 필요성을 갈파했다.
- 『성경 원어 독본』(1994년, 서울: 도서출판 깔뱅)
  원어성경을 어떤 자세로 보고 어떻게 배워야 하는지 밝히고, 교리와 신학을 바른 원어성경으로 검증해내도록, 누구라도 쉽게 올바로 다가서도록 피땀을 쏟았다.
- 『성경 원어 강의안(히헬 간추린 문법)』(1985년, 서울: 도서출판 깔뱅)

복음과 선포 I

CNB 1004

복음과 선포 〈I〉

The Gospel and Preaching I

by Jong Youn Lee
Published by Calvin Publishing House

초판 인쇄 2007년 6월 22일
초판 발행 2007년 6월 29일

발행처 | 도서출판 깔뱅
발행인 | 김순영
지은이 | 이종연

등록번호 | 제2-1458호
등록일자 | 1998년 11월 18일

주간 | 송영찬
편집 | 신명기
디자인 | 조혜진

주소 | 서울시 서초구 잠원동 69-24
전화 02-535-9876 019-366-9438

총판 | (주) 비전북출판유통
주소 경기도 고양시 일산구 장항동 568-17호(우편번호 411-834)
전화 031-907-3927(대) 팩스 031-905-3927

값은 표지에 있습니다.
파손된 책은 교환해 드립니다.
ISBN 89-92204-21-3 93230

printed in Korea

복음과 선포 I

THE GOSPEL AND PREACHING I

CNB 시리즈
서 문

CNB The Church and The Bible 시리즈는 개혁신앙의 교회관과 성경신학적 구속사 해석에 근거한 신 · 구약 성경 연구 시리즈이다.

이 시리즈는 보다 정확한 성경 본문 해석을 바탕으로 역사적 개혁 교회의 면모를 조명하고 우리 시대의 교회가 마땅히 추구해야 할 방향을 제시함으로써 교회의 삶과 문화를 창달하는 것을 그 목적으로 하고 있다.

따라서 이 시리즈는 진지하게 성경을 연구하며 본문이 제시하는 메시지에 충실하고 있다. 그렇다고 이 시리즈가 다분히 학문적이거나 또는 적용적이라는 의미에 국한되지 않는다. 학구적인 자세는 변함 없지만 궁극적으로 하나님의 나라를 지향함에 있어 개혁주의 교회관을 분명히 하기 위해 보다 더 관심을 가진다는 의미이다.

본 시리즈의 집필자들은 이미 신 · 구약 계시로써 말씀하셨던 하나님께서 지금도 말씀하고 계시며, 몸된 교회의 머리이자 영원한 왕이신 그리스도께서 지금도 통치하시며, 태초부터 모든 성도들을 부르시어 복음으로 성장하게 하시는 성령님께서 지금도 구원 사역을 성취하심으로써 창세로부터 종말에 이르기까지 거룩한 나라로서 교회가 여전히 존재하고 있음을 그 무엇보다도 중요하게 여기고 있다.

아무쪼록 이 시리즈를 통해 계시에 근거한 바른 교회관과 성경관을 가지고 이 땅에 진정한 그리스도인의 삶과 문화가 확장되기를 바라는 바이다.

시리즈 편집자
김영철 목사, 미문(美聞)교회, Th. M.
송영찬 목사, 기독교개혁신보 편집국장, M. Div.
이광호 목사, 실로암교회, 홍은신학연구원, Ph. D.
이종연 목사, 진명교회, 아틀란타 바이블 칼리지, M. Div.

들머리

이 글은 서울진명교회에서 1991년 8월 25일부터 10월 23일에 가르친 내용입니다. 그리고 다른 때 선포한 몇 강을 담았습니다. 복음이라면 누구나 알고 너무도 낯익은 도리라고 생각합니다. 그래서 성경본문을 중심으로 다른 각도에서 복음의 기본과 영역에 관하여 풀어보았습니다.

벌써 16년 전에 가르친 글이라, 오늘 교회를 놓고 어느 정도 개혁이 되었는지 견주는 잣대로도 읽어주시면 고맙겠습니다. 성경관과 교회관이 길을 잃고 헤매는 이때, 바른 복음과 그 선포가 주는 뜻을 다시금 돌아보면서 개혁의 한 디딤돌, 노둣돌 구실을 한다면 그 이상 즐거움이 없겠습니다.

노파심에서 한마디 덧붙여 봅니다. 인용하는 성경구절 중에는 원문에서 순한글 직역으로 많은 부분을 적었습니다. 반드시 한글성경이건 다른 나라 성경이건 견주어 보시기를 바랍니다. 그리고 그릇된 교회 모습을 많이 비판했습니다. 주의 깊게 읽어보시면, 어느 개인이나 단체를 막무가내로 다룬 것은 아니고, 오직 바른 복음을 드러내려고 보기를 든 것을 아실 겁니다. 표현이 좀 거칠고 색다르다고 지레 마음문을 닫지 마시고 귀기울여 보십시오. 신앙의 갈림길에서 작은 도움이 됐으면 좋겠습니다.

끝으로, '복음과 선포' 제2권도 빠른 시간 안에 출판되기를 바랍니다. 이 두 권이 어두운 때 진리의 작은 빛으로 성령님께서 써주시기를 빕니다.

2007. 3

아틀란타에서

이종연

목 차

1강

서론(1)

마태복음 28:18-20

18 그래서 그 예수님은 다가오시고 나서 그들에게 이야기하셨느니라 "하늘 안과 땅 위에 모든
거느림이 내게 주어졌노라.
19 그러므로 너희는 가고나서 모든 그 딴 겨레들을 배우게 하거라 그 아버지와 그 아드님과 그
거룩하신 얼님의 이름 안으로 그들을 씻기면서
20 내가 너희에게 시킨 그만큼 모두들을 그들이 지키도록 가르치면서 그리고 보거라 나야말로
너희와 함께 그 날들 모두들을 그 시대의 그 마침까지 있노라 아멘.

21

복음과 선포 〈1〉 _ 1강

서론 1

마태복음 28장 18-20절

복음에 대한 선입견들

우리가 '복음' 그러면 얼른 지금까지 들은 대로, 아는 대로 떠오르는 생각들이 많이 있을 겁니다. 쉽게 말해서 4복음서를 얼른 쉽게 생각할 수 있습니다. 개역성경에서 제목을 마태복음, 마가복음 이런 식으로 적어 놨으니까 삼척동자도 압니다.

믿지 않는 사람들도 과연 그런 건가 하고, 좀 배운 사람들은 '공관복음'을 생각하기도 하고 넓게는 '신약'이라고 우쭐거리기도 할 것입니다. 어떤 사람들은 또 율법과 견주어서 복음이 이러니 저러니 하면서 굉장히 복음신앙으로 충만하다고 스스로 여기기도 합니다. 그리고 전도 내지는 전도의 내용을 떠올리기도 합니다.

'복음'을 어떤 경우에는 오늘 본문 한글개역성경에도 '제자 삼는다'는 말로 번역하기도 했습니다(19절). 그래서 제자에 대한 것 또는 제자훈련, 이런 걸 얼른 생각합니다. 좀더 우리가 다른 측면에서 '복음' 그러면 적어도 예수 그리스도 그분을 떨칠 수 없습니다. 이건 분명한 얘기입니다.

나아가서 이방인 내지는 이방인의 구원을 담고 구원에 대한 새로운 경륜을 표시하기도 하고, 하나님 나라와 교회에 관련해서 복음이 쓰이고 있음도 주목해야 합니다. 은혜라든가 믿음, 전도자 이런 여러 가지 것들을 얼른 생각해도 이걸 다 십분 헤아려야만 하는 내용들입니다.

복음이 한국에 들어와서, 처음에 어떻게 어떤 방도로 믿게 됐건 그 복음이 다인 줄 알고 자기가 속한 처지, 성경보다 교회의 모습, 성경을 더 알아가거나 대대로 교회가 어떠했는지를 알기보다, 당대 교회강단에서 어떻게 나오건 거기에 푹 빠져 그게 모든 복음인 것처럼 잘못 알고 있는 경우가 허다합니다.

성경의 권위, 복음의 권위를 찾기가 어렵습니다. 그러니 오늘날 이 모양입니다. 우리도 마찬가지입니다! 복음의 능력을 끊임없이 힘입는 개혁 없이는 마찬가지란 말입니다. 지금까지 몇 가지 얼른 생각되는 내용들의 오목볼록을 다 낱낱이 점검해야 합니다. 그런 정도만 있겠습니까?

복음과 선포에 관련하여 상고할 주제들이 많은데 언제든지 선입견을 없애는 것부터 출발해야 합니다. 뭐좀 아는 것처럼 한국 사람들은 고집불통들이 많습니다. 지리적으로도 그러하고 특히 정치적으로도 복잡한 나라이기 때문에, 복음을 똑바로 받지 못할 때 교회까지 기어들어와서 아전인수로 꽉 사로잡힌 패권주의자들이 많습니다. 그것 다 그릇된 처사입니다. 그런 만큼 선입견을 일단 없앤 뒤에, 복음에 관련한 여러 진리들을 살피고 힘입어 나가야 합니다.

앞으로 시간이 주어지는 대로 살필 제목들은 아까 말한 그런 내용들에 대한 돌아봄부터 성경과 관련해서, 그 다음에 율법 또는 가르치는 일, 회개, 진리를 보전하는 문제, 그 다음에 직분과 관련한 것, 언약과 관련해서, 그 다음에 구속사의 경륜과 관련해서, 예정문제에 대한 것 등등 겉으로 나타난 몇 가지만 생각해도 복음이면 복음, 선포면 선포랑 관련해서 다 엮어져 정돈되고 드러내야 합니다. 한편 복음에 대한 것과 복음을 선포하는 일, 두 방면은 뗄 수 없습니다. 그래서 오늘 서론으로 몇 말씀 드리려고 합니다.

복음의 어원과 말뜻

우리가 알고 있는 한자말 '복음'은 헬라말로 '유앙겔리온*ευαγγελιον*' 이라고 합니다. '유'+'앙겔리온'. 한문으로 복福과 음音을 모아서 옮긴 걸로 흔히 알고 있습니다. 그런데 '유*ευ*'라는 말의 반대말은 '카코스(*κακος*, 나쁜)'라든가 또는 합성 낱말을 만들 때 접두어로 쓰는 '뒤스*δυς*' 같이 어떤 나쁜 범주에 속한 것이 아니라, 그 반대편으로 '좋다'는 뜻입니다. 히브리어로 표현하면 '토브טוב'입니다. 토브가 어떤 면에서 좀더 폭넓은 개념일 수도 있습니다. '좋다'를 영어로 말하면 몇 가지 말할 수 있지만, 평범한 게 '귿good'입니다. 또는 '웨어으well' 이런 식으로 보통 볼 수 있습니다.

'유*ευ*'는 그 뒤에 다른 낱말을 붙여 쓰는 합성단어인데 합성어가 80개쯤 됩니다. 그중 하나가 '유앙겔리온*ευαγγελιον*'이고, 그걸 움직씨로 복음선포한다는 '유앙겔리제인*ευαγγελιζειν*', 이렇게 명사꼴, 동사꼴로 두 개가 있습니다. 특히 '앙겔리온*αγγελιον*'에 대한 동사꼴이 '앙겔레인*αγγελειν*'입니다. 앙겔레인은 소식 같은 걸 알린다는 뜻입니다.

그런데 그 '앙겔론' 앞에 여러 전치사를 붙여서 만든 합성동사가 11개 나옵니다. 신약성경에서 '앙겔레인'이 본동사로 쓰이는 게 한 번도 나오지 않고 합성동사꼴 중의 하나에 '유*ευ*'가 붙어서 나옵니다. 나머지 10개도 비슷비슷한 뜻들입니다. 이를테면 '에피*επι*'+'앙겔로*αγγελω*' 그러면 '에팡겔레인*επαγγελειν*'입니다. 바로 이 말은 약속한다는 뜻입니다. 약속이라는 말도 '앙겔로', 소식을 알려서 그것을 전제로 형성된 게 성경에서 말하는 약속입니다. 세상 인간의 약속이랑 차이가 있지만, 그런 식으로 본뜻을 바꾸지 않으면서 다양하게 성경에서 사용합니다.

그런 면에서도 전치사의 쓰임새가 명사 단어이건 동사 단어이건 신약에서 굉장히 중요합니다. 신약은 구약보다도 전치사의 쓰임새가 굉장히 많습니다. 한글은 전치사 방면이 잘 정비돼 있지 않아서 성경번역이나 복음을 이해하고 힘입는 데 문제가 생깁니다. 해결하려면 앞서 사용한 선진 다른 나라, 복음의 능력이 있었던 나라들의 해석을 힘입어야 합니다.

그게 정통신학이고 정통신앙인데 그게 또 쉽지 않습니다. 그래서 차근차근 이런 것들도 살펴서, 분명하게 복음이 무엇이고, 그것을 안 뒤 어떻게 선포하는 것인지 분명히 안다면, 그 열매가 자연스럽게 나타날 것입니다.

그런데 복음은 선포한 대로 '유앙겔레인*ευαγγελειν*' 이라 쓰지 않고 '유앙겔리제인*ευαγγελιζειν*' 해서 '–이즈 *–ιζ*' 라는 동사 몸뚱아리를 씁니다. '–이즈 *–ιζ*' 는 정적인 개념보다도 사역적인 행위의 성격이 강합니다. 그래서 단순히 복음을 '전도한다' 는 말보다 복음을 '드러내 외친다' 는 말이 합당합니다. 바른 번역들은 대개 그런 식으로 했는데, 저는 일단 복음을 '좋은소식' 이라고 옮기고, 그 동사의 본뜻을 '알린다' 이런 식으로 했습니다. 고칠 필요도 있지만 일단 몸뚱아리 뜻을 살리고자 '좋은소식 알린다' 이렇게 했습니다.

그런데 알린다는 게 막연한 것이 아니고 선포한다, 드러내 외친다, 밝혀댄다는 강력한 뉘앙스nuance가 있음을 전제해야 합니다. 좋은 것인데 전해도 그만, 내 멋대로 전하는 척 해도 그만, 이런 말은 성립하지 않습니다!

또 알린다는 것이 담고 있는 배경과 상황을 살펴보더라도 분명히 해야 합니다. 그래서 영어성경을 보면 복음전한다는 말이 프뤼츠preach로

돼 있습니다. 프뤼츠, 맛이 강합니다. 일부분을 선포하는 것 같아도 나타나는 양상은 전하는 사람이건 또는 받는 사람이건, 결과는 마찬가지로 나타나는 것을 표시합니다. 이걸 다른 단어를 써서도 표시하는데 디클레어declare, 또는 쇼우show 이런 말로 표시했습니다.

같은 범주의 말들로 문맥에 따라서 이렇게 했는데, 하여간에 본뜻을 알고 있으면 각 문맥 가운데서 충분히 고려해 볼 수 있습니다. 말씀드리고자 하는 것은 아까도 말했지만 '복음' 그러면 4복음서, 공관복음을 흔히 얼른 생각하는데, 그 다양한 의미를 여러가지 어원으로 살펴봤습니다.

복음이란 낱말의 쓰임새

동사꼴로 "복음선포한다"는 낱말이 쉰다섯 번 나옵니다. '4복음서에 제일 많이 나오겠지' 제목이 벌써 그것을 생각하도록 하지만 그 반대입니다. 마태복음에는 동사꼴이 딱 한 번 나옵니다. 딱 한 번! 물론 관련된 많은 말이 있지만 '유앙겔리제인ευαγγελιζειν' 은 마태복음에 한 번, 누가복음에 열 번, 그리고 4복음서의 나머지에는 없습니다.

그다음 사도행전에 15번 나옵니다. 그리고 베드로전서에 3번, 요한계시록에 2번, 나머지는 전부 바울 서신에 나옵니다. 절반 가까이 바울이 주로 사용한 말입니다. 그러니까 사도행전에 15번 쓰인 것 중에도 상당수를 바울 사역에 대해서 기록할 때 누가가 썼습니다.

우리는 생각을 다시 바꾸어야 합니다. 소위 복음서에 대한 전제라는 것을 말입니다. 선입견을! 그러면 그 안에 담긴 내용을 통해서 복음을 안다고 할 때, 과연 복음의 어떤 면을 생각하고 있는지 그것도 다시 한 번 돌아볼 필요가 있습니다.

오늘날 그릇된 자들은 무조건 '복음서' 에 있다니까 '지금도 병을 고쳐야 한다, 방언을 한다' 이런 소리를 하는데 한심한 얘기입니다. 복음이 뭔지 안다면 다른 복음에 속한 저질 해석의 노예가 될 수 없습니다. 노예라면 복음을 잘못 받은 상태입니다.

명사꼴로 보면 더 확연합니다. '유앙겔리온'이라고 아까 말씀드렸습니다. 한문으로 福音, 직역을 하면 좋은소식입니다. 이걸 영어로는 가스플gospel. 그런 식으로 돼 있습니다. 물론 이걸 한글직역처럼 좋은소식에 해당하는 타이딩즈tidings 거기 S자를 붙인 단어를 씁니다. 모두 일흔일곱 번 나옵니다. 찾아보면 마태복음에 4번, 마가복음에 8번, 그다음 나머지 복음서에는 없고, 사도행전에 2번, 베드로전서에 1번, 계시록에 1번, 나머지는 압도적으로 다 바울 서신에 나옵니다. 명사꼴을 바울이 더 많이 썼습니다.

어떻게 생각하십니까? 복음의 깊은 부분을 서신에서 해명하고 있는 겁니다. 그런 면에서 앞으로 4복음 내지는 사도행전을 대하는 자세가 좀 새로워져야만 합니다. 그러니까 그 안에 있는 유대주의자랑 예수님 또는 사도들 사이에 과도기적인 갈등과 투쟁, 특히 바울의 소명의식, 부름받은 사건이 많이 기록된 것을 주목해야 합니다.

많은 사람들이 '바울을 본받겠다, 바울처럼 선교사가 되겠다' 하고 어쩌고저쩌고 하지만 말도 안 되는 소리입니다. 멋대로 성경을 보고, 들은 풍월대로 종교적인 열정에 빠져서 인생을 헛되이 낭비하는 경우가 허다합니다.

내 복음과 우리 복음

바울과 복음의 관계를 단적으로 예를 들어보더라도, 원래 복음은 아까 말한 대로 예수 그리스도에 속한 것입니다. 그분을 주체 삼아서 표시해야 하는데도, 복음을 소유격으로 꾸며주는 표현 중에 '내' 복음이라고 말하고 '우리' 복음이라고 바울이 쓰는 말에 눈길을 돌려보면 대단한 표현입니다.

분명히 하나님 것인데 "내 복음", 또 확대해서 복음으로 말미암아 같이 사귀는 교회 형제들을 아울러서 표시할 땐 "우리 복음"으로 나옵니다. 이 낱말을 각각 네 차례, 세 차례 사용합니다. 한마디로 말해서 선포와 직결된 고백입니다. 안방에서 꼼지락거리는 것도 아니고, 책상 위에서 사변으로 흐르는 것이 아니라, 실제 선포의 삶, 행위 가운데서 나오는 고백입니다. 내 복음, 우리 복음이라는 표현이 말입니다.

전후 문맥을 전부 정돈해서 상고해 보십시오. 어떻게 돼 있는지! 그게 없는 사람이라면 복음이 뭔지 몽롱한 겁니다. 그러고서 하나님이 어떠니 저떠니, 뭐가 이러니 저러니, 인간의 소리로 투덜거리는 겁니다. 할 일 없는 인본주의 넋두리입니다. 복음을 힘입었다면 그렇게 할 수 없음을 '내 복음' 이라는 이 말 한마디를 생각해 보더라도 분명합니다.

이를테면 로마서를 보면 '내 복음' 이라는 말을 언급합니다. 언급된 곳을 한번 찾아보겠습니다. 로마서 2장 16절에 "곧 내 복음에 이른 바와 같이 하나님이 예수 그리스도로 말미암아 사람들의 은밀한 것을 심판하시는 그 날이라." 초두에 이 말을 썼고, 그 다음 마지막장을 봅시다. 16장 25절에 "내 복음과 예수 그리스도를 전파함은 영세 전부터 감취었다가...." 둘 다 대단한 내용을 묘사할 때 쓰고 있습니다.

한글 어법이 잘못돼서 뒤에는 '나의' 라고 그랬는데 '내' 자가 맞습니다. 이걸 봐도 복음과 관련해서, 로마서면 로마서에서 또는 유대인 기독자들을 향해 쓴 히브리서면 히브리서에서 복음을 어떤 식으로 묘사하나 생각해야만 합니다. 다 각각 특성이 있습니다. 서신은 4복음서랑 맛이 다릅니다!

앞으로 이런 것들도 생각하면서, 막 읽지 말고, 복음이라는 낱말을 싸고도는 꾸미는 말보다도, 그것이 담고 있는 내용들이 어떤 것이 있는지를 주목해서 생각해야 하고, 신구약 전체를 놓고 살붙여 나가야만 합니다. '믿습니다' 한다고 그게 다 복음을 믿는다는 보장은 없습니다. 그러면서 너도 천당 나도 천당 하지만, 제 볼 장을 보는 겁니다.

그래서 이방인의 사도라고 바울을 하나님께서 말씀하시는데 바울이 좋은소식을 일생동안 어떻게 드러냈는지 주목하면서, 과연 나는 제대로 복음을 드러내 외쳐온 삶이었나 생각해 보아야만 합니다. 왜 수많은 핍박과 수많은 환란이 있습니까? 구원의 복음이고 평화의 복음이라는 복음이 들어갔는데 왜 소동이 발생합니까? 이런 쪽을 현대 교회는 생각도 안 하고 가르치지도 않습니다. 배교 상태에 빠져버려서 그렇습니다. 개인 생활도 마찬가지입니다. 기껏 자기가 잘못해서 엉망 만들어 놓은 것이지, 복음을 앞세워서 전투하다가 환란의 삶을 사는 사람이 누가 있습니까? 우리 교회도 마찬가지라고 봅니다. 그런 것도 돌아보면서 그릇되었으면 회개해야 합니다.

계시의 때와 방편의 차이

어쨌거나 복음의 핵심이라면 예수님께서 태어나신 것과 죽으신 것, 그리고 다시 사신 건데 이러한 내용들을 교회와 거기 속한 성도들은 어떻게 받아야만 하나 이걸 늘 마음에 간직해야 합니다. 모든 것이 여기에 수렴됩니다.

특히 4복음서를 흔히 말씀계시word revelation라고 합니다. 말씀계시 내지는 행위act계시라고도 할 수 있는데, 그뒤에 서신을 보통 설명계시라고 말합니다. 복음에 대한 해명이란 말입니다. 그러니 복음의 진수가 더 꽃피어질 것은 말할 나위 없고, 그뒤에 신약교회 이후엔 설명계시에 대해서 서신에서 말하는 복음의 해명을 어떻게 힘입어야 할까 주력해야 합니다.

초대교회부터 쭉 보면 어떤 이단은 '4복음서만 성경이다' 이렇게 강조한 자도 있습니다. 꽤나 예수님한테 가까이 가고 닮으려고 노력했는지 모르지만, 그 이단자가 볼 때 서신은 너무나 복잡하고 재미도 없습니다.

이것은 거듭나지 않은 증거는 될지언정 바른 복음신앙이라고 말하지 않습니다. 그런 상태를 보고, 계시의 때와 그 방편의 차이를 잘 받아들여야 합니다. 특히 요즘처럼 복음이 교묘하게 엄청나게 왜곡되는 때 더욱 조심해야 합니다. 정말 우리는 왜곡돼지 않았나, 알면서도 행치 않고 있지는 않나, 아니 제대로 알지 못하면서 아는 척하고 있지 않나 살펴봐야 합니다.

복음의 영어번역인 GOSPEL, PREACH의 뉘앙스

이 '유앙겔리온'을 한국에서는 한자말로 복음福音이라고 했습니다. 바른 영어성경 계통에서도 이걸 흔히 대대로 가스플GOSPEL이란 말로 번역했는데 잘된 번역으로 보입니다. 가스플을 분석해 보면 누구나 다 공감할 만한, 이미 구체적으로 자세히 나타나 있는 객관적인 사실을 담는다는 뜻입니다. 일단 그러면에서도 전체에 대한 핵심 부분, 대표할 만한 것을 담는데, 받는 모든 사람에게 이땅에 사는 가운데 경험으로 겪을 만한 내용이라는 뜻입니다. 그걸 복음이라고 하는데 영어는 잘 번역했습니다.

좋은소식의 성격이 '가스플GOSPEL'이라는 말속에 잘 담겨 있더란 말입니다. 지금 말한 영어에 대한 말뜻을 분석해 드린 것에 비추어 보더라도, 정말 내가 복음에 속했나, 복음을 힘입고 있나 돌아보아야 합니다. 보편적이고 객관적이고 구체적일 뿐더러, 성경 전체에 대한, 예수님 전체에 대한 P자는 핵심을 담고 있습니다. 그러면서 L자는 그걸 즐기는 삶이라고 볼 수 있습니다. 누구든지 보통 '레브live' 그러면 그것은 생활상입니다. 거기서 L 자만 해도 그렇습니다. 그런 뉘앙스nuance가 있습니다.

그런데 우리는 복음 그러면 막연합니다. 이걸 "좋은소식"이라고 옮겼더니 이상하다고 합니다. 또 "좋은"은 뭐고 "소식"은 뭔지를 한글에 대한 뉘앙스가 없으니까 선뜻 깨닫지 못합니다.

그리고 이것을 선포한다, 전한다는 말인 '프뤼츠'도 마찬가지입니다. 복음이 담는 피차 공감할 만한 목적이 모든 개개인들에게 충분히 수용될 수 있도록, 강력하게 목적을 놓고 주장해 나간다는 뉘앙스가 프뤼츠입니다. 빌빌거리는 사람은 프뤼츠를 할 수 없습니다. 선포입니다. 선포! 목에 칼이 들어오건 산굴로 쫓겨다니건 그런 게 문제가 아닙니다. 그런 강단, 그런 성도들의 삶이 돼야 됩니다. 없다면 유앙겔리제인과 상관이 없습니다.

그래서 '케뤼쎄인κηρυσσειν' 선포한다는 말과 '디다스케인διδασκειν' 가르친다는 말도 복음전한다는 말 속에 포함하는데 강력합니다. 예수님이 하신 많은 비유의 말씀이 전부 복음을 놓고 설명해 주십니다. 왕국이 됐건 종말이 됐건 좌우간 이 복음을 놓고 설명해 나가는 것들입니다.

어떤 사람 말마따나 천국비유면 천국비유, 복음에 대한 것이면 복음에 대한 것 그걸 가장 현실적으로 생생하게 드러낸 사람이 바울의 삶이라고 말하는 사람도 있습니다. 맞는 말이지만 우리는 바울을 똑바로 알고 있어야 합니다. 바울과 사귀지 못하면 다른 복음입니다! 바울은 그리스도의 종입니다, 이방인의 사도입니다. 우리도 같은 자세를 보여야 하는데, 없다면 땅 위에 거하는 사람들과 어깨를 나란히 했지, 하늘에 속한 천국시민인지 불확실합니다.

복음을 지킨다는 뜻

지금까지 본문에서 살펴보고자 하는 주제의 서론으로 말씀드렸습니다. 복음의 말씀은 신구약을 망라하기도 하지만, 마태복음 28장 19절에서 20절 초두에 보면 거기에 "모든 것들" 즉 사도들이 명령한, 명령받은 말씀 전체를 "지키도록 가르치면서 배우게 하라"고 했습니다.

여기 '지킨다' 는 말은 분명히 이방인들에게 들려준 말씀입니다. 이방인들에게 하라고 예수님은 명령했습니다. 지키도록 가르친 것은 사도들의 사역인데, 지키는 것은 이방교회, 신약교회입니다. '지킨다' 하면 어떤 것들이 생각나는지 모르겠지만, 하여간에 짧은 문맥이지만 번역이 문제입니다. 그리고 여기에 있는 낱말들에 대한 바른 자세는 우리가 말하려고 하는 주제랑도 굉장히 밀접합니다.

'지킨다' 는 것은 교회의 보편적인 사명에 속한 겁니다. 복음도 지키지 못하면서 복음이 뭔지, 복음을 전하는 게 뭔지 논할 수 없습니다. 아까 봤듯이 기존 4복음서랑 서신에서 복음에 대해 직접 표현되는 낱말의 차이를 봐서도 새롭게 접근해야 할 숙제거리가 생기는 판국입니다.

제자 삼는다는 말의 바른 뜻

본문 말씀은 주님께서 부활했는데도, 11명의 제자가 있을 때, 아직 긴가 민가 하는 겁니다. 예수님이냐, 어떻게 된 거냐? 그때 들려주시는 말씀입니다. 18절에서 천지의 권세가 있음을 대전제하고 19절부터 말씀하셨습니다. 너희는 모든 이방사람들, 모든 딴 겨레들을 배우게 하라고 했습니다.

여기서 '제자를 삼아라' 이것은 그릇된 번역입니다. 로마 카톨릭의 입장에서 번역한 겁니다. '마쎄튜에인*μαθητευειν*' 은 바로 복음의 사명으로 이방인들에게 선포하는 것입니다. 그러니까 '배우게 하라' 바꿔 말하면 '가르쳐라' 그런 뜻이나 마찬가지입니다.

한글개역성경에서 제자 삼으라니까, 이 말씀으로 한국을 풍미한 교회도 있습니다. S교회에서 시작한 이른바 '제자훈련' 말입니다. 거기에 반드시 '평신도' 라는 말이 따라옵니다. 그래야 구색이 맞습니다. 전부 비성경적인 표현이고 반 복음의 형태들입니다. 열매가 증명합니다. 후임이 맡은 뒤에 어쩌구 저쩌구 한 책을 썼는데 짬뽕입니다. 그런 자한테 후임 물려주지 않을 수 없습니다. 그런 건 더 거론할 값어치도 없습니다.

이 말에 대해서 킹제임스버전King James Version에서는 티츠teach라고 번역했습니다. 그런데 이렇게 번역한 이들은 누구한테 배웠냐 하면 깔뱅Calvin한테 배웠습니다. 깔뱅은 라틴역에서 도케뤠docere '가르친다'는 말로 옮겼습니다. 그런데 보통 요즘 나오는 영어성경은 직역을 하면 '제자들을 만들어라' 그렇게 돼 있습니다. 메익 디싸이플즈make disciples. 그러니 그렇게 온갖 방법론이 동원되는 겁니다.

'마쎄튜에인', 이 말은 가르치는 겁니다. 사도들은 이 말씀대로 유대 경계를 넘어 온누리에 다니면서 한껏 복음을 가르쳤습니다. 그래서 들리는 소문에 도마는 인도를 갔다, 베드로는 저쪽 중동에 갔다, 그런 말들이 나오는 겁니다. 위치는 몰라도 하여간에 이 말씀대로 했습니다. '제자들을 만들라' 는 건 문맥에도 맞지 않고, 이건 당시 제한된 표현이라고 전에 '제자' 라는 말을 설명드린 적이 있습니다.

그런데 이렇게 가르치는 데가 어디 있습니까? 우리가 틀렸는지 다른 이들이 틀렸는지, 누가 똑바로 해석하는지 하나님이 증인이시고 바울이 증인이고 칼뱅이 증인이고 대대로 정통교회 역본 성경들이 증인입니다. 대게 '제자' 라는 말뜻조차 모릅니다. 그리고 어떻게 해서 성경공부책 몇개 만들어 북적북적하면 당장 복음의 능력이 생기는 것처럼 으샤으샤 해대는데, 기독교엔 그런 게 없습니다.

어쨌거나 이렇게 분명히 배우게 한다, 가르친다는 말로 바른 성경엔 '마쎄튜에인' 을 번역합니다. 앞서 지적한 대로 '제자를 삼으라' 는 말은 그릇됐습니다. 이 말을 따르게 되면 필시 방법론이 만들어지고, 인위조작으로 흐르게 됩니다. 그래서 한국교회는 일찍이 미국에 몇 년간 공부하러 갔다온 어떤 사람부터 해서 그뒤에 많은 사람들이 제자훈련으로 잘못 나간 겁니다.

이미 한 세대 전에 한물갔던 건데 미국을 갔다오면 계속 써먹어서 인기를 끄는 겁니다. 그래서 몇 달에 한 번씩 미국 가는데 선진 방법론 배우러 간다는 겁니다. 이른바 교회성장학은 계속 그런 식으로 울궈먹는 방법을 가르칩니다. 복음을 힘입지 못하는 사람은 거기 맨날 좇아다니다 인생이 끝납니다. 별수없습니다.

복음을 그릇되게 받는 경우

그런데 복음으로 거룩한 능력을 받아야 되는데 지금 어떻습니까? 그러면 우리도 다른 교회들처럼 토목사업부터 벌이고 많은 사람이 모인 다음에 바른 복음을 전해야 합니까? 당장 집들 팔아서 어디 땅 사가지고 건물 지읍시다. 3년이면 결판납니다. 안 될 것도 없습니다. 많은 사람 모아서 그때 복음 전하면 됩니다. 적게 50억에서 100억 정도면 너끈합니다.

그런데 버림 받을까 두렵기에 안 할 뿐더러 성경에 없으니까 생각조차 하질 않습니다. 그러니 우리는 복음의 능력을 힘입어 그걸 위해서 갖출 것을 갖추고 펼칠 것을 펼쳐야 합니다. 그게 능력 없으면 안 됩니다. 그릇된 방식으로 한번 성경의 한 톨이라도 그릇 해석해서 그릇 알면, 요즘처럼 복음에 정면 위배됩니다.

보기를 들면 이른바 '선교지상주의' 가 있습니다. 선교를 모르는 사람은 믿음도 엉터리라 하고, 선교를 으뜸으로 세우지 않는 교회는 잘못된 교회이고, 신학한 사람 중에도 선교사로 나가야 목사 중에 으뜸이라고 공공연하게 말합니다. 이렇게 너나 할것없이 한심하게 생각합니다.

저만 그걸 거역하고 있는 것 같습니다. 자랑이 아니라 선교라는 낱말을 저는 그렇게 사용한 적이 없습니다. 그런 낱말을 성경에 없기 때문에도 안 쓰지만 성경에 없는데 더이상 무슨 말을 하겠습니까? 가령 그런 말에 관련한 표현이 성경에 있다 해도 요즘 같은 선교 방식은 도무지 아닙니다.

오늘 같은 방식은 하나를 보면 열을 아는데, 사도의 사명과 뒷날 이방인으로 형성된 신약교회의 사명을 분별해야 합니다. 지금은 사도가 없습니다. 성경계시가 완료되기 전까지 독을 먹고도 산 사람은 있지만, 계시가 종결된 후에 점진적으로 없어진 은사도 있는데, 특히 사도권이라는 건 성경계시로도 끝난 얘기입니다. 그래서 일단 오늘날 사도라는 말을 쓰면 이단이 되고 또는 무식하다고 할까봐 사용하지 않습니다.

다만 다른 교회조직, 정치용어로 둔갑해서 사용합니다. 그중 하나가 선교사라는 말입니다. 그 말의 출발을 사도랑 같은 말로 놓고 표현합니다. 그러니 한글로 번역해서 '선교사' 라 그럽니다. 그러니 선교하는 사람들의 속 중심이 얼마나 우쭐거리고 한심한지는 겪어본 사람밖에 모릅니다. 지금 그 방면을 비판하는 시간은 아니고, 일단 '제자를 삼는다' 는 말에서 파급되면 그런 데까지 영향이 나타난다는 말씀을 드리는 겁니다. 말이란 얼마나 위험한지....

지킨다는 뜻과 목적

그럼 어떤 식으로 배우도록 했느냐 하면, 두 가지 현재분사를 썼습니다. 하나는 '씻기면서' 또 하나는 '가르치면서' 입니다. 여기 "씻기면서"는 지금 언급할 필요 없고, "가르치면서" 그랬는데 바로 예수님께서 사도들에게 명령한 모든 것들, 이건 복음의 말씀들입니다. 좁혀서 말하면 복음의 말씀, 넓혀서 말하면 신구약 전체인데, 이 모든 것들을 하나도 빠짐없이 지키도록 가르치면서 배우게 하라고 그랬단 말입니다.

지키도록 가르치면서 배우게 해라! 여기서 생각할 문제는 "지키도록" 입니다. 지킨다 하면 어떻게 생각합니까? 말씀을 순종하라, 그러면 말씀을 행하는 것으로 얼른 생각합니다. '지킨다' 는 그런 뜻이 아닙니다. 순종에 대한 말의 대표적인 것으로 '샤마 שמע', '아쿠에인ακουειν' 즉 '듣는다' 는 말로 표시합니다. 물론 딴 말도 있습니다. 본문에서 말하는 '지킨다' 는 말은 간직, 보전, 감시 그런 뜻입니다. 말씀 보전, 말씀 와취 watch 감시, 잘 간직하는 것을 말합니다.

신학교에서 모든 이방 겨레들에게 가르치는 목적이 '복음을 간수하도록' 입니다. 그래서 깔뱅의 라틴어 번역성경을 보더라도 세르바레 servare로 옮기는데 같은 의미의 말입니다. 간직한다는 뜻입니다. 영어 성경을 보더라도 압저브observe로 옮겼는데 마찬가지 뜻입니다. 무얼 행하는 게 순종이 아닙니다! 모든 것들, 복음의 말씀들 전체를 없어지거나 그릇되지 않도록 잘 지킨다, 보전한다, 망대에서 누가 훔쳐가지 못하게, 그릇 사용하지 못하게 잘 보호하는 겁니다. 교회의 보편적인 사명입니다. 신약교회인 우리가 그걸 해야 합니다.

이게 얼마나 힘겨운 건지 아십니까? 사탄은 어떡하든지 이걸 엉망진창 만들어 버리려고 합니다. 서신서를 보면 거짓 선생들이 다른 복음으로 계속 속여대고 공격하는 것에 대해서 바울이 반박하는 말씀이 수두룩합니다! 말씀은 이런 거다 하고 말입니다. 거기 여러 가지가 있습니다. 그래서 '테레인τηρειν' '지킨다' 는 말을 이렇게 새겨야만 합니다. 단지 말씀 따르라는 게 아니라 이만큼 중요한 일을 담고 있습니다. 사도의 사명과 교회의 사명은 이런 면에 차이가 있습니다.

로마교와 스페인의 횡포

정리해 보면, 사도들은 모든 딴 겨레들에게 배우도록 가르쳤습니다. 그 뒤 사도권이 소멸됐고, 지금은 교회가 말씀을 가르치고 지키도록, 보존하도록 감시하는 사명을 갖습니다. 그런데 이제 대부분 고삐풀린 방임상태입니다. 애착도 없고 성경의 권위란 말을 시원찮게 여깁니다. 로마 카톨릭은 대표적으로 성경을 앞세우면서도 성경을 파괴합니다.

교황을 지금도 말씀과 동등한 권위가 있다고 말합니다. 베드로가 1대 교황이라고 자기네 스스로 못박아 놓고 교황이 그것을 계승한다고 합니다. 그러니까 교황을 사도라고 합니다. 교황이 천국의 열쇠를 딱 쥐고 제멋대로 합니다.

이게 비성경적이라고 비판하니까, 사도권을 확대해서 신부들, 사제들도 사도권이 있다고 합니다. 또 이른바 평신도들도 사제권이 사도권이 있다고 그렇게 해서 사제들을 돕는다고 합니다. 그래서 나온 게 '평신도운동' 입니다. 그리하여 사도회를 조직해서 전 세계로 파송하여 세계를 로마 카톨릭으로 만들려고 했습니다.

스페인에 무적함대가 있었습니다. 그때 유럽은 거반 다 먹혔습니다. 물론 산간의 동부 유럽쪽의 몇 군데 빼고는 완전히 교황권이 사로잡았을 때, 스페인의 무적함대가 영국을 먹으려고 하는데 영국은 도무지 말을 안 듣습니다. 그때 스페인과 게임도 안 되는 전함 엘리자베스호가 무적함대를 작살내 버렸습니다.

그뒤로 지금까지 서반아어, 스페인어는 별볼일없습니다. 옛날에 딴 나라 많이 먹어 두었기 때문에 여러 민족이 스페인 말을 쓰니까 UN공용어 여섯 개 중에 스페인어가 들어가는 것뿐입니다. 그때 한번 꺾인 콧대는 지금도 별볼일없습니다.

그때 영국이 그걸 꺾어버린 다음에 거기에 신교가 꽃피어 결국 영어가 세계를 주름잡는 언어가 되는 역사적인 사건입니다. 영국은 정복되지 않았던 겁니다. 그뒤에 만들어진 성경이 킹 제임스 버전입니다. 역사의 순서대로 보면 하나님의 섭리입니다. 정치적으로 해석될 사건이 아닙니다.

복음을 등진 신교 안의 여러 운동들

세계사라는 것도 하나님의 섭리 가운데 있고, 하나님의 말씀을 놓고 어떻게 경영해 나가시나 그 와중에 있는 이야기입니다. 다 알건 모르건 그때 그래서 로마 교황청에서 사도회를 조직하고 파송해서 일본에도 막강한 선교사들이 많이 왔습니다. 한국은 그런데 어떻게 희한하게 로마 카톨릭 사도회에서 수사들 지금으로 말하면 선교사가 오지 않았습니다.

로마교는 1921년도부터 평신도 사제운동을 하려고 마리아 군단을 조직해 세계를 장악했습니다. 1930년대 제자운동, 1960년대 뒤에 한국의 C.C.C.운동, 제자훈련, 각종 성경공부 프로그램, 전도 프로그램은 전부 다 로마 카톨릭의 수법에 악용당해 먹혀서, 오늘날 개신교가 날아가 버린 겁니다. 워낙 물들어서 복음이 없습니다. 거기에는 사도권을 계속 계승한다는 교리를 놓고 만들어지는 모양 바꿈에 지나지 않습니다.

오늘날까지도 이를테면 예수회라는 것이 있는데 마찬가지입니다. 서강대학교부터 해서 모든 카톨릭 재단이 전부 여기 직간접으로 관련돼 있습니다. 거기 핵심 멤버들이 다 좌지우지합니다. 그런 대학은 갈 필요가 없습니다. 전액 장학금에 교수 요원으로 오라 해도 안 가는 겁니다. 불교 대학을 가는 한이 있더라도.

또 하나 요즘에 있는 대부제도 중의 하나인 멘토링, 멘토mento가 있습니다. 누구를 접촉해서 신앙을 본받아 그리스도를 닮는다고 하는데 거짓된 술수입니다. 신학교들이 타락하니까 다른 학교처럼 이른바 기독교교육을 위해 어떤 선생 불러다가 멘토를 가르칩니다. 카톨릭에서 하는 겁니다. 카톨릭! 기역 니은에 속하는 것들인데 복음 진리가 없으니까 알고 타협, 모르고 타협하면서 대충 시류를 좇는 겁니다. 끝장난 겁니다. 이미 그런 시대입니다.

이런 여러 가지 왜곡된 복음의 소산들이 교회용어든 관습이든 제도든 이런 모든 것들로 계속해서 조장해 나갑니다. 이건 이미 말씀해왔던 걸 정리해 보는 겁니다. 복음을 모르면 어떻게 되고, 복음을 선포하지 못하면 어떻게 되는지.

우리 교회도 마찬가지입니다. 지금 말하는 주제인 복음과 그 선포를 힘입지 않으면 졸지에 이렇게 넘어가게 됩니다. 그런 식으로 자기 주장을 꽉 갖고 있다간 여기서 버텨낼 재간이 없습니다. '다른 교회는 다하는데, 다른 교회 믿는 사람도 이렇게 저렇게 다 적당히 살아가는데' 하는 생각을 하기 쉽습니다. 그렇게 하려면 하라고 하십시오. 우리와 상관이 없습니다.

선교사와 사도

선교사라는 말은 미씨오나리우스missionarius입니다. 라틴어로 동사를 보면 미트테뤠mittere입니다. '미사일' 도 여기에서 나온 명사입니다. 날아가는 겁니다. 아포스톨로스αποστολος에 상당하는 말이라고 합니다. 영어 미쑈나뤼missionary는 아포스텔레인αποσελειν을 번역한 말입니다. 목적을 두고 사도를 파송한다는 뉘앙스가 '아포스텔레인' 입니다. 거기서 만들어진 명사가 아포스톨로스αποστολος 즉 '사도' 입니다.

사도라는 말은 딴 게 아니고 '보냄받은 자' 입니다. 미쑈나뤼missionary도 보낸다는 겁니다. 그러나 사도는 지금 없습니다. 그런 면에서도 언어적으로 어패가 있는 말입니다. 선교를 사용하려면 분명히 복음을 전제하고 사용해야 하는데 워낙 오염이 돼서 이 좋은 말을 못 쓰겠습니다.

흔히 '전도' 그러면 조금 구닥다리처럼 생각합니다. 전도야말로 프리취, 선포한다는 것입니다. 선포는 강력한 말씀입니다. 끼리끼리가 아니라 예수님의 열한 제자들이 유다와 사마리아를 넘어서 온 이방에게 복음을 전한 기개氣槪입니다. 대표적인 게 사도행전에서 바울을 통해 나타납니다. 로마까지 파란만장한 3차, 4차 전도하는 일을 볼 때, 그 말을 쓸 수 있다면 바울만 선교사입니다. 우리는 교회에 속한 사람들입니다. 교인들!

어쨌거나 신약교회의 사명인 성경말씀을 지켜내는 일, 망루에서 감시하고 살펴보는 일, 망가지지 않게 간직하는 일, 이걸 드러내 외쳐야 할 때 드러내 외치지 않는 것도 문제인데 말씀을 안 지킨 결과입니다. 복음을, 그리스도의 말씀을 전하는 사람이 있어야 믿는 사람이 생깁니다.

디모데후서 2장 2절도 배가운동하는 제자훈련에 많이 써먹는 말입니다. 거기 보면 '많은 일러댐꾼들을 거쳐서 나한테 들은 것들 이것들을 너는 미쁜 사람들에게 곁놓아라', 계승하라는 얘기입니다. 충실한 사람들, 순교의 자세가 있는 사람들한테, 바울은 디모데로 하여금 이 말씀을 그대로 곁놓으라는 얘기입니다. 말씀을 잘 간직하고 보전하는 경지에 속한 말씀입니다. 그러면 또 그 사람들이 다른 사람들한테 그렇게 가르친다는 말입니다.

그런데 성경을 자기네 제자훈련 프로그램에 맞추면 희한하게 딱 거기 껴맞춰 돌아갑니다. 기독교 책방에 나오는 대부분이 거의 그런 류의 책들입니다. 한마디로 정작 써야 될 사람들은 책자를 안 쓰고 또 그런 책들은 잘 팔리지도 않을 뿐더러 교묘하게 짬뽕으로 팔아먹기도 합니다. 분명하면 분명한 대로 해야 되는데 알면서도 대충 섞어서 표시하는 것뿐입니다. 그건 결국은 자라지 못한 것이고 사람을 놓고 사람 앞에 인기 끄는, 사람 앞에 체면치레하는 데 지나지 않습니다. 그건 다른 복음입니다.

복음에 대한 내용들만 다 찾아봐도 얼마나 정결하고 분명한 걸 말씀합니까? 허튼 수작이나 허튼 자세로는 말도 되지 않습니다. 그러니 그런 상태에서는 바른 복음을 알지도 못할 뿐더러 바른 복음을 선포할 수도 없습니다. 미혹 받아서 거짓이 진짜인 줄 아는 것입니다.

그런 만큼 오늘 대부분의 교회들이 물들어 있는 교회성장주의, 교회당을 크게 해야 되겠다, 크게 해야 되는 목적은 하나님께 영광을 돌리려고 더 많은 사람을 구원한다는 겁니다. 말은 좋지만 사탄의 역사요 다른 복음의 결과입니다. 순수성이 없습니다. 대해보면 벌써 압니다.

그렇다면 우리는 이제부터 앞으로 성경을 어떻게 보전하며 가르칠까 거기에 전력해야 합니다. 교회가 위임 맡은 일이기 때문에, 한편 삼위일체 하나님 이름 안으로 씻기면서 물론 이것도 복음에 직결합니다. 성례부분, 복음이 무너져 있는데 성례가 무너지는 건 당연합니다. 초교파운동, 연합운동도 다 마찬가지입니다. 속이 좁아서 연합 안 하는 게 아닙니다.

저도 지난날 누구만큼 알고 사람들이랑 잘 어울렸는데 그럴 수 없는 겁니다. 맞는 사람이라면 전 세계 어디라도 다 달려갑니다. 다른 복음쪽으로 쏠려 버리면 만날 값어치가 없습니다. 말하다 보면 차라리 스님이랑 만나서 얘기하는 게 낫습니다. 어떻게 성령님께서 사역하실까 그런 때입니다. 이런 때 교회의 사명을 위해서도 복음을 잘 간직해야 합니다. 복음, 그 복음의 선포는 무엇인가 앞으로 차근차근 살펴보겠습니다.

기도

하나님 아버지, 사망의 잠을 자는 것 같았던 저희에게 하늘로부터 하나님의 음성을 이미 받았지만 다시 받도록 해 주시니 감사하옵나이다. 하나님 아버지, 저희를 새로운 창조로 말미암아 거듭나게 하사 이 복음의 능력을 힘입어 하나님의 자녀가 되었음을 아는데, 그러한 상태에 있다면 어떻게 우리가 복음으로 능력있게 세상 앞에 서야 하겠사옵나이까.

이런 면에서 그로 말미암은 형태들과 세상과 야합으로 말미암아 저희 믿음이 식어지거나, 다른 복음을 복음인 양 억지를 부리거나, 앞서간 선진들이 복음을 앞세워서 찬란하고 거룩한 역사를 수놓은 것을 등한시 여기지 않았나 크게 두렵사옵니다. 모든 잘못이 있사옵거든 다 용서해 주시고 이제부터라도 교회의 사명인 복음의 말씀을 어떻게 잘 간직해서 드러내 외칠 것인가를 놓고 전력해 나갈 때 불쌍히 여기시옵소서.

반 복음을 받고 허다한 교회들이 그릇된 데로 반 복음으로 쏠려가는 때이옵니다. 이러한 때에 저희 교회를 지키시고 이 교회를 필두로 교회의 사귐이 있게 하시고, 또한 형제들이 오직 바른 복음진리로 분명히 사귈 수 있도록 복음을 더 잘 배워 알게 하시옵소서. 그리하여 복음을 드러내 외치는 가운데 하나님의 뜻이 이루어질 수 있도록 하시옵소서.

구주 예수 그리스도의 이름으로 기도 드리옵나이다. 아멘.

2강

서론(2)

고린도전서 9:15-19

15 하지만 나야말로 이것들이 하나에게로 다루지 않았습니다. 게다가 나는 이것들을 그것이 이
렇게 내 안에서 되도록 적지 않았습니다. 왜냐하면 내게 죽는 것이 더욱 좋습니다 내 그 뻐김
을 어떤 이가 부질없게 하는 것보다.
16 왜냐하면 내가 좋은소식을 알릴지라도 뻐김이 내게 있지 않습니다. 왜냐하면 욱대김이 내게
덮쳐놓입니다. 하지만 벼락 맞음이 내게 있습니다 내가 좋은소식알리지 않는다면.
17 왜냐하면 내가 우러나는 것으로 이것을 일삼는다면 나는 삯을 갖지만 안우러나는 것으로 일
삼을지라도 나는 집다룸을 맡겨져와있습니다.
18 그러므로 무엇이 내게 그 삯입니까? 좋은소식알리면서 나는 값치르지 않는 것으로 그 흐리
스토스의 그 좋은소식을 놓은 것은 내 그 거느림으로 그 좋은소식 안에서 그 내리 다루기를
않는 것을 위해.
19 왜냐하면 풀어놓인이로 모두들한테서 있는데 나는 모두들에게 나 스스로를 머슴노릇했습니
다 내가 더 많은 이들을 얻으려고.

복음과 선포 〈1〉 _2강

서론 2

고린도전서 9장 15-19절

교회의 문제는 복음과 선포에서 비롯함

복음과 선포에 대해서 두 번째로 전체에 대한 걸 다시 살펴보겠습니다. 오늘 읽은 본문은 많이 아는 부분입니다. 원래 9장 전체를 다 봐야 하고 고린도전서를 다 봐야 하지만, 시간상 그건 개인에게 숙제로 맡깁니다.

우리가 아는 대로 고린도 교회는 영육에 속한 많은 죄악, 문제들이 있던 교회입니다. 그 문제점은 복음에 대해서 그릇 알고 그릇 행한 데서 기인하는데 결국 모든 게 복음과 관련됩니다. 그래서 바울이 그걸 다루면서 자신의 체험적인 고백으로 특히 복음선포 부분에 대해서 가르치는 말씀을 오늘 보는 겁니다.

복음을 전하지 않으면 화가 자기에게 임한다는 절대적인 상태에서 바울은 복음을 선포해오고 있음을 알려줍니다. 바꿔 말하면 고린도 교회의 문제가 어떤 것인지 간접적으로 표시하기도 합니다. 복음을 똑바로 아는 것과 똑바로 선포하는 데 고린도 교회는 문제가 있었고 그로 말미암아 또 다른 여러 가지 패역한 일들이 발생합니다.

교회는, 교회 지체는 누구든지 다 그러합니다. 복음 알기랑 복음선포하기가 분명하면 문제가 없습니다. 모든 나타난 문제들의 핵심이 결국 복음과 그 선포의 결여라고 말해도 틀림이 없습니다. 대단한 것도 아니고 빤하고 기본적인 것인데 다른 것들에는 꽤나 생색냈을 겁니다. 하지만 근본 뿌럭지가 밑바탕이 잘못된 것도 모르면서 교만 떨고 그릇 행했음을 알게 됩니다.

본문 1절에서 14절까지 보면 어떤 자세로 섬기는가, 섬기는 사람의 자비량이라고 할까, 아무런 조건이나 댓가 없이 어떡하든지 한 영혼이라도 더 올바로 하나님께 이끌어 볼까 하는 바울의 심정을 알 수 있습니다. 그런 일념하에서, 구약에서 보기를 들어 14절까지 말을 하고, 15절에는 반어법 접속사를 써서 "하지만" 하면서 19절까지 자기 뜻을 말해 나갑니다.

보편적인 복음전하는 사람이 복음으로 사는 건 당연하지만 '나는 안 그렇다' 하면서 바울 사역의 멋진 내용들이 쭉 기록돼 있습니다. 그러면서 15장 막바지엔 자신을 돌아봅니다. 딴 사람한테 도를 전한 뒤에 자신이 혹시 버림받으면, 멸망하면 어떻게 할까? 구원의 확신이 없어서가 아니라, 복음과 그 선포에 분명히 서 있는 사람이 하나님을 어떻게 경외하는가 그 한마디에 요약돼 있다고 해도 틀림없습니다.

복음에 합당한 대로 무슨 댓가를 받는 것이 마땅할지라도 그걸 누리지 않고, 반대편으로 15절을 보면 "하지만 나는 그런 것으로 빼기는 게 문제가 아니고 죽는 게 더욱 좋다." 이것은 비유적인 말이 아니고 진짜입니다. 이런 사람만 진짜입니다. 이런 의식이 없으면 곤란합니다. 물론 사도이기 때문에 특별한 은사로 말미암아 이런 고백을 했지만 본질이 그렇다는 겁니다. 믿는 사람 모두가 이러하다는 말입니다. 꼭 말씀을 전하는 사람만이 아니고 누구나 다 말씀을, 복음을 받았으면 선포하도록 돼 있기 때문에 예외가 없습니다.

'내가 이런 식으로 했으니까 하나님께서 나한테 복을 주시겠지' 한다면 이건 벌써 타락한 상태이고 국물도 없습니다. '내가 이렇게 했는데도 왜 하나님께서 아직 나를 몰라주시나' 한다면 아직도 깨지려면 멀었습니다. 내가 복음을 전해서 그 결과로 말미암아 무슨 자랑한다는 게 너무나 부질없고, 내가 죽는 게 더 좋다. 복음을 선포하는 가운데 나오는 그런 얘기입니다. 복음을 위해서 재확인하는 말이기도 합니다. 사람은 다 약하고 바울도 인간인데 이런 고백을 통해서 다시 한번 속에서 불길이 치솟게 되는 겁니다.

머슴 노릇과 하나님 주권

19절을 보십시오. 거기 보면 자유로운 사람이라고 자기 신분을 분명히 말했습니다. 하나도 아무한테나 거칠 것이 없습니다. 그런데도 복음을 통해서 더 많은 사람을 얻을 목적으로 스스로 머슴 노릇했다고 밝힙니다. 이게 쉽지 않습니다. 사람의 생각, 사고방식은 정말 간악하고 교활합니다. 그런 사람들에게 종노릇하면서까지 복음으로 말미암아 '많은' 사람도 아니고, '더 많은' 사람을 얻으려고 한 것입니다.

그 뒤에 20절부터 구체적으로 보기가 나옵니다. '요런 사람들한테는 요렇게 해서, 저런 사람들한테는 저렇게 해서 어떻게 하든지 얻으려고 한다' 이게 바울만의 특성이 아니고, 모든 믿는자들의 기본입니다. 그런 것이 되지 않고는 누구도 복음을 선포할 수 없습니다. 그리고 복음을 선포할 수 없다면 제 마음속에서 옹기종기 신앙생활하다가 끝나는 인생입니다. 그런 상태로 주님 앞에 간다면 이것은 책망거리입니다. "더 많이 얻기 위해서 머슴노릇했다." 꼭 기억합시다.

그러고서도 마지막에 자기가 혹시 버림이 되면 어떡하나 스스로를 돌아보고 또 돌아보는 겸비의 상태입니다. 자랑은커녕 혹시 내가 뭘 잘못하지는 않았나, 우쭐거리지나 않나, 전도한다면서 혹시나 배나 지옥자식 만든 건 아닌가, 천국 문을 닫고 딴 사람 못 들어가게 문 막고 있지는 않나? 이런 것부터 해서 많은 것을 돌아봅니다. 이건 도를 똑바로 전하는 사람만이 알 수 있는 고백입니다. 그게 없으면 이 말씀 읽어봐야 '그렇거니' 하는 수준에 머물게 됩니다. 그건 말씀을 똑바로 못 받는 겁니다.

통상 복음전도에 대해서 교회들이 굉장히 마음을 많이 씁니다. 별볼일 없는 것들도 그렇습니다. 껍데기야 복음을 전한다니 다 귀하고 마땅합니다. 그러나 대개 보면 선포하는 형식이건 가르치는 형식이건 사람 차원의 수단에 치우치기 십상이고, 그러다 보면 본질을 놓치기 쉬운 법입니다. 바꿔 말하면 복음전도에 마땅히 나타나야 될 하나님의 주권에 대한 신앙의식, 그게 한시라도 없으면 안 됩니다.

그런데 하나님의 주권을 자기 것인 양 독차지하고 착각하는 이른바 장로교 깔뱅주의자들이, 더 인본주의로 별의별 방식을 앞세워 전도하는 것을 삼척동자도 압니다. 하나님의 주권을 거역하는 짓입니다. 차라리 아르미니안 중에 순수한 사람이 있을 판입니다. 그러고서는 교리적으로 틀렸네 맞았네 하면서 겉과 속이 다른 상태를 나타냅니다. 그런 면을 조심해야 합니다. 이게 간단치 않습니다.

우리 교회가 혹시 그런 쪽은 아닌지 늘 돌아봐야만 합니다! 하나님의 주권을 감사하게 받고 '나 같은 게 세상 모든 사람 중에 가장 한심한 자인데 내가 어떻게 하나님을 알고 예수 그리스도의 피로 말미암아 구원의 확신을 받았을까' 이런 마음이 늘 변치 않는다면, '뭐 좀 해주십시오, 뭐 좀 해주십시오' 이렇게 구하는 게 아니고, 먼저 늘 빼놓지 않고 '하나님, 건져주신 것 감사합니다' 이렇게 고백합니다.

복음전도 위한 기도

구원에 대해서 복음의 능력이 얼마나 값진가, 이걸 선포하는 사람이라면 왜 기도가 없어지고 바른 내용으로 빌지 않겠습니까? 그게 있어야 주권을 신앙하는 사람입니다. 말만 무슨 작정이 어쩌고 그런 소리 할 필요가 없습니다. 자기 스스로 언어 최면에 빠진 죽은 도그마dogma주의자들입니다. 교리 앞세우는 신조주의자. 자연스러움이 없습니다. 퍽퍽하여 눈에서 눈물방울이 나오지 않습니다. 그런 사람들은 한 맺힌 눈물은 나올지 모릅니다.

구원받은 것에 대한 감격 그게 반드시 어떻게 나타나느냐 하면, 다른 사람을 회개하도록 해서 건져 달라고 하는, 이웃 사랑의 현실적인 모습이 기도 가운데 늘 나타납니다. 우리는 그런 기도를 합니까? 형식으로 다른 영혼에 대해 애타하는 게 아닙니다. '저 사람 내가 상대할 만 하니까, 저 사람 위해 기도해야지' 그런 게 아닙니다. 담대한 상태입니다. 자기 추측으로 판정하고 기도하면 하나님의 주권과 전능하심을 부인하는 자들입니다. 그건 이교도입니다.

감사의 기도, 다른 영혼의 구원을 위한 기도를 늘 진정으로 절실하게 드립니까? 이런 기도를 드린다면 주권을 인정하는 사람에게 베푸시는 은혜입니다. 아니면 복잡합니다. 할 일 많은 세상에서 자기 볼 장을 보기도 바쁘고 힘이 부치는 판인데, 언제 남을 위해 마음쓰고 하나님 이름으로 기도까지 드립니까? 꿈나라 같은 이야기입니다. 기도가 있어야 비로소 복음을 선포하게 됩니다. 그런 기도 없이 선포되는 법이 없습니다.

바른 전도의 자세와 주권

야고보서도 지금 말하는 내용을 주목합니다. 거기 눈길을 끄는 흔히 아는 말씀이 나옵니다. 행함이 없는 믿음은 죽은 거라고 합니다. 한마디로 공갈이라는 얘기입니다. 행함이 없는 믿음은 고칠 수 없습니다. 믿음이 있으면 행위가 따라온다는 말입니다.

행위구원을 말하는 게 아닙니다. 선행을 공로로 상급받는다는 말씀이 아닙니다. 구원 가운데 펼쳐 보이시는 하나님의 주권을 믿는 신자라면 또 내가 그로 말미암아 구원의 믿음을 갖게 된 걸 감사하는 사람이라면, 어찌 전도를 위해서 행함으로 힘쓰지 않겠습니까? 백번 천번 그건 말도 되지 않는 상태라고 성경은 경고합니다.

바울을 보십시오. 무슨 할 일이 없다고 '내가 죽으면 죽었지...' 전도합니다. 자기 이익과 권리를 챙기고 취하고자 한다면 이건 아니란 말씀입니다. 저는 이런 사람을 거의 만나본 적이 없습니다. 특히 신학을 했다는 사람들 중에. 물론 다 바울같이 하라는 말은 아니지만, 중심이나마 지켜야 하는데 중심이 하루 이틀, 일년 이년 지나면 때가 묻어 장사치가 안 되는 사람을 거의 못 봤습니다! 장사치로 전락해 마음에 찔려 볶이는 사람이라면 목사를 그만 두어야 합니다. 양심이 못 견디겠으면 차라리 다른 직업으로 바꾸어야합니다. 깨끗하기 쉽지 않습니다. 행함이 없는 믿음도 복음과 그 선포에 나타날 수 있습니다.

'하나님의 주권' 그러면 잘 아는 것 같아도 사실 모르는 게 더 많습니다. 아는 게 없습니다. 안다고 해도 뒤돌아보면 '그때 내가 잘못 알았구나 오해했구나' 회개하기 바쁠 겁니다. 자칫 함부로 정죄하거나 또는 결정론자가 되거나, 아니면 하나님 머리 꼭대기에 올라가서 좌지우지하고, 앉아서 천리를 내다보는 격으로 마음으로 수판 튀기고 끝납니다. 몸뚱아리를 앞세우면 이런 위험에 빠집니다. 그건 주권에 대한 오해에서 비롯됩니다.

거듭 말씀드리지만 복음선포로 이웃의 구원을 위한 기도를 드리지 못한다면, 드리지 않는다면 하나님의 주권을 부인하는 자입니다. 있을 수 없습니다. 해본 사람만이, 15절에서 19절까지 봤지만, 바울의 이 고백을

'아 그렇구나' 하면서 지울 수 없는 말씀으로 심비에 새기게 됩니다. 우리가 하루아침에 말씀대로 살지는 못해도 '아 그렇구나, 이 말씀이' 이런 고백을 해야만 합니다. 예수님이 이렇게 사셨고, 바울도 성령님의 역사로 이렇게 고백한 겁니다. 사람으로서는 할 수 없습니다.

이렇게 해서 신약교회가 이방 세계에 세워졌습니다. 하나님을 몰랐고 오히려 대적하던 허다한 사람들이 회개하고 돌아오게 됐고, 우리도 그 반열에 서서 여기 있습니다! 우리는 굉장히 큰 신세랑 빚을 졌습니다. 하나님한테만이 아니라 선진들한테!

저도 늘 저를 전도해 준 제 고등학교 동창을 꼭 만나보고 싶은 마음이 있는데 그 형제에게 고마워합니다. 뒷날 신세도 많이 졌는데 잊지 못합니다. 또 저에게 세례 베푼 목사님도 그렇고. 뒷날 그 사람들이 어떻게 됐건 그건 제가 판단할 분야가 아닙니다. 좌우간 감사합니다. 더 바르게 알고 더 바르게 전파할 마음을 한시라도 버린 적이 없고, 버릴 수도 없습니다. 이것은 복음을 전해 준 그런 형제들, 그런 분들을 봐서라도 기본입니다.

작정하신 구원과 전도하는 방법론

우리는 성경을 구원에 대한 말씀이 기록된 것으로, 그런 성격을 갖고 있는 것으로 압니다. 그리고 계시의 속성 가운데 배어있는 하나님의 솜씨 중에 구원받기로 작정하고, 지옥 보내기로 작정한 것이 있습니다. 선택과 유기로 작정합니다. 그런데 구원쪽을 놓고 볼 때 작정된 사람은 믿게 됩니다. 그 사람이 믿는 게 아니고 하나님께서 믿게 하십니다!

'믿게 된다' 고 수동태로 표현하는 게 정확한 표현입니다. 사람이 믿게 하는 게 아닙니다. 착각하면 안 됩니다. 그러면 아르미니안주의 전도법이 됩니다. 하나님의 주권을 부정하게 됩니다. 온갖 방법론이 눈앞에 어른거리게 됩니다. 하지만 '작정된 자는 믿게 된다' 이것만 알면 외눈

잡이입니다. 죽은 정통이 대개 이런 위험에 빠집니다. 하나님한테 다 책임을 돌릴 가능성이 있습니다.

성경을 보면 반드시 사람들을 통해서, 바로 그들의 복음전파를 통해서 작정된 사람이 믿게 된다고 가르칩니다. 이건 천사들도 흠모하는 것이라고 말씀합니다. 굉장히 독특한 직분입니다. 성도들에게 주신 독특한 특권입니다. 내가 복음을 전하므로 하나님의 작정이 이루어지게 됩니다. 이것은 생각할수록 감사한 일입니다. 끝을 모르는 신비한 하나님의 작정에 참여하는 사람이 된다는 굉장한 얘깁니다.

그러니 박해 가운데 죽음을 무릅쓰고 바울은 전도하는 겁니다. 왜냐하면 이방인의 사도이기도 하지만, 이방인의 구원이 자기 손에 쫙 펼쳐지는 것을 보니 딴청 피울 수 없습니다. 너무나도 하나님 말씀이 진실하고 약속이 확실한데 두 마음 품을 여력이 없는 겁니다. 이것은 기본입니다. 기본!

물론 자기 권리를 다 쓰지 않다 보니 환란당하는 건 이루 말할 수 없고 당연합니다. 환란을 피하려고 하니까 요 방법 조 방법, 요 핑계 조 핑계 따집니다. 그러니 사귐이 풍성해지겠습니까? 되지 않습니다. 하나님을 올바로 믿지 않는 사람을 볼 때, 그 사람이 믿는 하나님은 쩨보같이 보입니다. 마음 딱지나 마음 쓰는 것을 보나 품성을 보나. 그래서는 안 됩니다. 그런 상태에선 기도도 제대로 나오지 않습니다. 기도는 자기 것이 아니기에, 자기 마음대로 자기 멋대로 하는 것이 아닙니다.

그래서 아까 야고보서에서 행함과 믿음을 관련지었는데, 믿음을 하나님의 주권에 빗댄다면 행위는 믿는이의 사명감이라고 할까 복음선포에 대한 마땅함입니다. 하나님의 주권과 교회의 사명, 이건 달란트 비유에서 극명하게 나타납니다. 두 달란트 받은 사람은 둘 남기고, 다섯 달란트 받은 사람은 또 다섯 달란트 남겨서 큰 칭찬을 받아 곱빼기로 선물까지 받았는데, 한 달란트 받은 사람은 책망 받았습니다. 악하고 게으른 종이고 충성스럽지 못한 겁니다. 꽤나 주인을 생각했지만 건방집니다.

이것은 복음선포 관점에서 봐도 틀림이 없습니다. 천국비유 또는 천국의 일꾼이라면 어떻게 사는 것인가, 어떻게 행하는 것인가 가르쳐 줍니다. 착하다, 충성스럽다 그걸 위해서 오늘도 이런 주제로 말씀을 나누고 있습니다. 이왕 믿음으로 주신 거, 같은 값이면 다홍치마라는데 요즘 보면 그릇된 전도가 정통인 양 헛된 열심을 조장하고 불법 방식을 앞세우는 크나큰 유혹이 난무하는 때입니다. 특별히 정치와 종교가 맞물린 전도는 심각합니다.

정치와 종교가 연합한 타락상

이를테면 서방 사람들이 외형상 교회에 속한 선교사 따위를 앞세워 현재 보면 아랍권을 전도해 보겠다 하지만, 말을 안 들으면 초토화시켜서라도 순종 시켜봐야 되겠다 해서 그릇된 방식으로 선교한 게 수십 년 간, 아니 수백 년이 넘는지도 모릅니다. 왜냐하면 아랍권 기세가 꺾인 지 벌써 수 백년이 흘렀는데, 그뒤부터 서방세계가 400년 500년이고 완전히 개판을 쳤습니다. 이것을 기억하셔야 합니다.

단순히 정치 군사 경제 문제가 아니고 도를 전하는 게 깔려 있습니다. 거기에 전도법의 목적이 들어 있습니다. 심지어 전쟁이라는 수단도 합법화시킵니다. 오늘 중동에서 한국인 한 명 죽은 것도 그런 와중에 죽었습니다. 말도 안 됩니다. 모든 증상을 하나님만이 정확히 꿰고 계십니다.

이를테면 쉽게 말해 한 나라를 다른 나라가 침략을 합니다. 명분이야 평화로운 민주국가를 건설하건 뭐건 좌우간 침략하면 한 나라가 명분을 얻기 위함이라든가 아니면 좀 힘이 부치면 또 다른 협력자를 끌어들여 그 나라를 정복합니다. 침략자 미국이 협력자로 한국을 끌고 들어간 양상입니다. 그건 물론 여러 측면에서 해석할 수 있는 사건이지만, 이 주제를 놓고 보면 틀림없는 문제입니다!

그러면 당연히 그 나라에서 독립군들이 딴 나라의 식민지되고 망하는 것을 그냥 보고 있지 않습니다. 우리 표현으로 무장 게릴라가 납치했다고 하지만, 그 사람들 입장에서 보면 나라를 되찾기 위해 독립운동하는 사람들입니다! 제 표현이 혹시 돌에 맞을지 모르지만 맞는 말입니다. 그 사람들이 어떻게 무장 게릴라들입니까? 나라를 찾으려는 사람들입니다. 부시의 공격을 그릇됐다고 미국에서도 인정합니다. 그러면 당장 철수해야 합니다.

거기서 한국을 보면 얼마나 비참하고 주권이 없는 나라입니까? 노무현만을 욕할 수 없는 비참한 상황입니다. 한국도 식민지이니까 통탄할 노릇입니다. 뭐가 테러고 뭐가 파병입니까? 강자는 합법입니다. 강자의 테러는 테러라고 말하지 않습니다. 그런데 눌린 사람이 하면 테러라고 합니다. 이를테면 상대적인 인간들의 허구입니다. 허구들! 명백히 꿰뚫어야 합니다.

이러한 사태를 놓고 봐도 복음선포의 사명에 대한 무책임은 회개해야 합니다. 먼저 우리가 그렇습니다! 보기를 들어본다면 한국도 백 년 전, 오십 년 전, 일본한테 나라를 뺏겼습니다. 식민지입니다. 일본이 한국을 침략했을 때 미국 선교사들 서양의 선교사들은 그들의 협력자가 됐습니다. 한국을 돕기는 도운 것 같아도 일본의 협력자들입니다. 협력자!

북한의 많은 금 · 은 · 동부터 해서 각 나라가 채굴권을 부정으로 따내 한국을 완전히 다 빼먹었습니다. 찬란한 문화의 바탕을 지하자원부터, 사람들의 이성이라든지 모든 게 돼야 문화가 창달됩니다. 그러나 침략자들이, 협력자들이 다 빼가 버렸습니다! 그때 이봉창이라든가 윤봉길 이런 선생들이 이 침략자 내지는 협력하는 어용 앞잡이들을 많이 죽였습니다.

그때 어용신문들인 조선일보, 동아일보 이따위 신문에서 뭐라고 보도가 나왔습니까? 그 사람들에게 테러라고 했습니다. 딴 걸 말하려는 게 아니고, 왜 복음전파라는 이름을 앞세워 세상방식에 악용당하는가 말입니다. 그러니 아랍권, 제3세계에선 서양 선교사들을 싫어합니다. 그 뒤엔 분명히 정치, 군사가 들어옵니다. 나중에 경제적으로 완전히 잡아먹어 버린단 말입니다. 그러면 결국 노예생활을 하게 됩니다. 어용들만 잘 먹고 잘살게 돼 있습니다.

오늘 죽은 사람도 아랍권 복음전도하려고 했는지 모릅니다. 아랍어를 공부했으니까. 그런데 그 집이 사는 거 보니까 가난한 사람들이고 서민들이고 순박한 분들입니다. 그러니까 국민 차원에선 누구보다 분통이 터집니다. 가서 그 나라 초토화시키고 싶은 마음이 백 배 천 배 피끓을지라도 속상한 겁니다, 국민의 입장에선. 다만 하나님의 편에선 마땅히 복음전파라는 면에서 소홀히 한 것에 대해 회개해야 합니다. '하나님께서 다른 것을 통해 책망하시고 경고하시는구나' 저는 그런 식으로 받아들입니다.

그런데 예배당에 들어오다 보니까 지난주도 그렇고 오늘도 그렇고, 벧엘중앙교회라는 신설 교회에서 나왔는지 나이가 한 오십이 넘었을까 하는 사람이 다른 우편함도 여럿 있는데, 우리 교회 우편함에다 계속 그 교회주보 전도지를 꽂는 겁니다. 내용을 보니까 사업입니다, 사업. 우리 통에 계속해서 넣는데 장사꾼입니다.

그런 이들을 목사라고 그러니, 목사라는 말도 못 꺼내겠습니다. 세상에서 밥벌이 하다가 어떻게 목사가 됐는지. 목사가 어떻게 그렇게 쉽게도 되는지. 하지만 우리가 게으르니까 그 사람을 통해서 교인 빼내가려는 것이고 자기네 교회를 광고해서 장사하는 것입니다. '케어 복지사 1,

2급 가능하다. 우리 교회는 노인들을 숭상하는 교회다.' 이런 미끼를 쫙 하니 적어 놓았습니다.

그걸 지금 비판하자는 게 아닙니다. 바울은 남의 터 위에서 복음을 전하지 않았습니다. 죽으면 죽으리라 하는 자세로, 다된 밥 훔쳐먹는 자가 아니고, 거룩한 나라의 영역을 펼쳐서 어서 주님이 오시기를 앙망하는 일념으로, 일사각오로 나가는 중입니다.

복음과 선포에 나타난 하나님의 주권과 성도들의 할일

그런데 고린도 교회는 딴청피고 인본주의 교회로 전락해가고 있으니 마음에 불이 타는 겁니다. 복음과 선포라는 게 뭔가, 앞으로 그 방면에 설명드리려고 합니다. 하지만 누가 어떻게 뭐를 전한다는 말입니까? 그래서 본문을 놓고 봐도 전도, 복음선포에서 하나님의 주권과 우리의 할 바, 이걸 여기 봐도 생생합니다.

'내가 더 많은 이들을 얻으려고 모든 사람한테, 내가 전혀 구김살 없는 자유인이지만 더 많이 구원 얻게 하려고, 모든 사람들에게 머슴노릇 했다.' 우리에게 이런 욕심 없다면 필시 세상 욕심, 육신의 소욕이 어른거릴 겁니다. 거기 빠지면 일생 시간과 짬과 능력이 나질 않습니다. 돌아보십시오, 어땠는지. 이건 단순히 숫자의 많고 적음을 말씀드리는 게 아닙니다. 바울은 그런 식으로, 인본주의로 전도한 게 아닙니다.

요즘 대개 전도집회와 전도방식을 보면 소위 결신자 몇 명 목표를 세우고 전도하게 합니다. 숫자의 많고 적음이 올바른 전도의 시금석이 될 수 없습니다. 그거야 주권에 있습니다. 평생 전도했어도 한 명도, 사람 보기에 예수님을 믿게 한 사람 없이 죽은 선교사가 한두 명이 아닙니다.

그러면 그 사람들은 도를 전하지 않고 놀다 죽었습니까? 그건 아닙니다. 그리고 강단에서 목사랍시고 말씀만 전한다고, 물론 말씀 전하는 것도 복음 선포입니다. 그렇게 해서 많은 사람들이 회개했다고 칩시다. 그러면 그 사람이 전도를 열심히 했습니까? 외형만 보고 그거 둘 다 그렇게 쉽게 바른 말 할 수 없습니다.

오늘 바울의 글을 봐도 19절 이하에 이런 식으로 복음전도의 진수가 보편적인 모습으로 담겨 있는데, 과연 우리는 어땠나, 나는 어떤가? 다시 한번 깊이 돌아봐야 합니다. 구원이 그렇게 크고 좋고 귀하고 엄청난 거라면 소문내지 않아도, 만약에 집에 진주 보석이나 특산물이 있다면 동네 사람이 구경하려 하고 강도들이 아마 호시탐탐 노릴 겁니다. 그런데 구원이 그런 정도입니까? 그런 걸 우리가 영적으로 못 느낀다면 이상한 일입니다.

복음을 선포한다는 것은 오직 좋은소식, 복음만을 알려야 합니다. 그것만이 다가 아니고 회개해서 그리스도께로 돌이키라고 선언하고 명령하는 겁니다. 믿어도 그만 안 믿어도 그만이라면 그건 바른 전도가 아닙니다. 좋은소식에 온통이 다 들어 있습니다. 여기 보십시오. 피하면 어떻게 된다고 했습니까?

16절은 15절의 이유입니다. 왜? '내가 죽으면 죽었지 내가 누리는 걸 앞세워서 빼기지 않겠다.' 왜냐하면 만약 그런 식으로 한다면 벼락 맞는다는 겁니다. 자기가 저주를 받는다고 했습니다. 이러니 벼락을 안 맞으려고 한다는 것보다도 표현이 이렇습니다. 참 멋진 표현이고 하나님 말씀이 맞습니다.

복음선포의 자세들

그 정도가 아닙니다. 18절에 봐도 값치르지 않겠다, 값없이 한다는 말입니다. 조잡스럽게 쫀쫀하게 그 따위가 아니란 말입니다. 목사를 청빙한다, 월 사례비는 얼마 주네, 많다, 적다, 이러면 다 걷어 치워버려야 합니다. 그 와중에 싸움이 나고 교회가 갈라집니다. 교회가 무엇입니까? 복음선포가 어떤 겁니까? 그런 와중에 실족하는 사람들이 한둘이 아닙니다. 또 그걸 잘 소화하질 못해서 한국교회는 문제가 많습니다. 복음선포는 한마디로 죽는 겁니다.

16절에 봐도 "욱대김" 이건 완전히 못살게 굶을 당하고 시달린다는 뜻입니다. 마지막 절에 아까 말한 대로 "머슴노릇" 이건 죽는 거보다 더 힘든 일인지도 모릅니다. 왜, 살아 있으면서 겪는 것이기 때문입니다. 자기 소리, 자기 자랑이 일체 없는 겁니다. 전도를 해보시면 압니다. 딴 사람이 어떻게 해서 1년에 100명 전도했으니까 그 방법을 쓰자. 그건 틀린 인본주의입니다.

각자 특성이 있습니다. 하다보면 성경이 깨달아집니다. 이 말씀이 이런 뜻이었구나. 옛날에 많은 사람들의 얘기를 들어봤지만, 다 성경에 있습니다. 성경에서 성경으로 엮어져서 예수 그리스도 그분에 속한 전반을 선포해야 합니다. 결국 이렇게 해서 이렇게 했더니 이렇게 됐더라.

그런 면에서도 바울이 전도하면서 겪는 상태, 결연한 고백의 이면을 보면 영혼에 대한 사랑이 넘칩니다. 그게 없으면 못 합니다. 자기 볼 장도 바빠, 자기를 챙기기에 평생 챙겨도 모자라서 끙끙대다 죽을 판인데, 어떻게 다른 사람을 사랑할 정도로 넘칩니까? 그런데 여기에는 끝없는 인내가 필요하고 끝없는 용기가 필요합니다. 바울의 고백을 봐도 알지만 만만한 문제가 아닙니다. 사랑은 그런 걸 다 담는 속성이기도 합니다.

복음의 대리자와 타협 없음

어떻게 우리는 이런 전도, 이런 거룩한 고백을 할 만한 체험들이 쭉 있어왔습니까? 교회를 놓고 볼 때, 그동안에 없으면 회개하십시오. 심판이 가까왔습니다. 아니면 복음을 배우십시오. 복음을 깨닫는다면 이런 능력과 마음이 솟구칩니다. 바울은 그래서 심부름꾼, 대리자로서 복음을 전했음을 많은 말로 뒷받침합니다. 이를테면 그리스도의 전령, 대변인으로서 소임을 다했고 그리스도의 대사, 대표로서 복음선포를 해왔음을 천명했습니다.

그러다 보니 두 가지를 겪는 것이 사도행전 봐도 잘 나옵니다. 엄청난 조롱과 무관심, 이건 겪어보지 않은 사람은 알 수 없는데, 조롱과 무관심 앞에서 담대하고 흔들림 없는 권위로 당당했습니다. 오늘 읽은 네다섯 절에도 꽉 쩔어 있습니다. 그런 기백은 놀려대건 몰라주건 상관하지 않습니다. 우리 모두 이런 사람이 되길 바라겠습니다. 도를 전해 봐야 압니다.

또 한가지 어떤 걸 겪었냐 하면 그런 권위로 담대히 나가는 정도보다도 일체 어떤 상황에 접했을 때, 이 복음의 도가, 하나님께서 전하라는 말씀의 일점일획이라도 빗나가면 결코 타협하지 않았는데 이것도 하나님의 은혜입니다.

사람의 능력으로도 별의 별 핑계대고 전도하는 꼴들을 너무나 많이 봅니다. 지난번에 말씀드렸습니다. 일단 왕창 끌어다 놓고 가르치면 되지 않느냐고. 총동원전도부터 해서 말입니다. 말도 안 되는 인본주의입니다. 종교사업상 부패한 인간들이 걸려듭니다. 한 명 가르치기도 힘든데, 한 명 가르치기도!

대전 어느 목사는 선한 뜻으로 전국 이쪽저쪽에서 사람을 끌어모았답니다. 거기서 미국에서 온 목사가 특강한다고 광고하여. 그런데 미국서 온 목사한테 한 방에 날아갔습니다. '목사님, 왜 이렇게 수에 마음쓰냐구, 한 명도 안 오면 어떠냐고 바르게 해야 되지 않느냐고.' 그러니까 즉석에서 눈물 흘리면서 회개를 하더랍니다, 쭉 사람들 있는 데서. 한 명이라도 바로 가르친다는 건 소수주의를 말하는 것도 아니지만, 그만큼 말씀선포자를 길러낸다는 게 쉬운 일이 아니라는 얘기입니다.

바울의 유일한 복음전도 방식

또 성도들이 복음선포하는 사람되기 위해서 어느 정도로 복음을 힘입어야 되는가? 그런 말은 죽음을 불사하지 않아야 한다는 말입니다. 그런 게 없으면 도를 전할 수 없습니다. 그래서 바울은 주님 예수 그리스도에 관한 진리, 이것만을 가르칩니다. 인간 얘기, 세상 얘기를 가르친 게 전혀 없습니다. 바울의 유일무이한 전도방식은 시간이 모자랍니다. 주 예수 그리스도에 관한 것만 전합니다. 다른 방법이 없습니다. 예수님도 무슨 방법이 없었습니다.

그런데 신학교에 다닐 때 무슨 전도법 그래서 어떤 교수가 와서 강의하면, 이 사람은 전도를 해 본 사람인가 생각되면서 한심합니다. 책상머리에서 남한테 들은 것으로 이야기하는 겁니다. 자기가 진리의 말씀을 힘입어서 해 봤어야 바른 얘기를 합니다.

이번에도 제가 대통령이라면 파병을 일단 철회 내지는 유보한다고 정치적인 말 한마디만 했으면, 그 사람 충분히 살렸을 거란 생각도 듭니다. 아랍 사람들은 바탕이 보통 순합니다. 워낙 핍박을 많이 받아왔기 때문에 사납지. 그러니 우리는 도를 전해야 합니다. 대통령이 하나님도 모르니 그 사람이 불쌍해서라도 전해야 합니다. 어떤 사람이 됐건, 언제가 됐건 사랑으로 빌므로 오직 주 예수 그리스도 만을, 때를 얻든 얻지 못하든 전해야 합니다.

복음을 배우기와 깨닫기를 먼저 마련해야

그런데 늘 주의할 것은 복음을 힘입어 그걸 실현하기에 앞서 철저히 배워야 하고, 배운 대로 그것을 이루기에 앞서 그게 뭔가 잘 깨달아야 합니다. 그러면 나머지 행함은 따놓은 당상입니다. 자원해서 합니다. 우러나서 하게 해주십니다. 하지 말래도 합니다. 그래서 바울은 변론의 방식이 됐건, 강론의 방식이 됐건, 가르침이 됐건, 권면이 됐건, 한마디로 가르치는 방식들입니다.

선포도 가르치는 겁니다. 두란노 서원이건, 거리에서 건, 돌 맞아 죽었다가 일어나서 하건. 바울은 죄인으로 끌려가다 배가 파선돼서 죽을 뻔했습니다. 그 와중에도 정공법으로 하니까, 나중에는 뱃사람들도 바울의 말을 듣습니다. 그래서 그 백전노장들도 결국은 다 살아날 수 있었습니다. 좀 원시적인 방법, 막무가내 방식 같아도 성경 방식은 이렇습니다.

복음선포의 동기와 약속

거듭 말씀드리지만 복음을 듣는 이들에게 예수 그리스도를 믿도록 할 때 하나님께서는 반드시 사람을 통해서 회개하도록 시키십니다. 누가복음 1장 16절에 보면, 세례 요한의 할 바에 대해서 천사가 예언하는 말씀이 있습니다. 이스라엘 자손을 그들의 하나님한테 많이 돌아오도록 한다. 회심시키는 사역을 세례 요한을 통해서 일정 부분 맡기셨음을 보여줍니다.

야고보서 5장 19-20절을 볼 때, 진리에 있다가 배반해서 떠나간 사람들을 다시 돌이키기 위해 구원 얻도록 한다는 형제들의 사역이 나옵니다. 사도행전 26장 19절을 보면, 아그립바 왕한테 전파하는 장면이 있습니다. '회개에 합당한 일을 하고 하나님한테 돌아와서 죄사함과 나를 믿어 거룩케 된 무리 가운데서 기업을 얻게 하리라.' 바울은 그런 식으로 도를 전한다고 감연히 말합니다.

그래서 복음선포의 동기는 언제든지 하나님에 대한 사랑과 그로 인한 하나님의 영광만을 위해서 사람을 사랑하므로 그 사랑의 복스러움을 위해 도를 전하게 됩니다. 그런 두 가지가 하나로 분명히 묶여지지 않고서는 그릇된 전도로 나타나게 되고 도를 제대로 전할 수 없습니다. 결국은 사랑입니다. 그러니 하나님의 사랑을 아직 모르는 뭇 심령들을 볼 때 그 심정이 어떠해야 하겠습니까?

세상 끝날까지 함께하신다고 말씀하신 것 분명히 믿습니다. 온 세상에 전파되면 그때 주님이 오신다고 했습니다. 복음을 증거하라는 명령 뒤에는 어떻게 하겠다는 약속까지 덧붙였기 때문에, 충분히 다 감당할 수 있는 말씀들입니다. 적어도 거듭난 사람이라면 기회 있는 대로 모든 사람에게 착한 일을 하라고 합니다. 도를 전한다는 얘기입니다. 기회 있는 대로 모든 사람에게 선을 베풀란 말입니다. 그리스도의 사랑이 나를 강권하기에 그렇습니다.

그리스도의 사랑이 나를 강권하는 것을 체험하고 있습니까? 체험하지 못하면 만사가 되질 않습니다. 이 말 뜻이 뭔지 모르면 구하십시오. 이건 믿는 사람이면 마땅한 겁니다. 그럴 때 자연스럽고도 자원해서 구원의 즐거움을 전파합니다. 하나님의 주권적인 은혜로 말미암아 구원의 믿음이 있는 사람이라면, 복음을 선포하는 것이 얼마나 필요하고 얼마나 절박한지 압니다. 그리고 얼마나 복음 안에서 순수한 건지 말할 수 없습니다! 마침내 그런 이의 복음전파를 듣는 심령들에게, 죄인들에게 맞닥뜨려짐이 발생합니다. 믿고 구원받건 반발로 꺾어지건 말입니다.

하지만 화목케 하는 복음이기에, 안 믿으면 지옥 가라고 그런 식으로 망발하는 것보다, 또 그렇다고 내가 구원을 내 멋대로 선심 쓰는 거짓된 것 말고, 선포한단 말입니다! 그러면 모든 믿지 않는 영혼들은 다 마음이 멍들어 있고 상해 있고 궁핍해 있고 갈급해 있기에, 가려있거나 해서 모르거나 아니면 알면서도 시인하지 않는 교만 때문에 그렇지, 한번 성령님께서 역사 하셔서 마음이 열리면 별의 별 많은 것을 겪게 됩니다.

'어떻게 나 같은 걸 통해서 이 사람이 회개를 할까' 하는 고민을 겪어 보지 않으면 내가 복음을 믿는지 안 믿는지 애매모호해집니다. 그러고서 어떻게 교회의 지체다, 무슨 사명을 수행중이다, 감히 말할 수 있겠습니까?

'나를 보내주신 아버지께서 이끌지 않으면 아무도 내게 올 수 없다'고 했습니다. 주님이 가르친 대단한 말씀입니다. '아버지께 듣고 배운 사람마다 내게 온다. 내게 주시는 자는 다 내게 오는데 한 명도 실족하지 않게 한다.' 구원에 대한 신비한 말씀들이 성경에 퍽 많습니다. 구약의 경우 한군데 봐도, 내 입에서 나가는 말도 헛되이 내게로 돌아오지 않는다고 선지자를 통해서 한 말씀도 있습니다. 이사야 선지자는, 내 뜻을 이루며 내 명하여 보낸 일에 형통하리라고 기록합니다. 보편적이고도 효력있는 부르심에 해당하는 말씀입니다.

마지막으로 데살로니가후서 2장 13절에서 17절까지 읽고 마칩니다.

주님의 사랑하는 동무들 우리가 항상 너희를 위하여 마땅히 하나님께 감사할 것은 하나님이 처음부터 너희를 택하사 성령의 거룩하게 하심과 진리를 믿음으로 구원을 얻게 하심이니, 이를 위하여 우리 복음으로 너희를 부르사 우리 주 예수 그리스도의 영광을 얻게 하려 하심이니라. 이러므로 동무들, 굳게 서서 말로나 우리 편지로 가르침을 받은 유전을 지키시오. 우리 주 예수 그리스도와 우리를 사랑하시고 영원한 위로와 좋은 소망을 은혜로 주신 하나님 우리 아버지께서 그대들의 마음을 위로하시고 모든 선한 일과 말에 굳게 하시기를 원하노라.

기도

하나님 아버지, 오늘 저희들이 복음과 그 선포에 관련한 몇 가지를 전체적으로 살펴보면서 요즘 세상에서 되어진 일들과 우리 교회의 지난날을 회고하고 회개하면서 이 큰 구원을 등한히 여겼음을 고백하고, 이 충만한 구원의 복됨을 누리지 못하고 드러내지 못한 것을 한하오니, 주여 불쌍히 여기시옵소서.

오늘 말씀을 통해서도 문제가 많았던 그린도 교회를 향해서 바울이 하나님의 은혜로 말미암아 문제의 핵심이 어떤 것인지를 뚜렷이 증거한 말씀을 접했습니다. 주여, 이 교회를 향해서 주시는 말씀으로 받도록 해주시고, 저희도 동일한 심정으로 이 거룩한 복음으로 말미암아 빚진 하나님의 사랑을 펼칠 수 있도록 능력을 베푸시고 힘을 더하시옵소서.

이땅을 돌아보건 세계를 돌아보건 복음이 핍절해지는 때이고, 복음 아닌 것으로 그릇된 방식으로 떵떵거리는 기가 막힐 시대에 두려운 시대를 거닐고 있사오니 끝끝내 저희들을 지켜주옵소서. 이 교회를 통해서 복음 전파의 사명을 이 모양 저 모양 공적 사적으로 우리 모두가 감당할 수 있도록 함께하시옵소서.

구주 예수 그리스도의 이름으로 기도 드리옵나이다. 아멘.

3강

복음의 뜻 : 구약에서

이사야 40:1-11

1 너희 하나님이 가라사대 너희는 위로하라 내 백성을 위로하라
2 너희는 정다이 예루살렘에 말하며 그것에게 외쳐 고하라 그 복역의 때가 끝났고 그 죄악의 사
함을 입었느니라 그 모든 죄를 인하여 여호와의 손에서 배나 받았느니라 할지니라
3 외치는 자의 소리여 가로되 너희는 광야에서 여호와의 길을 예비하라 사막에서 우리 하나님
의 대로를 평탄케 하라
4 골짜기마다 돋우어지며 산마다, 작은 산마다 낮아지며 고르지 않은 곳이 평탄케 되며 험한 곳
이 평지가 될 것이요
5 여호와의 영광이 나타나고 모든 육체가 그것을 함께 보리라 대저 여호와의 입이 말씀하셨느
니라
6 말하는 자의 소리여 가로되 외치라 대답하되 내가 무엇이라 외치리이까 가로되 모든 육체는
풀이요 그 모든 아름다움은 들의 꽃 같으니
7 풀은 마르고 꽃은 시듦은 여호와의 기운이 그 위에 붊이라 이 백성은 실로 풀이로다
8 풀은 마르고 꽃은 시드나 우리 하나님의 말씀은 영영히 서리라 하라
9 아름다운 소식을 시온에 전하는 자여 너는 높은 산에 오르라 아름다운 소식을 예루살렘에 전
하는 자여 너는 힘써 소리를 높이라 두려워 말고 소리를 높여 유다의 성읍들에 이르기를 너희
하나님을 보라 하라
10 보라 주 여호와께서 장차 강한 자로 임하실 것이요 친히 그 팔로 다스리실 것이라 보라 상급
이 그에게 있고 보응이 그 앞에 있으며
11 그는 목자같이 양무리를 먹이시며 어린 양을 그 팔로 모아 품에 안으시며 젖먹이는 암컷들을
온순히 인도하시리로다

복음과 선포 〈1〉 _ 3강

복음의 뜻-구약에서

이사야서 40장 1-11절

복음이라는 말은 헬라말 동사로 유앙겔리제스따이*ευαγγελιζεσθαι*입니다. 동사와 명사 합해서 130회 이상 신약성경에 나옵니다. 그중에 10분의 1 이상이 로마서, 갈라디아서에서 보입니다. 로마서에서는 동사와 명사가 열 네 차례, 그 다음 갈라디아서에서 열 네 차례 나옵니다. 두 서신서에서 복음이라는 말에 대해 많이 언급합니다.

물론 그렇다고 해서 창세기부터 요한계시록까지 다른 성경은 복음이 아니냐 하면 그런 것은 아니지만, 복음이라는 직접적인 언사가 이 두 서신에 많이 있음을 생각해 볼 때 두 서신을 통해서 복음을 더 잘 깨달을 수 있습니다.

복음의 필요성과 구약과 신약에서 표현법

복음의 필요성은 하나님의 피조물인 모든 사람들에게 한 사람도 예외 없이 다 마땅한 것을 알 수 있습니다. 복음의 대상들과 그들의 상태가 어떠한가 바로 알기만 한다면 복음이 얼마나 절대적이고 절실하며, 매일같이 이 복음의 가르침을 받아서 현실을 살아갈 수밖에 없음을 느끼게 됩니다.

하지만 너무나 세상살이에 재미있고 자신도 모르는 사이에 세상을 이

길만한 힘이 있다고 자부하는 동안에 심령이 메마르게 돼서, 복음의 핵심인 예수 그리스도와 삼위일체 하나님의 사역에 대해 자꾸만 얕보는 잘못에 빠질 수 있습니다. 적어도 하나님께서 창조의 목적을 위해 지으신 것이 사람인데, 하나님의 계시를 통해서 바른 신지식으로만 이 복음의 필요성을, 많은 사람 가운데 지극히 적은 사람만이 깨닫게 됩니다.

복음은 구약성경에서는 바사르בשׂר라는 동사 어근으로 나옵니다. 특히 뒤에 계시로 갈수록, 물론 신약에 비해선 직접적인 언사가 많이 발견되진 않지만, 구약의 표현을 갖고 점점 신약을 향해 올수록 복음의 성격이 강력하게 기록된 것을 알 수 있습니다. 따라서 이 복음은 하나의 고정적인 개념으로 나와 있지 않고 능동적으로 강력한 사건으로 나타납니다.

특히 하나님께서 성육신 하사 역사 가운데 오심을 정점으로 그리스도께서 하늘로 오르신 후에는 가히 절정이라고 할 만한 복음전파가 왕성하게 발생하는데 오순절 이후 지금까지 계속해서 나타납니다. 그런 만큼 복음은 선포하는 내용에다 그 말씀을 힘입어서 각자의 삶의 구체적인 개혁까지도 동반합니다. 복음은 부단한 가르침이 있게 되고, 그 말씀을 받아서 회개하는 일과 더욱 굳건히 믿는 일들이 계속해서 수반돼야 마땅합니다.

그런데 성경을 신약에서 살펴볼 때, 복음이라는 말을 직접 하지 않고, 관련된 다른 여러 가지 표현들을 살필 수 있습니다. 예를 들어서 '하나님의 말씀' 으로 표현하기도 하고 '진리' 또는 '비밀' 이나 '비밀의 계시', '감추인 것' 등등 복음을 직접 다른 말로 표현한 것들도 적지 않고, 이것과 관련된 여러 가지 계시들이 있습니다.

예를 들어서 율법과 관련해서 이 말씀을 표현하기도 하고, 구원의 문제, 하나님의 나라, 교회, 이런 여러 가지 도리들과 관련해서 복음을 알도록 했습니다. 그런 만큼 교회 밖의 단체들에서 '예수를 영접하라, 이렇게 이렇게 하라 그러면 구원받는다' 는 식의 공식으로는 복음이 제대로 전파될 리도 없고, 만약 그런 식으로 해서 그것이 복음의 모든 것인 양 알고 신앙생활을 해봐야 구원에 이르는 믿음에 당도하기가 어렵습니다.

복음은 주님께서 부르시는 그 날까지 끊임없이 선포되고, 배우고, 부단히 개혁되는 자세를 가져야 마땅하고, 특히 신약으로 표현할 때 하나님의 나라와 교회랑 결부해서 복음은 늘 처음과 마지막을 장식하는, 전체를 장식하는 내용입니다.

복음에 대한 정의와 내용

복음에 대해서는 여러 가지 뜻으로 정의를 많이 합니다. 한두 마디를 생각해 보면, 복음은 창조주께서 죄인들을 구원하시려고 이미 정하신 것이라든가, 앞으로 행하실 것에 대해서 완전하고도 궁극적으로 밝히는 내용을 보통 복음이라고 말합니다. 이처럼 하나님을 저버린 세상 가운데서 인간들의 영적인 상태를 완전히 펼쳐서 나타내 보이는 것을 복음이라고 합니다. 그런 만큼 복음 이외에는 자기를 알 수 있는 지식이 세상에 전무할 뿐더러, 자기를 모르니까 참된 신에 대한 지식 또는 구원을 받을 길이 이땅엔 찾을 만한 데가 한 군데도 없습니다.

하나님께서는 성자 예수 그리스도를, 죄인들을 위해서 구주로 높이심으로써 그분을 영화롭게 하시기 위한 하나님의 영원하신 목적을 이 복음으로 수행하도록 하십니다. 그런 만큼 복음은 한낱 개인의 구원 가운데 희열을 느끼게 하는 것이 아니고, 결국 예수 그리스도를 더욱 영화롭게 하는 심정과 하나님의 영광된 목적을 위해서 복음을 전파하고, 복음에 합당한 삶을 살게 합니다. '심령이 컬컬하니까 교회에 좀 나가 봐라, 질병 걸렸다니까 믿으면 건강해진다' 이런 전단들을 세상 가운데서 많이 보는데 그런 것들이 어떻게 전도지입니까? 할 일 없는 사람들이 장난질하는 겁니다.

복음이 짧은 시간에 한꺼번에 다 전파될 수도 없지만, 요소 중에 대표적인 것을 서너 가지 말할 수 있습니다. 첫째는 사람에 대한 것은 기본으로 할지라도 하나님이 어떤 분인가 하는 것, 그 다음에 죄의 문제, 그 다음에 그리스도, 그 다음 택함받은 자들의 믿음이라든가, 회개가 어떻게 되는가, 복음을 깨닫는 데 가장 기본으로 알아야 할 것들입니다. 쉽게 말하면 나사렛 예수 그리스도에 대한 좋은소식, 글자 그대로 '좋은소식' 이라고 말할 수 있습니다.

그분께서 성육신하신 의미, 그 다음 구속의 일을 하신 것, 그 다음에 그분께서 통치하시는 은혜의 나라가 뭔가, 그 다음에 그분이 이땅에서 공생애를 포함한 지상생애의 의미가 어떤 것인가, 특별히 십자가를 지시기 전과 지신 후, 부활하신 다음에 그분의 신으로서 교회에게 명령하신 십자가라는 게 어떤 것인가, 그분이 부활하신 다음에 영화로우시다는 것이 어떤 것인가? 이것을 전부 복음 즉 좋은소식, 절대 기쁜소식이라는 성격을 가지고 늘 대해야 합니다. 그런 것이 없이는 아직 내가 복음을 안다, 복음을 힘입어서 나간다 하는 것을 보장할 수 없습니다.

복음을 올바로 힘입으려면

이런 것을 생각해 볼지라도 이땅에 있는 교회 가운데서 허튼소리 할 시간도 없을 뿐더러, 우리가 세상을 살아가는 가운데 어느 한시도 복음의 풍성한 능력을 힘입지 않고는 무엇하나 할 수 있는 것이 없습니다. 이것이 없다보니 인간적으로 골치 아프고 계속해서 방법론만 쓰는 것이 사람들의 행사입니다.

빌립보서 1장 27절에서 28절을 보십시오. 이것을 늘 의식하지 않으면 복음을 빙자해 그릇된 복음, 거짓된 복음 가운데 빠져 멸망 받기에 꼭 알맞을 겁니다. 복음의 사귐, 복음의 합당한 열매가 나타나기 위해서는 부단히 바로 선포되고, 바로 배우는 일로 말미암아 분명히 깨달을 것을 깨닫는 일들이 뒤따라야 합니다.

그런 만큼 복음의 성격은 아무나 예배당에 와서 등록하면 그날부터 구원받았다고 확신이 생기는 것은 아니고, 어떻게 왔건 하나님 앞에 왔다하면 가장 첫째가 복음이 주는 것을 배우고자 하는 심정이 있어야 합니다. 적어도 매주 한번 이상씩 하나님의 말씀이 복음이라는 것을 하나님께서 선포하도록 하신 것입니다. 그냥 앉았다 간다면 복음을 힘입은 사람이 될 수 없습니다. 과연 무엇을 배웠는가, 과연 그것을 제대로 깨달았는가, 받았는가? 늘 돌아봐야만 합니다.

세상 학교에 다녀도 복습하고 예습하는 판인데, 하나님의 복음에 대해서 절실한 필요를 느끼지 못하는 것은 세상을 경영하는 데 뭔가 자기에게 내세울 만한 것이 있다는 말입니다. 하나님께서 할 일이 없어 매주일 이런 의식을 통해 말씀을 선포하십니까? 할 일이 없으셔서 언어를 통해 하나님의 계시를, 복음의 말씀을 기록해 두도록 하셨습니까?

이모저모로 볼 때 우리의 약함을 배려하시고, 어떻게 하든지 하나님을 사랑하는 것을 보여주시기 위해 복음을 가르치는 일에 주력하도록 하셨는데, 이것을 마다하고서 어찌 바른 교회, 바른 신앙의 소유자가 되겠습니까? 될 수 없습니다. 아직 자기 자신에 대한 주제파악을 못하기 때문입니다.

'내가 이제는 믿었으니 죄와는 상관이 없다. 어떻게 믿든지 나는 구원받았다' 고 하는데 성경에 어디 그런 말이 있습니까? 매일 하루를 돌아볼 때 망한 일들이요, 얼마나 인간이 부패한 것인데. 한시라도 복음 앞에 달려갈 수밖에 없는 것이 우리 심정입니다.

이런 복음의 성격에 대해서 사도 바울이 한 말 중에 '내가 이 복음을 위해서 반포자와 사도와 교사로 세움을 입었다' 이런 말씀이 있습니다. 바울은 그런 식으로 전투적으로 살아갔습니다. 골로새서 1장 28절을 볼 때 '우리가 그리스도를 전파하여 각 사람을 권하고 모든 지혜로 각 사람을 가르침은 각 사람을 그리스도 안에서 완전한 자로 세우기 위함이라' 이런 말씀을 했습니다. 교회가 그야말로 하나님의 말씀, 오직 복음 가운데에서 이것이 선포되고 깨닫는 사귐이 근본적으로 되어 있지 않으면, 교회라고 말할 수 없습니다. 이방 종교의 근성으로 점점 떨어지게 됩니다.

아담과 원죄의 전가

하나님께서는 온 인류를 아담의 페르소나persona, 인격으로 그 신분 가운데서 창조를 결정하셨습니다. 그런 만큼 첫 아담이 멸망에 처함으로 후손들은 전체로 멸망했다 하는 것이 구약에 많이 나오지만, 신약에서도 예수님과 사도들이 그 당시 복음을 전파할 때, 더욱 확고한 효력을 발휘하려고 인간들이 얼마나 망가졌나 적나라하게 기록합니다. 특히 사탄의 간교한 유혹이라는 말로 표현한 것도 있지만 인간이 직접 얼마만큼, 어느 정도로 썩은 냄새가 날 만큼 망가졌는지, 성경을 죄인의 심정으로 읽어 나간다면 그런 말씀들에 부딪히지 않을 장사가 없습니다.

에베소서 2장 1절에서 3절까지만 간단히 살펴볼지라도 여기 다 나옵니다. "허물과 죄로 죽었다, 불순종의 아들들, 본질상 진노의 자식들." 이건 그뒤의 모든 현실의 비참함을 전제하고 나오는 몇 마디 말입니다! 자기 자신에 대해 저주의 상태가 어느 정도인가를 세상에 있는 책 봐서 알 수 없고 성경말씀에서 압니다. 그러나 성경 좀 공부해 보겠다고 이거저거 신학의 어떤 맛을 느낀 사람같이 성경 찾아 갖곤 그게 될 리가 없습니다. 매일 찾고 찾아도 다 못 찾는 것, 죄악에 대한 계시가 담겨있는 것이 성경입니다.

아담의 후손으로 태어난 멸망상태, 저주의 모습을 여러 가지로 말할 수 있습니다. 신에 대한 무지가 뭐니뭐니해도 대표입니다. 거기에 따르는 것이 게으름과 배은망덕입니다. 이성 없는 짐승의 본능으로 살아갈 수밖에 없고, 죄책과 오염으로 하루살이에도 눌려 죽을 수밖에 없는 벌레만도 못한 것이 인간입니다. 여자에게서 태어난 자 중 깨끗한 자가 없습니다.

이것을 하나님께서 정녕 깨닫게만 하신다면 참된 복음의 도리 가운데 전체를 맡기고 새롭게 생을 설계할 텐데 말입니다. 그런 의미에서 멸망에 처했던 인간들 가운데서, 하나님께서는 택한 백성을 향해 구원에 이르도록 하는 신지식을 회복시킵니다. 영생이란 유일하신 하나님을 아는 것이라고 분명히 사도 요한은 말씀합니다.

신지식과 개혁신앙

이러한 신지식, 참된 신지식은 다른 데서는 찾아볼 데가 없고 중보자이신 예수 그리스도의 사역을 통한 인격계시로만 구원에 이르게 하는 능력, 신지식이 나타납니다. 그래서 고린도전서 1장에서 전도에 대해 말할 때 "하나님의 지혜는 전도의 미련한 것으로 믿는이를 구원하시기를 기뻐하셨다"고 말씀합니다. 세상 지혜를 가지고는 도무지 복음으로 말미암는 구원, 참된 신지식에 당도할 수 없습니다.

이런 것을 우리들이 잘 안다고 자처하지만, 가만히 우리가 과거지사를 돌아볼 때, 우리도 모르는 사이에 행함으로 지복에 이르고자 하는 심보가 싹튼 경우가 많습니다. '내가 이렇게 믿어서 천당 가겠나?' 하는데 그 말 들으면 혹시 경건한 것 같지만, 그것을 양파 벗기듯이 계속 파고 들어가면 결국은 자기 힘으로 무엇인가 해보겠다는 생각이 마음속에 도사리고 있는 것입니다.

참된 개혁신앙 밖에서는 복음으로 말미암는 구원의 도리를 바르게 설명하는 데가 없습니다. 그러면 신교 중에 다른 데도 없단 말인가? 원리상 없습니다! 길은 '그 길' 입니다. 예수님께서 말씀하십니다. 모든 이교들을 보십시오! 전부 사람의 행위를 이렇게 표현하고 저렇게 제도를 만들어, 어떻게 하든지 사람의 됨됨이를 나타내보고자 하는 것이 세상의 구원관입니다.

오늘날 타락한 신교는 그것과 다르지 않습니다. 교회의 많은 행사라든가 사업부터 해서, 교회에 속한 사람들의 사고방식이라는 게 이런 식으로 나타납니다. 그런 사람들은 갈라디아서를 한번 정신 번쩍나게 읽어봐야 합니다. 하나님의 백성인 사도 바울이 천사까지 들먹이면서 비판을 가한 것입니다. 천사라도 다른 복음을 전하면 저주받는다! 자기는 물론이고, 천사라도! 천사는 어느 정도의 피조물입니까? 물론 천사라는 건 바울의 관념상 타락한 천사들을 염두에 두었는지 모르겠지만.

이러한 상태에 다시 말하면 '믿음으로만 구원받는다' 해서 거기에 '만' 자를 집어넣는 사람이 있습니다. 그것도 개혁신앙에 없는 얘기입니다. 우리는 거기서 한걸음 더 나아가, 복음이 내포하는 바지만, 삶의 구체적인 개혁을 동반하도록 하는 것이 복음의 요구임을 알아야 합니다. 마침내 하나님의 영광에 이르도록 가르치는 건 개혁교회밖에는 없습니다.

다들 신의 영광을 기린다고 합니다, 이방종교까지도. 신의 영광이 그렇게 거지발싸개 같은 겁니까? 하나님이 그렇게 엉터리들의 영광에 갈급하십니까? 그게 아닙니다. 이것을 전제해 볼 때, 교회의 복된 상태라고 할까, 그것은 언제든지 복음의 참된 터 위에서만 가능합니다. 다시 말하면 그리스도와의 인격적인 관계에서만 교회는 참된 복락의 상태를 유지해 나갑니다.

시편 28편 8절에서 9절을 한번 읽어보십시오. 참 목자는 그리스도

외에 어떤 자가 이땅에 목자입니까? 목자가 하는 게 어떤 겁니까? 힘이고, 구원의 산성이고, 주의 산업에 복을 주시고, 교회에 하나님의 말씀을 주십니다. 이는 다른 데서 기인되는 것이 아니고, 바른 복음의 도리 가운데만 있는 약속의 말씀입니다.

그러니까 복음을 단순히 율법이랑 관련시켜 '율법은 끝났고 이젠 복음이다' 이렇게 말하는 이도 있습니다. 아니, 그런 거로만 성경에 기록되어 있냐하면 그렇지 않습니다. 그러나 하도 이것에 대해 아리송하게 교회에서 가르치다 보니까, 침례교를 필두로 이상야릇한 단체들이 복음, 복음 하는 것들이 너무나 많습니다. 요즘에는 복음주의협의회니, 복음주의운동이니, 복음신학이니 하는 도무지 걸맞지 않은 것들이 개혁신앙인 양 판치고 있습니다. 전부 그릇된 것임을 분명히 알아야 합니다!

구약과 복음의 비밀

적어도 복음은 율법을 전제하고, 다시 말하면 율법이 약속하는 모든 사실을 확립하고 추인하는 가운데 그 그림자들이 실체화됐다는 것으로, 하나의 결합된 것으로 나타난 것이 복음입니다. 그런 만큼 창세기부터 요한계시록 전체를 한 통에 놓고 복음을 생각하지 않고선 도무지 해결될 수 없습니다.

그러나 사람들은 편리한 것을 좋아하고, 쉽게 성경을 머리에 쏙쏙 들어오게 가르치면, 말씀 잘 쪼갠다고 하는데, 사탄도 그런 전술을 잘 이용합니다. 물론 쉽게 깨달아지는 단계도 있겠지만 하나님의 말씀이 쉽지만은 않습니다. 아까도 말했지만 계속해서 가르치고, 배우고 깨달아 가도록 하는 것이 계시의 성격을 보더라도 마땅합니다. 언제 게으를 시간이 있고, 이만하면 됐다 해서 그렇게 편리주의로 신앙생활 해 나갈 수 있겠습니까? 아직 자기 자신이 좀 좋아진 것 같은 착각 속에 있는 겁니다. 복음을 알면 알수록 바울의 고백같이 '나는 날마다 죽는다' 는 그런 고백만이 나올 뿐입니다.

복음을 넓히면 구약계시 전체를 포함하고, 가장 높은 것은 그리스도가 나타내신 은혜라고 할까, 그분 안에 감추어진 모든 은혜에 대한 선포가 복음이라고 말할 수 있습니다. 그런 만큼 새로운 복음이 앞으로 예수님이 재림하시는 시간까지 계속해서 나타납니다. 그런 의미에서 복음을 구약성경의 관점에서 볼 땐 '감추어진 비밀이다' 하는 말씀으로도 표현합니다. 그럼 이것이 지금은 다 개봉되었습니까? 그렇지 않습니다. 미래의 어느 만큼을 아직 우리는 알 수 없습니다. 그런 만큼 복음이 비밀이라는 넓은 의미로 복음에 대한 자세라든가 능력을 힘입는 것이 절대로 필요합니다.

복음에 대한 역사를 조금 살펴보면, 복음은 구속역사와 구속계시와 뗄 수 없고 더불어 함께 나타납니다. 특히 타락한 후에 소위 원시복음이라 해서 아담, 하와에게 또한 뱀에게 선포한 말씀은 하나님의 복음입니다. 그 가운데 있는 구원과 심판을 선명하게 보여주신 사실에서 나타납니다. 다시 말하면 창조와 재창조의 일들을 통해서 하나님께서는 복음을 분명히 나타내보이셨습니다.

베드로전서 1장 10에서 12절에 보면 선지자들이 이것의 실체를 보기 위해서, 감추인 것을 알기 위해서 연구하고 부지런히 살폈다고 말씀합니다. 그런 만큼 선지자들의 글인 구약성경 전체를 보면서 동일한 연구와 깨달음에 당도한다면 구약에서도 충분한 복음을 발견하게 되고, 또한 우리는 신약성경을 잘 안다고 자부할 수 있으니까 구약을 볼 때 어떤 면에서는 더욱 큰 복음 가운데 잠기게 됩니다. 그 뒷부분에 볼 때 천사까지라도 살펴보길 원하는 것이 복음이라고 했습니다.

복음에 대해서 구약시대 사람들을 망라해서 많은 선지자와 임금들이 우리가 보고 듣는 바를 어떡하든지 알기를 바랐으나 이루지 못했다고 성경은 말합니다. 이러한 큰 복, 큰 은혜의 분량을 우리가 받았다면 과연 어떠한 자세가 나타나야 합니까? 그런데 예수님 당시만 하더라도 유대인들의 타락상이 어디에서 기인했습니까?

복음을 곡해하다 보니 기껏 해봤자 '우리는 아브라함의 자손이다, 모세랑 다윗을 우리가 섬긴다' 모세 율법, 성군 다윗 해서 그네들을 추앙했지만, 그네들이 나타냈던 바 복음 안에 있는 참된 메시아이신 그리스도를 바로 자기 눈앞에 두고도 못박아 죽였습니다. 복음을 모르니 그렇습니다. 죽은 정통입니다. 그 당시 유대교는 참으로 의아한 일이고 이해가 안 됩니다.

세례 요한의 위치와 사역

복음은 세례 요한을 통해서 대전환점을 맞이합니다. 율법과 선지자가 요한 때까지이지만 그후부터는 하나님 나라의 복음이 전파되어 사람마다 그리로 침입한다고 말씀합니다. 이건 구약시대에서는 그 류를 찾아볼 수 없는 획기적인 표현입니다. 하나님 나라의 복음이 전파된다는 말씀을 씁니다. 또 거기 사람마다 침입한다는 강력한 언사를 써서 적어도 신약의 교회, 예수 그리스도로 말미암아 이루어질 나라가 어느 정도 왕성할 것인가, 예수님의 생애 동안에 분명히 가르쳐 준 복음에 관련된 말씀 중 한가지입니다.

세례 요한은 아까도 말씀 드렸듯이 복음과 율법의 중재구실을 한 사람입니다. 물론 세례 요한이 가르친 것은 성경에 많이 기록돼 있지 않습니다. 하지만 그 사람이 예수님 앞에 와서 예비하는 길로서 말하는 것 중에 "하나님의 어린양이로다, 세상 죄를 지고 간다" 하는 말씀을 통해서, 복음핵심의 일단을 깨닫고 고백적으로 전파한 생애를 살아왔음을 알 수 있습니다. 그런 만큼 예수님께서는 여자가 낳은 자 중에 세례 요한보다 큰이가 일어남이 없다고 분명히 말씀하셨습니다.

하지만 하늘나라에서는 극히 작은 자라도 저보다는 크다는 말씀을 통해서 복음전파가 얼마나 위대하고 그것으로 말미암아 형성될 그 나라의 영광은 어느 정도인가를 이러한 언사를 써서 분명히 알도록 하셨습니다. 우리가 그러면 세례 요한보다 크다고 희희락락하라는 말이 아니라, 적어도 복음으로 말미암아 형성된 지금의 사회, 신령한 나라가 어느 정도인가 내다보게 하는 말씀입니다. "나는 쇠해야 되겠고 그분은 흥해야 되겠다" 세례 요한이 한 말입니다!

구약에 나타난 복음계시

구약계시 가운데 복음의 역사를 잠깐 생각해 보면, 처음에 말씀 드렸듯이 토라תורה에도 복음이 풍성하게 암시되어 있고, 예표로 제사법이라든가 여러 가지 가르침을 통해서 풍성하게 있지만, 그건 그 시대에 하나님께서 주신 충족한 구속계시이고, 지금 볼 때는 그것 가지고는 안 됩니다. 그러나 구약성경, 토라를 발판 삼아 해석의 역사를 펼쳤던 선지자들의 글을 보면, 토라가 어느 정도의 복음을 내포했던가 하는 것을 알 수 있습니다.

아까 이사야서 40장 1절 이하 몇 절을 봤습니다. 이사야서가 66장까지 있는데 35장까지를 하나 놓고, 36장에서 39장까지 보면 히스기야 임금이 병이 나고 그후에 기쁨으로 노래하는 사건이 나옵니다. 그뒤 40장부터는 앞의 주제랑 판이한, 힘이 넘치는 말씀, 찬란한 말씀이 계속 나오는데 이사야서를 깊게 읽어 본 분들은 쉽게 발견할 수 있는 현저한 차이입니다. 그런 만큼 40장 이하에 나오는 것은, 물론 앞에는 복음이라는 구원의 측면에서 하나님의 손길이 안 나온 것은 아니지만, 40장 이후를 보면 대단히 소망스러운 말씀으로 연속해서 나와 있는 것을 발견합니다.

역대상 16장 23절 앞부분부터 보면, 여호와의 법궤를 빼앗겼다가 마침내 이제 다윗성에 들어오는 사건이 있습니다. 그때 다윗이 하는 말 중에 '온 땅이여 여호와께 노래하며 구원을 날마다 선포할지어다!' 거기 '선포할지어다' 하는 말이 '바사르' 에서 온 동사어근을 사용합니다. 그 다음 날마다 복음전파한다는 말을 합니다. 거기서 법궤가 시사하는 것이 있고, 법궤를 찾은 것에 대한 즐거움을 노래하는 다윗의 심정을 살펴보아야 합니다.

그리고 시편 40편 9절에서 '내가 대회 중에서 의의 기쁜 소식을 전하였나니' 여기 복음이란 말과 관련해서 '의' 라는 말로 표현했습니다. 조금 아까 앞부분에서는 '구원' 이라는 말을 썼고, 여기서는 '의' 라는 말을 썼습니다. 이 가운데 다윗이 앞에서는 '노래' 라는 말을 썼는데, 여기서는 '기쁘다' 는 말을 썼습니다. 그 다음, 시편 68편 11절을 보면 '주께서 말씀을 주시니 소식을 공포하는 여자가 큰 무리라' 하는 말씀이 있습니다. 복음이 사람으로 말미암는 것이 아니고, 주님께서 말씀을 주시니까 이것을 전파한다, 즉 '소식' 이라는 말씀으로 표시한 것입니다.

이사야 선지자가 전파한 복음

아까 읽었던 본문인 이사야서 40장으로 돌아가서 잠깐 살펴봅시다. 1절에서 11절까지가 한 덩어리로 되어서 그 다음 66장까지 여러 구분되는 말씀을 이사야가 선포하는 장면입니다. 이것은 이사야가 선포했던 말씀을 정돈한 것들도 많이 있고, 특히 40장 이후에서는 자기가 선포했든지 안 했든지 깊이 궁구한 것을 정리한 겁니다. 실제 생활 가운데 선포된 것들을 이렇게 정돈해서 기록했는데, 이것을 하나하나 잘 공부하는 것이 복음을 힘입는 자세입니다.

특히 11절까지 중에 1-2절의 말씀을 오늘 잠깐 살펴보려고 합니다. 1절, 2절의 말씀이 그 뒤에 나타난 말씀을 서론적으로 제압하는 표현입니다. 그 다음 그 뒤의 단락을 나눠보면 3절의 '외치는 자의 소리' 라는 말씀과 6절에서 '말하는 자의 소리' 그 다음 9절에 있는 말씀, 이렇게 세 덩어리로 나눌 수 있습니다.

이사야서 40장 9절을 보더라도 '아름다운 소식을 시온에 전하는 자여!' 하는 말씀도 복음을 예견해 줍니다. 다음 한 장 더 넘어가서 41장 27절 보십시오. '내가 비로소 시온에 이르기를' 거기 2절에 볼 때 '예루샬라임' 이라는 말을 썼지만, 41장 27절에선 찌욘ציון이라는 말이 나옵니다. 물론 다 같은 의미를 두고 있습니다, '시온에 이르기를 너희는 보라! 그들을 보라 하였노라. 내가 기쁜 소식 전할 자를 예루살렘에 주리라!' 하는 말씀을 썼습니다. 이런 40장, 41장 조금만 보더라도 40장 이하 말씀이 적어도 어떤 것이겠다 하는 것을 충분히 짐작하고도 남습니다.

이 40장 이하에 기록돼 있는 말씀 특히 1, 2절이 기록되던 당시는 히브리왕국이 잘 먹고 잘 살던 때입니다. 종교도 번창하고 제사장도 많고 나름대로 좋은 시절에 이것을 이사야 선지자가 쓴 것입니다. 그러나 이사야는 당시 현실에 안주하는 심정으로 복음을 전파한 것이 아니고, 이스라엘이 멸망할 것을 내다보고, 포로상태의 혹독함을 내다보면서 이 말씀을 전한 겁니다.

물론 죄대로 하나님께서 다 갚지 아니 하실지라도 죄 가운데서 일말의 소망스러운 빛을 하나님께서는 이사야를 통해서 수 백년 후에 발생할 것을 예언한 장면입니다. 물론 이 말씀대로 성취됩니다. 그 당시도 성취가 됐을 뿐더러 이 말씀의 본질적인 성취는 예수 그리스도로 말미암아 이땅에서 이루어지는데 그후에 나타납니다.

이것을 볼 때 이사야는 당시 교회에만 연연해서 복음을 전파한 것이 아니고, 복음의 성격은 하나님의 교회를 향해서 주는 교훈이기 때문에 적어도 영원한 성격을 간직합니다. 39장까지 과거지사랑 그 당시에 잘못된 것을 혹독하게 경고하고 비판을 가한 후에, 40장 이하부터는 전혀 판이한 진리로 훗날 그리스도께서 어떻게 거대한 나라를 통치하실 것인가, 그 나라의 면모가 어떻게 될 것이며 그의 백성들의 상태와 그들의 자세는 어떠해야 될 것인지를 크게 한 몫에 내다보고 복음을 전파합니다. 적어도 선지자 또는 사도 또는 하나님 교회의 말씀 봉사자라고 한다면, 이런 정도의 복음의 역량을 갖지 않으면 자격이 없습니다.

이사야서 40장 1절과 2절

한글개역성경에는 잘 표현되어 있지 않지만, 1절에서 '너희들은 위로하라' 는 말씀, 이것은 선지자를 지칭하지만 똑같은 말을 두 번 반복함으로써, 하나님께서는 모세와 같은 선지자를 계속해서 보내 어떻게 하든지 자신의 백성을 구원한다는 넉넉한 위로를 보이시려고, 그날에 혹독함과 처참한 상황 가운데서 구원하시며 크게 위로를 베풀 것이라는 말씀을 표현하고 있습니다.

거기 '하나님이 가라사대' 는 요마르 엘로헤이켐ימאר אלהיכם이란 관용어로 이사야만의 독특한 표현입니다. 이런 '켐' 자를 써서 '너희 하나님이 말씀하시리라' 하는 뜻을 나타낸 것입니다. 이것을 볼지라도 이사야서를 대하는 우리의 마음자세나 시각은 다른 선지자의 글보다는 독특한 자세로 복음의 한 부분을 접촉하는 것이 당연합니다. 선지서라고 해서 다 똑 같은 안목을 가지고 봤다가는, 각각 선지자들을 통해 복음의 이모저모를 가르치려 하시는 것이 하나님의 사랑인데, 이런 것을 고려하지 않고서는 제대로 복음을 안다고 할 수 없습니다.

2절 첫째 부분을 볼 때 '정다이 말한다' 는 말씀이 있습니다. 여기 예루살렘은 교회와 바꿔 말해도 틀림없지만, '정다이 말한다' 는 관용어가

더러운 표현에도 쓰이고 좋은 표현에도 쓰이는데, 이것은 두 남녀의 사랑에 대해서 쓴 표현입니다. 즉 정다이라는 말은 '마음 위에' 라는 뜻으로, 마음 위에 다바르דבר '말한다' 는 말씀입니다.

창세기 34장 3절에서는 불법적인 사건에 대해서 이 말이 쓰입니다. 사사기 19장 3절에도 정상이 아닌 남녀관계에서 이 말이 쓰이고, 조금 적극적인 것은 창세기 50장 21절에 보면 이건 남녀의 사랑은 아니지만 하나님의 사랑으로 요셉이 자기 아버지 야곱이 죽은 후에 혹시 형들이 보복당할까 두려워 할 때 '마음에 말했다' 하는 말씀에서 나옵니다.

이 말에 대해 동일한 것은 호세아서 2장 16절에 있는 말씀이 아닌가 합니다. '그 날에 네가 나를 내 남편이라 일컫고 다시는 내 주인이라 일컫지 아니하리라' 하는 말씀이 나옵니다. 여기 볼 때 남편은 이쉬איש라고 나오고, 주인은 바알בעל이라는 말씀이 나옵니다. 거기 바알은 보통 하나님을 섬기지 않는 그 당시 이방신의 대표적인 말로 바알 신이라고 하는데, '바알' 이라는 이름을 하나님이 써서 특히 호세아 당시에 바알과 간음을 청산하고 참된 남편에게 돌아가라는 의미를 강조하고 있습니다. 이처럼 하나님께서는 사랑의 약속을 호세아 입을 통해 해주셨는데, 이사야가 하는 거랑 성격이 똑같습니다.

그 뒤 2절 뒤에 '외쳐 고하라' 는 말씀도 예언적인 강력한 선언입니다. 하나님께서 사람에게 전달하는 경우에 이러한 말씀들을 많이 씁니다. 예레미야 7장 27절, 스가랴서 1장 4절에 보면 외쳐 고한다는 말씀을 대단히 강력하게 합니다. 거기 고하는 말씀의 내용 또는 이유에 대한 세 가지가 키כי라는 종속접속사꼴로 나옵니다. 앞에 두 개가 있습니다.

여기 보니까 '복역' 이라는 말과 '죄악' 이라는 말씀이 있습니다. 이 두 가지를 묶어서 더욱 강력하게 하려고 모든 죄를 인하여 여호와의 손에서 '배나 받았다', 여기 배나 받았다는 말은 형벌을 갑자기 받았다는 말보다도 하나님께서 고통하게 하신 만큼 크게 위로를 해 주신다는 면에서 사용합니다.

그런데 복역은 유랑 생활입니다. 야영하고 천막치고 했다는 하나의 전쟁 가운데서 비참한 상태, 그걸 뒤에 한번 더 거듭해서 설명하려고 죄악이라는 말을 사용합니다. 이것을 볼 때 교회가 당한 비참한 상태, 혹독한 상태 이것으로 충분하다고 하나님께서 만족하십니다. 죄대로 다 하나님께서 징벌을 가한 것이 아니고, 우리가 알지만 포로기간이 70년 정도였습니다.

물론 그것이 세상 연한으로 하나님의 심판이 다 끝났다고 말하지는 않지만, 죄대로 갚았다면 70년 가지고 다시 회복시키지는 않았습니다. 하지만 하나님께서 그것으로 만족하신 후에는 복음으로 새로운 세대를, 새로운 창조를 일으키시겠다는 것으로 1절, 2절에서 강력하게 말씀한 것입니다.

포로에서 귀환과 죽음에서 부활

지금 40장을 설명해 나가는 것은 아니고, 복음을 이사야 선지자는 어떻게 바라봤던가! 그 당시 굉장히 문화적으로 발달하고 종교적으로 번창한 시절에, 미리 포로될 것을 바라보고 그뿐 아니라 먼 훗날 메시아께서 이땅에 강림하여 큰 나라, 복음의 나라를 세울 것을 충분히 내다보는 장면입니다. 그 뒤 이사야서 한두 군데 볼 때 52장을 보십시오. 52장 7절 이하에서 조금 더 선명하게 훗날 복음의 역사를 어떤 흥왕된 세계가 열릴 것인가 가르칩니다.

'좋은소식을 가져오며 평화를 공포하며, 복된소식을 가져오며 구원을 공포하며' 여기 좋은소식, 복된소식은 므바세르מבשר로 바사르의 현재분사꼴입니다. 어쨌든지 '시온을 향하여 이르기를 네 하나님이 통치하신다 하는 자의 산을 넘는 발이 어찌 그리 아름다운고. 들을찌어다 너의 파숫군들의 소리로다 그들이 소리를 높여 일제히 노래하니 이는 여호와께서 시온으로 돌아오실 때 그들의 눈이 마주 봄이로다. 예루살렘의 황폐한 곳들아 기쁜 소리를 발하여 함께 노래할찌어다 이는 여호와께서 그 백성을 위로하셨고 예루살렘을 구속하셨음이라. 여호와께서 열방의 목전에서 그 거룩한 팔을 나타내셨으므로 모든 땅 끝까지도 우리 하나님의 구원을 보았도다!'

이건 대단한 전투, 전투에서도 혁혁한 승리를 만천하에 공포하는 얘기입니다. 이것이 뒤에 물론 전격으로 포로의 귀환에서 나타났고, 예수 그리스도께서 부활하신 후로 분명히 나타납니다. 특히 사도들을 통해 이땅에 이방인까지 가세한 큰 나라, 새로운 교회, 전형적인 새로운 시대가 엄청난, 대단한 변화를 겪으면서 나타난 것으로 이 말씀은 성취됐고, 지금도 미미한 우리 교회를 통해서 이 시대 가운데 나타나기를 바라는 것입니다. 이러한 대단한 복음의 역사, 복음의 능력이 과연 우리의 삶 가운데서 나타나는가 잘 생각해 보아야 합니다.

이사야서 60장 6절 보더라도 '스바 사람들은 다 금과 유향을 가지고 와서 여호와의 찬송을 전파하리라!' 스바 사람이면 이방인입니다. 이방인이 경배한다는 얘기입니다. 또한 경배 가운데 여호와의 행사에 대해서 찬송으로 전파한다, 복음 전파함에 찬송이라는 말을 언급합니다. 이것을 볼 때 적어도 찬송과 복음은 뗄 수 없는 관계에 있습니다. 이런 만큼 여호와께서는 위대한 승리에 대해 당시 교회로 하여금 이사야의 입술을 통해서 기대하게 하십니다.

세상은 잘 먹고 잘 살게 되어 있습니까? 나라가 태평성대에 있습니까? 아닙니다. 그 나라, 여호와께서 승리한 위대한 나라에 대해서 큰 소망을 가지고 살아야 합니다! 이사야를 보고 미치광이라고 했을 겁니다. 그거 보면 당시 하나님의 백성 중에 몇 사람이나 이사야의 복음을 받았겠습니까? 지극히 적은 무리가 이 복음을 받고 그 시절도 살아갔을 겁니다! 찬란한 많은 제사를 거창하게 드리는 예루살렘 성전의 제사가 있었겠지만 말입니다.

크게 높아지심 가운데 왕으로서 통치하시는 위용을 바라봐야 합니다. 바벨론에서 시온으로 귀환한 정도가 아닙니다. 오죽했으면 그분이 도성인신 하셔서 지극한 고초를 겪으신 후에 하늘 영광의 우편에 앉아계십니다. 큰 철장으로 만천하를 통치하시는 오른팔의 힘을 맛보자는 말입니다!

오른팔은 성령님의 강력한 역사를 따르는 삶입니다. 다시 말하면 태평성대 속에 있었을지라도, 종교적인 큰 부흥기같이 보였을지라도 종말론적인 기대 가운데 살지 아니하고서는 아직 이 사람은 복음을 모르는 사람입니다.

그리스도의 사역과 천국복음

예수님 당시, 이사야의 예언을 좇아서 그리스도께서 평화의 사도로 이땅에 강림하셨고, 유대인들이 '메시아가 오셔서 이스라엘 나라를 회복할 것이다. 세상나라로부터 우리를 구출할 것이다' 하는 희미한 이미지를 계속해서 간직했지만, 그분께서 오셨는데도 바라보질 못했습니다.

분명히 메시아 시대가 '회개하라. 천국이 가까왔느니라' 하는 말씀으로 도래했고, 탄생의 계시 가운데 하늘의 영광, 천군천사의 놀라운 노래가 있었습니다. 이땅엔 평화. 벌써 천국이 복음의 전파로 시작됐습니다. 또한 복음 가운데 심판이라는 요소가 구원과 동시에 끼여서 나타납니다. 당시 헤롯 일파들은 어떻게 됐습니까? 이 복음의 계시, 예수님의 탄생 계시를 전해 온 동방박사들이 예루살렘에 입성했을 때 이 사람들은 부들부들 떨었습니다. 벌써 심판 받은 겁니다.

이 천국복음을 오늘날 잘라서 볼 때 이사야서 61장 보십시오. 61장 1절 이하 '주 여호와의 신이 내게 임하셨으니 이는 여호와께서 내게 기름을 부으사 가난한 자에게 아름다운 소식을 전하게 하려 하심이라. 나를 보내사 마음이 상한 자를 고치며 포로된 자에게 자유를, 갇힌 자에게 놓임을 전파하며 여호와의 은혜의 해와 우리 하나님의 신원의 날을 전파하여 모든 슬픈 자를 위로하되.'

그리스도께서 부활하심을 통해 이땅의 지상 생애보다 더욱 현저하게 본격적인 복음전파 사역을 시작할 것을 예언한 장면입니다. 성령님께서 하신 것입니다. 우리는 지금 어떻게 복음에 합당한 생활을 행해 나갑니까? 교회가 어떤 것입니까? 그런 분명한 것을 거지발싸개 같은 신비파나 다른 신교들한테 뺏겨 이게 뭔지 저게 뭔지 갈팡질팡한다면, 복음을 견지해 가는, 더욱 힘입어 가는 개혁교회라고 말할 수 없습니다.

왜 세상 사람들이 추구하는, 눈에 보이는 것들에 자꾸만 마음이 빼앗깁니까? 그걸 건너 뛰어 그 뒤 세계에 있는 신령한 나라들을 바라보고 살아가야만 복음을 소유한 사람다운 힘찬 승리가 날마다 선포됩니다. 복음, 천국복음이 새로운 것은 아닙니다. 옛날에 다 예언됐고 약속한 것이 성취되는 것에 불과합니다.

복음과 심판

복음이 세례 요한의 중재를 통해서, 예수님과 그의 제자들의 전파를 통해서, 특히 이사야 61장에서 잠깐 본 것이지만 '가난한 자의 복음이다' 하는 말씀으로 현저하게 표현하셨는데, 신약에서 볼 때 산상보훈을 비롯해 많은 이적 사건을 통해 예수님께서 분명히 알리신 것이 있습니다.

그것은 '잃어버린 자를 내가 구원하러 왔다' 는 말씀을 하셨고, 그것과 관련해 하나님께서 기쁘신 뜻을 위해 '선택한 사람들을 내가 구원하러 왔다' 는 말씀으로 복음이 보편적 계시로 나타났지만, 아무나 복음가운데 들어설 수 없음을 엄격하게 선포하는 가운데 심판의 요소를 같이 병행하며 가르친 데서 충분히 알 수 있습니다.

한가지 위로의 말씀이 '적은 무리여 무서워 말라. 너희 아버지께서 그의 나라를 너희에게 주시기를 기뻐하신다' 는 말씀을 통해서, 이 복음이 절실할 뿐 아니라 오아시스 정도가 아닌 절대적인 생명수임에도 불구하고, 적은 사람이 받다 보니까 세상의 위협이 만만치 않더란 말입니다.

때가 차매 여자에게서 나게 하셨고, 그리스도로 말미암아 하늘에 있는 것이나 땅에 있는 것이 다 통일되도록 감추었던 것이 복음입니다! '율법 외에 하나님의 의가 나타났다' 고 한 로마서 3장 21절에서 바울의 심정도 동일합니다. 그리스도께서 오심으로 말미암아 우주의 시간이 마침내 그 종착역에, 결승점에 당도하게 됐다고도 볼 수 있습니다. 구속역사의 커다란 틀 가운데서 예수님의 오심, 행하심, 그분의 인격적인 전체를 꿰뚫어 보는 자세가 대단히 중요합니다.

그런 만큼 이 시대가 어떤 시대인가를 알아야 합니다. 첫 창조 정도가 아닌, 새로운 재창조의 시대가 당도했기 때문에 거기에 걸맞는 새로운 피조물이라는 걸 늘 마음 가운데 견지해 나가야 합니다. 고린도후서 6장 2절에 보면 '보라 지금은 은혜받을 만한 때요 보라 지금은 구원의 날이로다.' 이걸 매일같이 체험하지 못하면 문제가 있습니다.

로마서 1장 16, 17절에 가르 γαρ라는 접속사를 쓰면서, 1장 18절에 보니까 하나님의 진노의 계시를 말합니다. 16, 17절은 의로서 구원의 복음의 계시를 말씀하고 그것에 대한 근거를 결정적으로 강력하게 설명하려고 '가르' 접속사 뒤에서 바로 하나님의 진노의 계시를 말씀합니다. 이것을 볼 때 의의 계시와 동반하고 있음을 알 수 있습니다.

하나님의 심판이, 다시 말하면 그 종말론적인 실재라고 할까 하나님의 심판이, 언제든지 복음과 더불어 늘 어떤 시대든지 나타납니다. 그런 만큼 과거시대보다 지금 얼마나 하나님의 심판이 강력하게 나타나는가 이걸 꿰뚫어봐야 합니다. 그러니 마음에 변화를 받아야 하고 늘 새로움을 입어야 합니다! 딴 사람들이 다 한다니까 '나도 그렇게 해봐야 되겠다'고 한다면, 이게 심판 아닙니까? 어떻게 그렇게 함부로 할 수 있습니까?

누가복음 2장 34절과 35절에서 바로 그 예수 그리스도께서 이 담에 커서 어떤 사역을 할 것인가 하는 강력한 말씀을 합니다. 나훔 1장 15절에 볼 때 '볼찌어다 아름다운 소식을 보하고 화평을 전하는 자의 발이 산 위에 있도다!' 나훔 선지서의 짧은 복음 가운데 있는 놀라운 말씀입니다.

기도

하나님 아버지여! 저희들이 복음에 대해서 개괄적인 말씀을 잠깐 생각해 보았습니다. 이 복음은 어떤 한 시대에 갑자기 나타난 것도 아니고, 하나님께서 창조 때부터 품으신 선하신 뜻과 영원하신 경륜을 좇아서 감추었던 것들이 서서히 나타나왔다가, 마침내 예수 그리스도께서 이땅에 오심으로 대낮 같은 것을 저희들에게 비추셨사옵나이다.

주여! 지금은 얼마나 밝은 때인지, 하지만 하나님의 심판의 그 날을 볼 때는 얼마나 칠흑같이 어두운 때인지 알 수 없사옵나이다. 주여 저희들에게 과연 복음의 능력에 합당한 자세를 가지고 있는지를 돌아보게 하시오며, 적극적으로는 하나님을 사랑하는 그 심정 가운데 더욱 다가서고 있는지를 돌아보게 하옵소서. 그리하여 복음을 힘입는 자리에서 이탈하지 않도록 하시고, 저희들의 소종래가 어떠한 사람이었는지를 늘 솔직하게 파악하는 힘을 허락하셔서, 거룩하신 복음의 능력 가운데 늘 기쁨이 넘치게 하시며, 하나님의 행사를 더욱 노래를 통해서 하나님께 드리도록 하시옵소서.

주여! 저희들이 복음을 받게 된 것이 저희들에게만 위한 것이 아니고, 하나님께서 하신 그 일을 통해 세상을 향하여 전파하도록 명하신 것을 분명히 알게 하옵소서. 그리하여 땅끝까지 이르러 복음이 전파될 때 세상 끝이 온다는 말씀을 신령하게 생각하게 하셔서 바로 지금이 종말의 때요, 세상의 끝임을 저희들이 분명히 직시하고 과연 어떻게 해야 될 것인지를 알도록 하시옵소서. 그렇게 하기 위해 먼저 저희들이 성령님의 역사를 좇아서 이 복음의 말씀을 분명히 잘 가르침을 받아 깊은 깨달음 가운데 들어서는 것이 선결문제이옵니다.

주여! 저희들을 불쌍히 여기셔서 과연 어떠한 심정 가운데 있는지를, 과연 큰 구원의 기쁨을 받는 자리에 있는지를 늘 살펴보도록 하시옵소서. 주여 이 교회 가운데 참된 복락과 평강과 구원이 더욱 넘치도록 하시옵소서.

구주 예수 그리스도의 이름으로 기도 드리옵나이다. 아멘.

4강

복음의 뜻 : 신약에서

마가복음 16:15-18

15 또 가라사대 너희는 온 천하에 다니며 만민에게 복음을 전파하라
16 믿고 침례를 받는 사람은 구원을 얻을 것이요 믿지 않는 사람은 정죄를 받으리라
17 믿는 자들에게는 이런 표적이 따르리니 곧 저희가 내 이름으로 귀신을 쫓아내며 새 방언을
말하며
18 뱀을 집으며 무슨 독을 마실지라도 해를 받지 아니하며 병든 사람에게 손을 얹은즉 나으리라
하시더라

복음과 선포 〈1〉 _ 4강

복음의 뜻-신약에서

마가복음 16장 15-18절

신약에 사용된 복음의 어휘와 조심할 점

신약성경에 보면 '복음을 전한다'는 동사형이 55차례 나오고 '복음'이라고 번역된 것이 77차례 나옵니다. 특별히 동사꼴로는 누가복음이랑 사도행전에서 모든 횟수가 1/3이상이 나옵니다.

그런 만큼 누가복음이랑 사도행전을 보면, 복음의 역동성이 어떤 것이고 과연 복음으로 말미암아 하나님께서 어떠한 새로운 사회를 건설하셨으며, 그러한 사회가 서가는 가운데서 발생하는 사건들이 어떤 것인지 알려줄 뿐 아니라, 그것을 힘입어서 오늘날 교회가 어떻게 서가야 할 것인지를 충분히 알려줍니다. 특히 사도행전은 유대인이 본 것이 아니고 이방인인 누가가 본 복음이기 때문에 대단히 우리에게 가까이 와닿는 필치로 쓴 것입니다.

그리고 복음이라는 말이 명사꼴로 쓰여있는 것은 바울 서신에서 대부분 나옵니다. 다른 말로 하면 복음서에는 명사꼴로는 별로 나오질 않습니다. 이것은 하나님께서 교회를 상대해서 점진적으로 더욱 풍성하게 복음을 주신다는 것을 보여줍니다. 따라서 오늘날 비록 복음이 신구약 계시로 완성됐을지라도 복음의 역사, 복음의 능력은 교회에 더욱 크게 허락하신다는 것을 알 수 있습니다.

성경에서 동일한 복음을 놓고 기록함에 있어서 다양한 성격의 차이를 볼 수 있습니다. '복음서'는 구약성경과 신약 서신서를 연계하는 구실을 합니다. 특히 사도 바울을 이방인의 사도로 세워, 복음서에서 알려주었던 복음이 어떻게 이방인들에게 강력하게 열매를 맺어나가는가 하는 것을, 서신의 형식을 통해 설명계시로 복음을 풍성하게 알려 주십니다. 이런 것이 신약성경을 볼 때 주의를 요하는 것입니다.

복음선포에 나타나는 그리스도의 신분과 사역

좋은소식을 알리심에 특별히 두 가지 면을 늘 기억해야 합니다. 그리스도께서 낮은 신분에서 그리고 또한 높아지신 신분에서 어떤 일을 행하셨나? 그분의 사역을 통해 좋은소식을 어떻게 계시하시는가? 하는 것들을 균형있게 공부해야 합니다. 대개 자칫 잘못 생각하여 비하 상태에 있는 그리스도를 강조하다 보면 신적인 복음, 그리스도의 신성이 작렬하는 복음을 맛보지 못해 그릇된 신학으로 흐르고 필경 진보주의로 빠집니다. 또한 그런 면을 약화시키다 보면 소위 보수파라고 해서 관념적인 죽은 정통파의 복음 없는 복음을 강조하는 교회로 전락합니다.

복음이 담고 있는 계시의 성격이라든가 특별히 이방인까지 포함시켜 이뤄가시는 그 나라의 찬란한 경륜과 역사, 그리고 그 복음의 장구한 역사와 폭넓은 영역에 대해서, 하나님께서는 자신의 백성들에게 알 것을 요구하실 뿐 아니라 또한 그것을 자세히 알려주시는 것을 생각해 볼 때, 과연 우리들이 복음을 점점 힘입어가는 사람이라고 한다면, 세상이 감당할 수 없는 사람이 되는 것은 자명합니다.

예수 그리스도께서 적어도 이 세상에 육신의 한계를 가지고 복음사역을 행해 나가셨을 때 세상은 그리스도를 어떻게 감당할 수 없었습니다. 사망의 권세라 할지라도 예수님을 삼킬 수 없었습니다. 이러한 정도의 큰 능력, 큰 힘을 발휘하는 것이 복음입니다. 그런 만큼 복음은 언제고 어디서고 모든 사람에게 절대적으로 필요한 영원한 진리입니다.

그런데도 그리스도의 제한속죄의 원리에 비춰볼 때, 하나님께서 사랑하는 사람을 불러내시고 택함을 받은 그 사람들에게만 복음이 효과있게 또한 능력있게 열매를 맺도록 하십니다. 그리스도의 은혜의 나라와 권능의 왕국에서는 하나님의 나라와 교회의 영광을 목적으로 삼고 복음을 계시합니다.

구약과 신약의 관계

특별히 계시의 역사적인 성격에서 구약성경을 놓고 볼 때, 모세 오경인 토라보다 느비임נביאים이라는 선지자들의 글에서 강력하게 복음 성격의 말씀을 선포합니다. 그런 만큼 창세기라든가 민수기 이런 토라에 있는 책들을 보면서 재미없다고 말하는 건 겉보기에 충분히 이해가 될 만하지만, 복음을 깊이 힘입은 사람이라면 원시복음이라고 할 만한 희미한 계시를 접촉할수록 더 연구할 자료가 많고, 그 가운데서 발견하는 그리스도의 구속 역사를 접하게 될 때 큰 탄성을 발하지 않을 수 없습니다.

다 된 밥을 먹는 것 같이, 신약의 서신서에 있는 말씀을 통해서 조금 복음을 흉내내는 것같이 그렇게 쉽게 신앙생활하려고 하는 게으름뱅이들이 많지만 그런 건 복음을 아직 모르는 사람입니다. 그런 사람들이 극을 달리게 되면 대개 이단으로 나타납니다. 구약에서 한 걸음 더 나가면 언약과 성의聖意에 따라서 천국을 경영해 나가시는 것을 볼 때 새언약의 신약계시에서 복음을 꽃피웠다고 말할 수 있습니다.

그런 만큼 꽃봉오리만 가지고 감상할 문제는 아니고 뿌리지가 어떻게 됐나 탐구하는 자세는 죽은 사람이 아니고서야, 그 꽃으로 말미암아 자신이 받은 큰 복을 생각해 본다면, 그 뿌리를 왜 연구할 마음이 안 생기겠습니까? 또한 그 뿌리를 알 때라야만 그 꽃으로 말미암아 미구에 발생할 열매에 대해서도 충분히 맛보게 됩니다.

복음과 자기성찰

그런 만큼 그리스도께서 세 중보직을 통해, 특별히 성육신을 통해 원죄와 오염으로 연약해져 있는 온갖 사람을 체휼하시고, 좋은소식을 알리심으로 한없이 위로하는 것이 바로 복음의 초보적인 가르침입니다. 그런데 게으른 사람은 그런 정도만 잡고 계속 노그라지는 것으로 자기 인생을 수놓으려 합니다. 물론 대개 실패할 수밖에 없습니다.

적어도 복음 가운데 담겨져 있는 위로, 하나님께서 위로해 주신다는 것은 물론 첫째 죄의 결과로 생긴 고난, 형벌로서의 고난에 대해서도 위로해 주시는 국면이 있지만, 적극으로는 악한 세력과의 투쟁 가운데서 생긴 여러 가지 일과 맞부딪히는 것에 대해서 위로해 주시는 것입니다.

따라서 위로를 받지 않는다는 것은 아직 복음을 모르는 사람입니다. 맨날 엄마가 주는 젖만 먹는 것으로 만족하고 끝내려 하는 사람입니다. 사람은 전적으로 결핍된 가운데서 마땅히 하나님으로부터 복음으로 말미암는 한없는 위로가 늘 절대 필요합니다. 물론 직접 하나님께서 음성을 들려주시는 신비한 방식이 아닐지라도, 세상 방식의 온갖 것을 통해 늘 하나님께서는 위로해 주신다는 것을 발견해야 합니다.

특별히 젊은 날 창조자를 기억하라고 성경은 가르칩니다. 왜냐하면 젊은 날은 많은 이상이 있을 수 있고, 자기 의를 극대화시킬 수 있는 가능성이 다른 어느 나이 때보다 많은 시기라고 볼 수 있기 때문입니다. 그런 만큼 특별히 젊은 날 어떻게 경건한 가정을 수립할 것이며, 심은대로 당연한 경건한 후손을 절대로 생각하지 않을 수 없는 법인데, 그 가운데 우리 속의 악함 또한 주변의 악한 영향으로 말미암는 많은 속임이 발생함을 유의해야 합니다.

사람들이 마약같은 것에서 위로를 찾는다든가 다른 여러 가지 불법 가운데서 찾아보려고 하나, 그게 위로가 아니고 그 사람을 죽이는 무서운 독이라는 것을 생각해야 합니다. 죄의 권세가 사람들의 겉이나 속 또는 세계에 속한 모든 것을 철저하게 장악하고 있음을 늘 주시해야 합니다. 말씀이 강력하고 교회에서 믿음을 잘 견지한 사람이라 할지라도 죄의 권세로부터 벗어난 사람은 없습니다. 따라서 그 가운데 스며있는 참혹함을 늘 무섭게 주시하는 것이 마땅합니다.

그런 만큼 세상문화에 있는 어떤 것들을 가지고 영원한 비참 가운데로부터 평화와 기쁨을 얻어보려는 것은 그릇된 생각입니다. 세상 과학부터 종교에 이르기까지 어떤 것을 가지고 이 깜깜함과 참혹함 가운데서 위로해 줄 만한 것이 없습니다. 그런데도 복음을 조금 알았다고, 세상 신수가 좋아진다고 해서 세상에 대한 분명한 도전적인 자세를 견지하지 못하는 주제에 팡팡 넘어지는 수가 많습니다.

가룟 유다는 대표적입니다. 돈 몇 푼에 자기 스승을, 구속자를 팔아먹었습니다. 개인적으로 그 당시에 필요한 돈이 있어서 그랬는지 모르겠지만 매우 유감스러운 일입니다. 그런 만큼 십자가의 도라는 복음진리 외에는 어떤 방식도 일시적이요 정욕적인 목적을 위할 뿐이라는 것을 전제하고 생각해나가야 합니다.

특별히 오늘날 모든 교회들이 구멍가게 같은 교회들을 부흥시켜 피차간에 즐겨보기 위해서 복음을 전하는 과정에 소위 '영접' 이라는 말들을, 변질된 개념을 가지고 많은 사람들을 더럽히고 있습니다. 다시 말하면 다른 복음을 소개합니다. 대단히 뻔뻔스럽고 무서운 시대입니다. 그런 식으로 해서 대충 교회에 들어가 구원받은 것같이 한다면 그걸 또 제

3자 불신자가 볼 때 얼마나 많은 악한 영향을 교회에 끼치겠습니까? 참 답답한 일들입니다.

그러니 대한성서공회라든가 또는 어디서 만든 전도 광고지에 자기 교회약도에다 문구 집어넣어서 '오시오, 오시오' 합니다. 그건 복음전도가 아닙니다. 세상의 광고지 보십시오. 그 광고지 디자인하려고 얼마나 많은 아이디어를 쓰고 엄청난 투자를 합니까? 그러나 교회는 그런 식으로 쓱쓱해서 교회에 들어서게 할 수 없습니다. 복음을 그렇게 값싸게 전해도 됩니까? 물론 하나님 능력으로 되겠지만 세상사람 볼지라도 참으로 유치합니다. 유치한 만큼 그릇된 복음에서 유치한 신앙상황에서 벗어나지 못하는 사람이 됩니다.

"만민"이 뜻하는 것

오늘 본문 말씀 15절은 그리스도께서 부활하신 후에 복음이 어떤 것인가 하는 그후의 역사에 대해서 강력하게 예언하신 장면입니다.

여기 보면 "온 천하에 다니고, 만민에게 복음을 전파하라"는 말씀이 나옵니다. '온 천하'에서 '온' 자는 좀 세게 읽어야 합니다. 그냥 '모든' 정도라기보다 거기 '하ἅ'라는 말씀을 더해서 썼기 때문에 강합니다. '천하'라는 말은 코스모스κοσμος로 돼 있습니다. 그러니까 '온 누리에 간 후'라는 말씀입니다.

그 다음 '만민'은 모든 크티시스κτισις, 지음받은 것에게 하는 말입니다. 한글개역성경에서 '민民'은 사람을 뜻하는 것으로 썼지만, 원문에는 크티시스라는 말을 써서 하나님께서 지으신 모든 것을 지칭했습니다. 물론 복음은 인격을 상대해서 이성적 피조물인 사람을 상대하는 것이지만, 어떻든 사람이란 말을 쓰지 않고 크티시스라는 말을 쓴 것은 의미가 있습니다. 이런 만큼 마가복음의 본문을 한글성경은 오역했다고 볼 수 있습니다.

15절 말씀은 예수님께서 영광을 입으시기 전에 복음사역을 한 것과 판이한 차이가 있는 위치에서, 즉 다시사신 후에 복음의 이모저모가 앞으로 펼쳐질 것을 예견하면서 전파한 것이기 때문에 함축적인 말씀입니다. 물론 이 말씀은 예수님께서 공생에 기간 동안에 전하신 복음사역의 연장선상에 있기 때문에, 앞의 복음의 계시를 모르고서는 이 말씀을 함부로 해석하기가 쉽습니다.

그러다 보니 전에 동방교라는 사이비에서는 심지어 독약을 집어먹은 사람이 있다고 합니다. 먹으니 어떻게 됐습니까? 자기 갈 곳으로 갔습니다. 이건 뭐냐 하면 예수님께서 영광을 입으시기 전에 성육신 가운데서 복음을 전한 것을 전제하지 않고, 이런 말씀을 뚝 잘라 이것이 복음인양 사람들에게 쓱싹 전도하다 보니까 그런 무서운 사건, 심지어 일반사회에도 악한 영향을 미치는 그릇된 일이 발생한 것입니다.

구약의 주석인 신약

그런 만큼 구약에 대해서까지도 더욱더 확대하여 살펴서 공부하는 자세가 마땅하고, 이 말씀을 힘입어서 사도들은 어떻게 이것을 계속 해석해 나갔던가, 해석역사인 사도들의 움직임을 사도행전 이하에서 잘 살펴볼 필요가 있습니다. 그런 공부를 등한히 하다보면 쉽게 쉽게만 생각하는 그릇된 방식으로 빠지게 됩니다.

구약에 대한 해석이 신약입니다. 신약 중에서도 서신서는 복음서를 설명한 계시입니다. 구약의 주석이 신약, 복음서의 주석이 서신입니다. 이런 정통주석, 오류가 없는 권위있는 정통주석을 힘입지 않고는 복음의 역사에 참여할 수 없습니다.

이처럼 권위있는 주석인 신약과 특히 신약 중에서 복음을 갈파한 바울의 서신서들을 통해서 그의 채취를 느끼지 못한 데서야, 과연 그 사람이 개혁주의자인가 묻지 않을 수 없습니다. 그런 만큼 특별히 복음전파자의 자세 또는 역량이 어느 정도가 돼야 하겠는가를 성경에서는 중요하고 엄청난 직분임을 명백하게 가르칩니다.

복음전파와 가르침

여기 본문에서 특히 '전도한다'는 말씀이 케뤼쎄인*κηρυσσειν*의 명령형으로 나와있는데 의미심장합니다. 예를 들어서 동일한 유사 본문인 마태복음 28장 18절에서 20절에도 나옵니다 "천지의 권세를 내게 주셨으니... 가르친다"는 말씀입니다. 여기서는 디다스케인*διδασκειν*이 단순한 가르침이라는 뜻으로 나옵니다. 오늘 본문에서는 구체적인 가르침으로서 '케뤼쎄인'이라는 단어를 씁니다.

이걸 어떤 친구들이 골치 아프다고 그랬는지 모르지만, 9절부터 20절까지 말씀을, 그릇된 사본을 앞세워 이 부분을 빼는 사람들이 있습니다. 잘못된 겁니다. 이걸 왜 뺍니까? 마가복음 전체의 성격이 마태복음과 어떤 차이가 있는가를 알려주는 결정적인 것 중의 한가지가 여기 15절에 있는 '케뤼쎄인' '전파한다'는 말인데. 이런 데서도 복음전파자의 자세를 보여줍니다. 물론 여기서는 사도들을 지칭해서 그리스도께서 하신 말씀입니다.

사도직이 얼마나 책임있는 직분인지, 이것에 대해서 위선자들이 제멋대로 남용하는 것이 많이 나옵니다! 신약은 그런 자들을 거짓사도라고 분명히 말합니다. 그런 만큼 제왕같이 안일무사하게 산다거나 가르치는 책임에 대한 의식이 결여된 사람은 가짜입니다. 삯꾼입니다. 어느 누구라 할지라도 좋은소식을 알린다 할 때는 적어도 그리스도를 위한 수고에 온 힘을 쏟지 않는 자들은 오늘날도 사도의 후계자라 말할 수 없습니다.

로마서 15장 16절에 보면 신약의 제사직을 묘사할 때, 이방인을 위한 그리스도의 일꾼으로 복음에 대해서 제사일을 본다는 특이한 표현을 합니다. 하나님의 복음을 위해서 제사일을 한다고 구약을 전제해서 자기가 어떠한 위치에 있는가를 바울이 갈파한 장면입니다. 이런 류의 복음 전파자로서 중요한 사명이 신약에 많이 나옵니다.

고린도전서 9장 18절에서 23절을 읽어보면 분명히 나옵니다. 그리스도의 복음에 장애가 없도록 권한을 쓰지 않고 참는다고 했습니다. 요즘 헐랭이들이 복음을 조금 안다고 자기 멋대로 개차반같이 살아가는 이단들이 많습니다. 혼자들 희희락락합니다. 데살로니가전서 2장 5절에서 9절 이하를 쭉 보면 나오지만, 아첨의 말이라든가 탐심의 탈을 쓸 수 없고 밤낮으로 일하면서 복음을 전할 뿐입니다.

이런 일을 하는 사람이 복음전도자인데 이것이 신약성경에 세 차례 나옵니다. 빌립을 '전도자' 라 하고 디모데를 '전도인' 이라고 말합니다. 전도인의 사명을 다하라. 그 다음에 에베소서 4장 11절에 교회의 복음전파의 직분 중에, 은사의 직분 중 한가지를 '복음전하는 자' 라고 나옵니다. 이것을 볼 때 전도자라는 일이, 그 성격이 오늘의 교회에까지 계속해서 나타나고 있습니다. 그렇다고 해서 요즘 교회에 있는 전도사를 여기서 말하는 전도자로 볼 수 없습니다.

좋은소식의 뜻

복음전한다는 말씀, '유앙겔리제인' 을 한글번역성경들은 대단히 오역들을 합니다. 대개 한글번역에 나온 것들을 보면, 주어에 대한 동사 또는 목적어에 대한 동사꼴로 이것을 번역하다 보니까, 한글만 가지고 복음을 공부하려다 자꾸만 이단이 생깁니다. 한글성경들을 대충 몇 가지 찾아보면, 복음이 전파되다, 복음 전파되다, 전파하다, 복음 전하다, 전도하다. 그 다음 기쁜소식 전하다, 좋은소식 전하다. 가장 마지막 것이 직역입니다. 완전히 직역해 본다면 '좋은소식 알린다' 는 뜻입니다.

유앙겔리제스따이$\epsilon\upsilon\alpha\gamma\gamma\epsilon\lambda\iota\zeta\epsilon\sigma\theta\alpha\iota$, 하나의 동사입니다. 그리고 –이즈-$\iota\zeta$로 끝나면 실전적으로 현재 실행하는 의미가 강력합니다. 보통 복음을 전하라는 성경의 명령형이라든가, 성경에서 약속하신 말씀은 늘 현재의 일로 알아야 합니다.

복음전한다는 사실, 좋은소식 알리는 것이 천사를 통해서, 세례 요한이 태어났을 때 가브리엘이 알린 적이 있고, 특히 알리는 일의 배후에서 역사하시는 것은 거룩하신 신께서 기름부으심을 통해서만 가능합니다. 이런 것이 없이는 불가능합니다.

첫째로 예수 그리스도께서 지상생애에서 이런 것을 통해 성령님의 역사로 말미암아 복음을 계시했습니다. 그런데 그리스도께서 지상생애에 계실 때 특별히 마태복음을 놓고 볼 때 4장 23절이랑 9장 35절에 보면 거의 똑같은 말씀이 나옵니다. '회당에서 가르친다' 또한 '다니면서 좋은소식 알린다' 그 다음 '각색 병자들을 고친다' 이러한 세 가지로 예수님의 행위가 나옵니다.

이것 중에 가장 핵심은 복음전파한다는 말인데, 그 단어가 '케뤼쎄인', 복음선포한다는 말씀입니다. 이것을 수놓기 위해서 가르친다는 '디다스케인' 이 나오고, 고친다하는 '떼라퓨에인$\theta\epsilon\rho\alpha\pi\epsilon\upsilon\epsilon\iota\nu$' 이 나옵니다. 선포한다는 말과 좋은소식 알린다는 말이 결부된 것은 누가복음 8장 1절에 나오고, 또한 좋은소식 알린다는 말과 가르친다는 말이 결부된 것이 사도행전 5장 42절에 나옵니다.

이런 만큼 적어도 좋은소식 알린다는 것에서 결정적인 것은 선포한다는 것이고, 버금가는 것은 가르친다는 두 가지 사실인데, 없다면 복음이 아닙니다. 인간적인 넋두리에 지나지 않습니다. 그런 만큼 지금은 순복음이니 침례파 복음이니 특히 적당히 사람의 귀에 맞춰 교회생활 하도록 하는 가짜 복음들이 난무하는 때입니다. 복음은 값싸게 남발되지 않습니다. 적어도 예수 그리스도라는 영원한 값을 지불함으로 주신 대단한 선물입니다.

표적의 뜻

본문 17절, 18절에서 표적들이 따른다고 했습니다. 세메이아 *σημεια*, 이건 구약에 있는 것도 다 전제된 표현입니다. 여기 한 너댓 가지가 나옵니다. 미래에 있을 것을 사도들을 통해서 알려줍니다.

왜 이렇게 미래에까지 표적들이 있을 것이라고 그리스도께서 말씀하셨나 할 때, 사도들로 하여금 복음의 능력이 그리스도의 육체적인 임재 정도에 국한되는 것이 아니라, 이러한 역사들을 통해서 어떻게 천상에 계신 그리스도께서 영적으로 임재하시는지, 처처에 세워지는 교회로 하여금 그리스도를 섬기도록 이런 능력을 주시는 것입니다.

그런데 요즘 복음이 전파되면 지금도 이러한 능력이 나타나야 된다고 가르치는 건 전부 거짓된 가르침입니다. 이상하게 그런 가르침들이 많습니다. 교회관이 제대로 되지 않고 뭔가 복음이 있는 것인 양 젊은 세대들을 미혹해서 가르치는 것들은 대개 이런 것들입니다. 성령의 직접적인 역사라 해서 이상한 신비적인 현상을 강조하는데 그건 성경에서 가르치는 논법이 아니라는 것을 분명히 알아야 합니다. 전에 우리 교회에 속한 어떤 사람도 이런 것을 맛보기 위해 교회를 등진 일이 있습니다. 성령의 체험을 받아봐야 되겠다고. 애석한 일입니다.

예수님께서는 당시 열한 명의 제자에게 이런 능력을 주셨는데, 그 큰 무리 가운데 이처럼 적은 숫자에게만 교회의 은사로서 이러한 표적들을 행할 만한 것을 주셨을 정도인데, 오늘 교회에서 어떻게 이런 것들을 보편적으로 많은 사람들한테 할 수 있습니까. 가사 이런 것들을 지금 하나님께서 허락하셨다 할지라도 말입니다. 그럴 수 없습니다.

성경계시가 완성되기 전에 적은 수의 사도들에게 주어졌을 뿐입니다. 사도행전을 보더라도 점진적으로 이것이 소멸돼갔지, 그렇게 흥왕되지 않았습니다. 케뤼쎄인에 더욱 강력한 초점을 뒀지, 고침이라는 데 힘을 기울이면 절대 복음이 될 수 없습니다.

요한복음 14장 12절 볼 때 그리스도께서 말씀하셨습니다. '나를 믿는 자는 내 하는 일을 저도 할 것이요 이보다 큰 것을 하리라' 그렇습니다! 지금 그리스도께서는 육신의 제한을 떨치시고 하늘 보좌에 계십니다. 이제는 신으로서 역사하시는데 째째하게 겉으로 사람의 병이나 고치는 것으로 전파하겠습니까? 아닙니다.

복음은 적어도 사람의 마음을 뒤바꿔 놓는 것부터 시작합니다. 예수님께서 지상생애에 계실 때 신체라든가 육체의 병고치는 것은, 구약에서 예언한 것의 성취로서 어떤 면에 당시의 한계를 전제하고 가르친 역사입니다. 그런 사람들한테 이런 말을 해봐야 답답해서 얘기가 안 들어갑니다.

이것은 그 당시에 예수님께서 승천하신 후 얼마동안 사도들에게 준 일시적인 은사로 알아야, 다시 말하면 표적으로서 기적의 신성한 목적이라고 할까, 이것은 그 당시 이제 막 비롯되는 복음의 교훈에 대한 충분한 보장이라고 할까, 그런 확신을 주기 위해서 겉으로 이적들이 나타나도록 한 것뿐입니다.

지금은 신구약성경이 딱 완성이 되었기 때문에 다른 표적이 없습니다. 그거 구하는 사람은 그릇된 데로 전락될 수밖에 없습니다. 구약이나 신약에서 동일하게 가르칩니다. 왜 그런 이상하게 관능적인 거, 겉사람적인 것에 대해서 자꾸 눈길을 쏠리게 합니까? 사회에서 정상으로 살아가지 못하는 사람이 됩니다. 왜? 복음은 사회를 등지고 반사회적으로 주는 말씀이 아니기 때문에 그렇습니다.

뭔가 더러운 구석이 있는 사람이 밝은 빛인 참된 복음을 피해서 더러운 데로 들어가는 법입니다. 미혹을 받아서 그 모양이 된 겁니다. 왜 미혹을 당합니까? 복음 가운데 진보를 이루지 못하니 그렇게 됩니다. 남의 일이 아닙니다. 이것을 크게 주의하면서 앞으로 살아나가야 합니다. 좌우간 이런 그릇된 이단들이 설치고 있습니다. 극단의 침례파 사람들이랑 상종할 필요조차 없습니다. 진보주의자들은 말할 것도 없고.

그럼 우리가 분명한 복음을 안다면 이것을 강력하게 선포하는 일을 왜 게을리해야 합니까? 참으로 이상한 일입니다. 바울 서신만 살펴보더라도 물론 사도행전까지 포함해서, 고치는 역사는 점점 적어집니다. 마침내 안 나옵니다.

뒤에 보면, 오히려 케뤼쎄인이 압도적으로 나옵니다. 소위 말하면 그것은 명사형이 케리그마 *κηρυγμα*라고 해서 선포하는 면에 중점을 두고, 디다헤 *διδαχη*라고 해서 가르치는 면에도 중점을 둡니다. 이러한 것들은 무엇보다 예배가운데서 발생합니다. 교회에 목사를 왜 세웠습니까? 에베소서 4장에서 분명히 가르칩니다. 그런데 요즘 목사들은 소위 목회가 안 된다고 '한번 능력을 받아봐야 되겠다' 해서 대부분 순복음식으로 짬뽕된 것이 한국의 장로교 강단입니다.

복음의 능력

요한일서 1장 1절에서 4절 보면 표적으로서의 계시가 나옵니다. 복음을 알리는데, 듣는다, 본다, 만진다는 방식이 바로 그 당시 표적으로 쓰일 수 있고 또한 사도니까 직접 목격한 것을 전합니다. 우리가 예수님을 만나진 못했지만 더욱 풍성한 계시 가운데, 복음계시 가운데 있기에 더욱 강력하게 증거하지 않을 수 없습니다. 그런 것을 깨닫지 못하니 자꾸만 뭔가 보고 싶고, 뭔가 물증이 있어야 믿겠다는 데로 미혹될 수밖에 없습니다.

하나님의 나라는 말에 있지 않고 오직 능력에 있다고 가르칩니다. 능력을 잘 모르니 자꾸만 빠져듭니다. 그러한 의미에서 복음전파는, 좋은 소식 알리는 것은 세상에서 지식을 전달하는 것 이상입니다.

고린도전서 2장 1절부터 5절까지 보면, "형제들아 내가 너희에게 나아가 하나님의 증거를 전할 때 말과 지혜의 아름다운 것으로 아니 하였나니 내가 너희 중에서 예수 그리스도와 그의 십자가에 못박히신 것 말고는 아무것도 알지 아니하기로 작정하였음이라 내가 너희 가운데 거할 때 약하며 두려워하며 심히 떨었노라, 내 말과 내 전도함이 지혜의 권하는 말로 하지 아니하고 다만 하나님의 능력에 있게 하려 하였노라."

그 다음 디모데후서 2장 8절, 9절 "나의 복음과 같이 다윗의 씨로 죽은 자 가운데서 다시 살으신 예수 그리스도를 기억하라 복음을 인하여 내가 죄인과 같이 매이는 데까지 고난을 받았으니 하나님의 말씀은 매이지 않는다." 그렇습니다! 왜 개혁주의자들이 얽매이는 게 있습니까?

데살로니가전서 1장 5절에 "이는 우리 복음이 말로만 너희에게 이른 것이 아니라 오직 능력과 성령과 큰 확신으로 된 것이니" 하는 말씀이 있습니다.

이러한 강력한 복음의 사역은 늘 순풍에 돛단배 같은 환경이 주어지는 것은 아니고, 여기에 세상 신인 미혹의 영이 복음의 역사를 가리는 일들을 끊임없이 전개해 옵니다. 다시 말하면 다른 복음으로도 나타난다는 말입니다. 물론 아까 말씀드린 거짓 사도도 있지만. 하나님께서 경륜하시는 것을 따라 복음의 참된 역사가 과연 각 시대마다 어떻게 나타나는지, 특히 오늘은 어떻게 나타나야 마땅한 것인지에 대한 바른 분별력이 형성돼 있어야 합니다.

예를 들어서 원시복음에 예언한 말씀만 보더라도 종말적인 큰 싸움이 있을 것을 하나님께서는 명백하게 말씀합니다. 그런 일들이 아담 당시에만 있었겠습니까? 오늘날은 더욱 괄목할 만하게 나타납니다. 물론 다른 복음이 처음부터 백 프로 다르게 나타나지 않습니다. 처음엔 정통을 가장하고 나타나기도 합니다. 그러나 나중에 이에 대해 복음의 초보 가운데서 다 된 것으로 알고 바른 분별력을 결여하면 먹혀버리고 맙니다.

거룩한 고난을 통과해서 복음의 진보를 이뤄야만 바른 분별력이 생기는데 그런 것을 마다하면 안 됩니다. 진짠지 가짠지 복음에 대한 바른 깨달음과 분별력은 교회에서만 구현됩니다. 그런데 어떻게 함부로 아무 교회나 속할 수 있으며, 아무데서나 예배드리며 세상만사를 함부로 경영하는 것이 원리상 가능합니까? 그러면 저는 복음의 능력이 강하다고 마음속에 스스로 자위하고, 조금 약한 교회에 가서 콩이니 팥이니, 그러면서 헤아리고 앉아 있을 겁니다. 예배가 그런 겁니까?

미국에 교회가 없으면 미국에서 한국으로 비행기타고 날아올 정도가 돼야 합니다. 그것이 참된 교회의 지체된 자가 취할 마땅한 자세이고, 그게 바로 복음 가운데 거룩한 나라의 시민노릇하는 삶이라고 할 수 있습니다. 어쨌든지 오늘날 하나님 강단에서는 끊임없이 '케뤼그마' 와 '디다헤' 라는, 선포와 가르침이 강력하게 흘러나오는 것이 마땅합니다. 이것은 계속 흘러나오는데 이걸 좇지 못하면 필경 거기에 숨막혀서 죽어 넘어질 수밖에 없습니다.

복음의 내용

복음전파를 어떤 것으로 알리는가에 대해서 성경을 찾아보면 거의 비슷비슷하지만 이런 것들이 나와 있습니다. "하나님의 나라를, 하나님의 나라와 예수 그리스도의 이름에 속한 것들을, 로고스 *λογος*를, 그 다음에 ㅎ뤠마 *ρημα*를, 예수를, 주 예수를, 아들을, 예수와 부활을, 하나님의 복음을, 주의 말씀을, 예수 그리스도를 통한 평화를, 조상들한테 나타낸 약속을, 믿음을, 사랑과 믿음을, 복음을" 이런 것들이 유앙겔리제인을 수놓고 있는 내용들입니다.

그러면 다른 말은 할 수 없고, 복음의 폭이 어느 정도라는 게 분명히 나와있습니다. 다 빤하게 알고 있는 것 같지만 하나하나를 생각해 보면, 예수 그리스도 안에 담겨있는 모든 풍성한 것들을 요약한 것입니다. 그러니 어찌 우리가 복음 가운데 계속해서 장성하기를 게을리 할 수 있겠습니까? 한 요소요소가 다 관련됩니다.

갈라디아서 1장 11절에서 12절을 보면, 바울 복음의 신적인 기원과 권위에 대해서 말합니다. "내가 사람한테 받은 것도 아니다. 사람한테 배운 것도 아니다. 오직 예수 그리스도의 계시로 말미암은 거다." 이런 말을 할 수밖에 없습니다. 어떻게 삯꾼이 나올 수 있고, 어찌 다른 복음이 나타날 수 있습니까? 천사라도 저주받는 것이 마땅합니다. 그런데 그런 교묘한 가짜들이 판치는 세대가 오늘입니다. 이상한 일 아닙니까?

인간적으로는 분노를 금할 수 없고 우리가 얼마나 게으른가 생각하면서 두려움과 떨림으로 구원을 이룰 것을 다시금 마음에 다짐해야 마땅합니다. 재미있는 것은 사도 요한의 글들이 여러 가지인데, 요한계시록을 빼고서는 복음 또는 좋은소식 알린다는 낱말들이 안 나옵니다. 사도 요한의 글을 보면 쉬운 필치로 쓰여 있습니다. 복음이란 낱말을 쓰지 않았다고 해서 복음에 관련된 가르침이 없다는 것은 아니지만 독특한 성격을 가지고 있습니다.

복음과 고난

복음은 유대인도 포함하지만, 신약에서 복음이란 말을 쓸 때는 이방 사람에게 전한다는 의미가 강합니다. 특히 가난한 자에게 복음이 전파된다는 말씀이 중심적으로 예수님의 생애 가운데 나옵니다. 육체의 각종 연약한 것들의 고침을 통해서 복음이 어떤 것이다 하는 능력, 하나님 나라의 현재성이 어떻게 지극한 변화로 말미암아 새로운 사회가 나타나나 하는 것을 알려줍니다. 사무엘상 22장 1절에서 2절을 보면, 다윗이 사울의 칼날을 피해 도망다닐 때 다윗에게 온 사람들의 면모는 환난당한 사람, 빚진 자 같은 세상에서 별볼일없는 사람들이 몰려들었습니다. 사울에게는 복음이 없었습니다. 다윗에게는 복음이 있었기 때문에 그런 사람들이 사면에서 몰려들게 되었다는 것을 알려줍니다.

고린도전서 1장 26절, 29절에서도 과연 복음이 어떤 사람에게 전파되었던가가 명백하게 나옵니다. 그런데 복음을 전파하므로 말미암아 생기는 두 가지 결과를 기억해야 합니다. 그것은 구원만이 아니라 심판을 위해서 복음이 전파된다는 것입니다.

고린도후서 4장 3절에서 4절 볼 때 아까 인용된 말씀이지만 이런 말씀이 나옵니다. “만일 우리 복음이 가리웠으면 망하는 자들에게 가리운 것이라.” 세상 신에 미혹을 당했건 이건 다 핑계에 지나지 않고 망하는 자들입니다. 무서운 일입니다.

데살로니가후서 1장 8절 “하나님을 모르는 자들과 우리 주 예수의 복음을 복종치 않는 자들에게 형벌을 주시리라.” 여기 나옵니다. 또 베드로전서 4장 17절 “하나님 집에서 심판을 시작할 때가 되었나니 만일 우리에게 먼저 하면 하나님의 복음을 순종치 아니하는 자들의 그 마지막은 어떠하겠느냐?” 이런 말씀입니다. 복음 전해도 그만 안 전해도 그만, 받아도 그만 안 받아도 그만, 복음이 진보해도 그만, 이런 게 아닙니다. 할 일이 없어서 하나님께서 우리를 위로하려고 그리스도를 보내시고 성령님을 보내셨습니까? 위로받을 만한 자가 위로받게 돼 있습니다.

그런 만큼 복음을 제대로 받았다면 고난은 필연인 것을 오늘 본문인

마가의 글 두 군데를 보면 알 수 있습니다. 마가복음 8장 34절, 10장 29절에 이런 말씀이 나옵니다. 34절에 "무리와 제자들을 불러 이르시되 아무든지 나를 따라 오려거든 자기를 부인하고 자기의 십자가를 지고 나를 좇을 것이니라, 누구든지 제 목숨을 구원코자 하면 잃을 것이요 나와 복음을 위하여 제 목숨을 잃으면 구원하리라" 하는 말씀을 썼습니다. 적어도 복음이 어떤 겁니까? 그렇다면 우리는 복음을 제대로 받아들이고 있습니까? 그 다음 10장 29절에 "예수께서 가라사대 내가 진실로 너희에게 이르노니 나의 복음을 위하여 집이나 형제나 자매나 어미나 아비나 자식이나 전토를 버린 자는 금생에 있어서 집과 형제와 자매와 모친과 자식과 전토를 백배나 받되 핍박을 겸하여 받고 내세에 영생을 받지 못할 자가 없느니라." 적어도 복음이 어떤 것을 요구하는가를 분명하게 알려줍니다.

특히 서신에 많이 쓰여있는 복음이라는 단어를 묘사하는 말은 거의가 다 '케뤼쎄인', 전파한다, 선포한다는 말씀으로 나옵니다. 그렇다면 오늘날 복음을 어떻게 받아야 하며 나타내야 할 것인지를 곰곰이 생각하는 것이 마땅하고, 특별히 교회의 속성이 좋은소식 알리는 데서부터 비로소 구현됩니다. 그런 만큼 교회의 양상, 교회에서 나타내야 될 마땅한 것들을 과연 나타내는가, 복음은 제대로 선포되고 그 복음을 제대로 내가 힘입고 있는가, 과연 문자 그대로 좋은소식으로 내가 이것을 받아들이고 있는가, 절대로서 매일같이 내가 이것을 갈망하는가? 잘 생각하면서 나가야합니다.

기도

하나님께서 저희에게 찾아오시며 아드님께서 낮고 천한 위치로 내려오셔서 저희를 위해 속죄를 이루셨으며, 성령님께서 역사하셔서 좋은소식을 저희에게 알게 하사, 그리스도를 머리로 한 교회 가운데서 마침내 하늘에 거하시는 영광의 아버님께 향하도록 한 것이 바로 복음의 궁극적인 목적이옵나이다. 이것을 생각해 볼 때 저희들은 자랑할 것이 전혀 없고 모든 것이 하나님의 사랑과 주권적인 역사로 말미암았음을 고백하게 되옵나이다. 따라서 저희들이 마음대로 앉을 수도 없고, 그만 둘 수도 없고 온전히 그리스도를 좇아서만 복음의 열매에 참여하게 되옵나이다.

이 복음이 그리스도께서 부활하심으로 이땅 위에 강력하게 펼쳐진 그의 나라 가운데서 마땅한 백성노릇을 할 것을 명하시는 것을 생각해 볼 때, 얼마나 큰 진보가 저희들 앞에 남아 있는지 알 수 없사옵나이다. 이러한 일들이 웃으면서 결코 걸을 수 있는 것들이 아니고, 피눈물을 통과하지 아니하고서는 그 넉넉한 복음 안에서 즐거움을 맛볼 수 없사옵고, 큰 위로를 저희들이 기대할 수 없음을 알게 되옵나이다.

주여, 이땅 위에서 저희들이 살아가는 가운데 많은 사람들의 속임이 있고 또한 다른 복음이 주변에 널려 있어, 저희들 마음에 전적인 결핍으로 인하여 넘어질 때가 많이 있사옵나이다. 복음의 능력이 나타나지 않아 얼마나 맥없는 신앙생활을 해왔는지 주여 저희들을 살피시고, 복음 가운데 장성이 있도록 더욱 올바른 가르침을 주시며, 선포되는 말씀 가운데서 과연 저희들이 그리스도를 좇는 자세를 잃지 않게 하시옵소서. 우리 교회가 복음의 능력으로 거룩한 힘을 발휘하는 교회가 되도록 하시고, 올바로 성장하는 교회가 되도록 하시옵소서.

구주 예수 그리스도의 이름으로 기도 드리옵나이다. 아멘.

5강

복음사(1)

로마서 16:25-27

25 그런데 그대들을 꿋꿋하게 하실 그 힘있는 분에게 내 그 좋은소식과 예수님 흐리스토스의 그
드러내외침을 따라서 그지없는 무렵들에게 잠잠해온 웅숭깊음의 드러내보임을 따라서
26 하지만 지금은 드러내신 더욱이 알림꾼에게 속한 글들을 거쳐 그 그지없는 하나님의 시켜댐
을 따라서 믿음의 귀담아들음 안으로 모든 그 딴겨레들 안으로 알려지신
27 오직 슬기로운 하나님께 예수님 흐리스토스를 거쳐 그 빛남이 그지없음들 안으로 아멘.

복음과 선포 〈1〉 _5강

복음사 1

로마서 16장 25-27절

복음서와 서신서의 차이 - 객관적 사건과 주관적 해석

계속해서 복음과 선포에 대해 살펴보겠습니다. 지난번 말씀에 관련해서 본문에 있는 내용을 복음의 역사, 복음사의 관점에서 좀더 살펴보겠습니다.

지난 시간은 4복음서 앞부분에 나오는 말씀을 견주면서 복음에 대해 살펴봤습니다. 이 네 복음과 뒤에 기록돼 있는 서신들의 차이를 크게 표현해본다면, 앞에 복음서 4권은 사건에 대한 객관적인 형식의 기록이라면, 서신들은 그 앞부분을 해석하면서 주관적인 표현으로 복음을 선포한 내용들입니다.

그래서 서로 다르면서 상호 어울리는 복음에 대한 기록을 큰 통으로 한 몫에 볼 수 있도록 전체에 대해서 세세하게 알아둬야 합니다. 사건과 그에 대한 해석이 객관적인 성격과 주관적인 성격을 어떻게 표현했는지를 잘 헤아려야 합니다. 하나님 말씀이니까 신적이라고 해서 해석하거나 복음 받는데 벌벌 떨어서도 안 되고, 경망스럽게 제멋대로 해서도 되지 않습니다.

객관, 주관이라는 말을 빗대서 보기를 들어보면, 구약이랑 신약 같은 경우, 분량 면만 봐도 굉장한 차이입니다. 그러면 구약은 싱겁고 신약은 찐득찐득합니까? 그렇지 않습니다. 이러한 분량의 차이도 지금 살펴보는 주제인 복음과 선포의 관점에서 살펴본다면 어떻습니까? 신약을 통해서 복음을 안다면 구약을 통해서 접촉하는 복음은 방대합니다. 그런데 멋대로 해석할 수도 없고 함부로 받을 수도 없습니다.

분량이 많다고 건성으로 여겨 띄엄띄엄 보고, 자세하게 살펴볼 줄 아는 힘이 없으면 복음에도 그러한 영향을 미칩니다. 율법을 다 지키다 한 가지를 안 지키면 다 못 지킨 것이라는 말씀도 있듯이 그렇습니다. 어떤 면에 외적으로 한번 표현해 본다면, 구약은 신약의 몇 배로 힘을 쏟아야 합니다. 내용까지 따지면 복리로 봐서 몇 배 정도가 아닙니다. 기간만 따져 보더라도 신약은 100년 정도 된다면 구약은 몇 천 년인지 비교가 되질 않습니다. 방대한 내용입니다. 그런 면에서 우리는 신약 뒤에 태어났으니 한편 감사하지만, 이 복음을 어떻게 접촉해서 이때 어떻게 드러낼 것인가는 굉장한 준비가 필요합니다.

때를 줄이심과 성육신

구약과 신약을 대비해 봐서도 그렇고, 4복음서랑 서신들을 살펴볼 때 시간문제, 하나님께서 경륜을 펼치시는데 때를 확확 줄여주십니다. 보통 보면 '이거 왜 이렇게 인생이 고달픈가? 왜 이렇게 앞길이 막막하나' 또는 시간에 대해서 투덜거리는 수가 왕왕 생기는데 조심해야 합니다. 게으른 사람의 몫이고 불신앙의 소치이고 무식한 소리입니다. 할 일을 한다면 무슨 시간에 대해서 제멋대로 판단을 합니까.

복음의 관점에서만 봐도 하나님의 때를 우리를 불쌍히 여기시기 위해서 팍팍 줄여주십니다. 지금도 이를테면 하나님의 아들께서 사람이 되신 성육신, 거룩한 몸을 입으신 일, 예수 그리스도의 일생으로 한마디로 본보이신 겁니다. 함축해서 구약의 헤아릴 수 없는 수많은 세월동안 별의별 사건을 통해서 그토록 방대한 계시를 하신 하나님께서 예수님의 33년이라는 짧은 생애로 압축하셔서 간단하게 보여주십니다! 그리고 신약성경을 보건 지금 우리를 보건 복음의 분량 면에서도 알맞고도 풍성하게 마련하십니다.

그런데 어떤 사람은 66권에서 뺀다 더한다고 멋대로 하는데 말이 안 됩니다. 하나님께서 때를 단축해서 택한 자라도 미혹받지 않고 건지시려 하시는 사랑과 섭리의 손길을 안다면, 성경에 대해서 바른 자세를 취해야 됩니다. 성경이 어렵느니 쉽느니, 지키느니 못 지키겠느니 이런 모든 소리는 다 거짓입니다. 자기가 살아서 제멋대로 해 보겠다는 겁니다.

하나님이 모든 걸 다 배려하여 성경도 필요한 만큼만 남겨 주셨습니다. 그러니 이 말씀을 통해서 지혜를 얻는 사람은 머리가 될지언정 꼬리가 되지 않습니다. 나가도 복, 들어와도 복이라고 이미 구약 복음에서 율법의 형식으로 옛 계시 중에 표시를 했습니다.

만사를 놓고 볼 때 빌빌거리는 중입니까? 이건 하나님 말씀을 무시해서 그렇습니다. 그런 사람의 시간에 대한 자세는 그야말로 세상 차원, 그 범주를 벗어날 줄 모르고 거기서 울고 웃는 겁니다. 이런 상태에서 하나님의 능력이 나타나겠습니까?

마지막 때가 가까움

특히 성경 전체의 기조는 마지막 때가 가깝다고 말합니다. 타락한 뒤부터 여태껏, 타락 전만 봐도 원시 명령, 하나님께서 처음 사람을 지으시고 말씀하신 내용을 보더라도 굉장히 바쁩니다. 그런데 아담과 그 여자는 제멋대로 경영하다 고꾸라졌습니다. 시간의 문제에서도 주님의 심오한 뜻을 멋대로 해석해 버린 겁니다.

그런 만큼 마지막 때가 가깝다는 견지에서, 4복음서와 서신들의 내용이라든가 각각이 지향하는 대상들을 놓고 주목한다면, 성경이 얼마나 강력하게 나를 사로잡을까! 다른 사람이랑 관련되는 얘기가 아니고 나한테 관련됩니다. 지금 이 말씀을 듣는 시간도 굉장히 촉박한 겁니다. 때가 임박한 겁니다. 주님 오실 날이.

그러니 저마다에게 맡겨주신 일에 초롱초롱해야 합니다. 딴 사람 누가 대신 해 줄 수 있는 것이 없습니다. 오히려 다른 사람의 짐을 덜어줘야 합니다. 그러니 모든 믿지 않는 사람들이 우리의 대상입니다. 복음을 증거하는 것부터 해서 하나님의 사랑이 어떻게 나타났는지를 선보여야 합니다. 그래야 그리스도처럼 때를 단축시키신 하나님의 뜻을 아는 사람입니다.

시간이라는 게 참 묘합니다. 지금 세계 시간이 정해진 것도 과히 오랜 때도 아닙니다. 옛날엔 다 저마다 살았습니다. 그런데 나라마다 겨우 50년, 100년 역사를 가지고 몇 천년 전의 자취를 함부로 논단하려 합니다. 더구나 성경까지 그런 눈으로 보려고 합니다. 어떤 사람은 고고학이나 아니면 자기 시간의 관점에 대한 지식 따위를 앞세워 함부로 성경이 이러니저러니 하는데 복음을 모르는 사람입니다. 복음을 선포해보지 못한 사람의 자세라고 할 수 있습니다.

지난 시간 복음서들의 1장 1절과 끝절을 봤습니다. 각 권 초두에 나와 있는 것들을 복음에 관련한 내용, 성격이라고 한다면 마지막 부분들인 대사명에 대한 거, 선포와 이적에 대한 거, 찬송 또는 기록한 분량에 대한 것은 한마디로 그 성격을 어떻게 선포하고 있는지를 그 안의 내용 전체를 요약해서 다시 결론짓고 있는 겁니다.

복음의 성격과 선포

복음의 성격과 그 선포를 보면, 4복음서는 예수 그리스도 그분만을 놓고 기록하는데, 그 뒤에 서신은 그분의 몸인 교회 또 교회 일꾼들, 모든 성도들을 통해서 어떻게 복음선포로 말미암아 복음됨이 나타나고 있는가? 그걸 생생하게 알려줍니다. 아까 말한 대로 어떤 개인의 주관적인 표현으로 생애를 기록했다손 칠지라도, 그런 성격은 구약에도 있고 때가 단축됐기 때문에 굉장히 맹렬합니다.

구약사에서 볼 때 굉장히 바빠지고 주제넘은 표현들이 보이는 거 같지만 그건 확신입니다. 그 날의 가까움이 더 다가오는 것을 느끼는데 모이기를 폐하는 자들에 속아넘어갑니까? 모이기를 더 전력하게 됩니다. 그렇다고 구약 사람들이 게으르게 신앙생활 했다는 게 아니라, 바른 사람들의 복음 신앙들은 시종여일합니다. 그거 하나만 보면 만사를 측정해 볼 수 있습니다.

이렇게 복음서들이랑 서신들, 신약 말씀들은 깡그리 복음선포를 정리하는 겁니다. 그게 어떻게 보면 신앙고백인데 우리는 신앙고백을 왕년에 많이들 해보았고, 또 사적으로 하나님한테 늘 하고 있는지 모르지만, 복음선포의 삶이 없는 고백은 거짓입니다. 능력이 없습니다. 말과 혀로만 사랑하는 격이라고 할까 진실치가 않습니다. 그런 사람들은 개인주의입니다. 육신의 탐욕을 쫓기 쉽습니다.

복음서는 예수 그리스도 중심으로 복음선포한 것을 사람이 기록했고, 서신들은 사도들을 중심으로 해서 복음선포한 것이며 또 사람이 기록했습니다. 물론 성령님이 역사하셔서 영감됐다고 하지만 그건 한편이고 사람들이 적었습니다! 그걸 적은 사람들도 복음과 그 능력을 힘입고 선포하는 삶이 뒷받침된 이들이기에 기록한 것입니다.

바울 서신을 봐도 바울이 다 쓴 게 아니고 바울이 불러준 대로 누가 썼건 대필을 했건 그런 경우도 많이 있습니다. 퍽 자연스럽습니다. 신앙생활이건 신학이건 세상에서 뭐를 하건 복음에 고백적인 삶이 있어야 합니다. 그것이 되지 않으면 성경을 헛보는 겁니다. 뭐를 믿는지를 모릅니다. 믿지 않는 사람이랑 구별됨이 희박해집니다.

율법도 복음

그래서 쭉 보면 구약복음을, '구약은 율법' 이렇게만 말하지 맙시다. 율법을 모세로부터 줬다면, 그 이전 아브라함 때는 율법이란 말을 사용하지 않았습니다. 구약 그러면 율법 표현의 한 부분은 맞는데 다는 아닙니다. '구약복음' 이러면 틀린 말입니까? 복음을 큰 범위로 놓으면 이 말도 성립합니다. 그런데 나도 모르는 사이에 '구약은 율법, 신약은 복음' 이것은 스케일이 좁습니다. 구약을 경시하게 됩니다. 율법을 경시하게 됩니다. 그러면 신앙 지상주의자 같은 그릇된 사람들이 발생합니다.

어쨌거나 구약의 복음을 해석한 신령한 것이, 바로 예수 그리스도께서 가르치심이라든가 들어내외치심이라든가 또는 그 당시 임시방편으로 여러 이적들을 행하는 모든 것으로, 구약복음 전체에 대한 해석입니다. 단순히 예언의 성취 방면으로만 설명하지 말고, 예수 그리스도를 예표로 한 구약 모든 선진들의 모습, 삶을 예수 그리스도로 투영해 보면 보입니다. 구약의 해석사입니다.

복음서는 그런 면에서도 예수님이 하나님의 아들이실지라도 하나님께 순종하는 삶을 보여줍니다. 구약복음을 범하질 않습니다. 또한 뛰어넘질 않고 그걸 그대로 드러내신 분입니다. 온전하게 예수님이 직접 쓰신 것도 아니고 예수님의 제자들 또는 제자랑 접촉한 사람이 쓴 게 4복음서입니다. 생생합니다. 꼭 4복음서처럼 예수님이라는 이름이 나와야만 복음이 아니고, 서신서를 보면 예수님의 생애가 거의 안 나오지만 그것도 복음입니다. 그러면 결국은 구약도 복음입니다. 거기엔 예수님이라는 말이 전혀 나오질 않지만 다 복음입니다.

신국과 예수 그리스도는 복음과 선포의 총체

바른 복음선포라면 신구약 전체 어디를 봐도 복음이고 예수 그리스도랑 관련된 얘기입니다. 그런 면에서 예수 그리스도께서 땅에 계실 때 가르치시건 이적을 행하시건 선포하시건 이러한 방식을 조심스레 살펴야 합니다.

무조건 성경에 있다니까 '흉내내면 복음신앙이고 믿음 좋고 그로 말미암아 큰 능력이 나타난다' 그렇게 되지 않습니다. 하나하나의 행동, 가르치신 내용과 방식들, 적군이나 아니면 아군들을 향해 예수님께서 보이신 자태 이런 것들을 잘 살펴야 합니다. 성경을 늘 상고해야 지금 제가 말씀드린 것이 어떻게 마음에 와닿지, 성경에 늘 접촉이 없고 선포에 체험이 없으면 말씀드린 게 그냥 그런가보다 하고 까먹고 없어져 버립니다.

간추려서 제가 전체적인 흐름을 말씀드리기 때문에 제 자랑하는 게 아니고, 이런 말씀을 들을 만하고 또 들어야만 되니까 선포하도록 하십니다. 그래서 언제든지 복음은 이처럼 선포행위를 통해서 계계승승 증거되도록 하십니다.

그게 없으면 복음 여부를 개인이건 교회건 알 길이 없습니다. 누가 알아주지도 않습니다. 그래서 야고보가 말한 대로 행함과 믿음의 관계를 그렇게 준열하게 말하는 겁니다. 결국은 아까 말한 대로 구약복음 전체에 대한 실현을 통해서 본을 보이신 그리스도를 본보기로 삼아야 합니다.

예수 그리스도께서는 잠잘 시간이 얼마나 되셨겠습니까? 밥 먹는 자리에서도 성경기록 몇 개만 봐도 사건이 생깁니다. 밥 먹는 시간에도, 좀 가다가 피곤해서 우물가에 앉아서도 또 복음전하고 온통 그렇습니다. 또 복음을 열심히 가르치는데 한번은 어머니 마리아랑 동생들이 와서 무슨 특별 면담하려니까 거절해 버립니다. 그게 쉬운 거 같지만 만만치 않은 모습들을 성경에서 보여줍니다.

갈수록 분명히 본을 받아야 복음의 능력이 있는 사람입니다. 시시껄렁한 사람들은 변절합니다. 그런 사람 중에 다른 복음에 솔깃하는 사건이 생기기도 합니다. 하나님 나라와 예수 그리스도는 복음과 그 선포의 총 주제입니다.

신국과 복음

하나님 나라는 예수 그리스도, 예수 그리스도 그러면 신국, 둘은 뗄 수 없습니다. 분명히 두 낱말은 차이가 있습니다. 그러면서도 뗄 수 없습니다. 이걸 배우려면 사도행전을 보면 압니다. 사도행전은 지난 시간에도 말씀 드렸지만 복음서와 서신서 중간에 있습니다. 사도행전 마지막의 기록이 바로 하나님 나라 즉 예수 그리스도에 관한 도리를 바울이 끊임없이 담대히 선포한 것으로 마감합니다. 그 앞에 모든 내용을 이렇게 정리합니다. 동일 저자라고 할 때 누가복음까지 싸안고 표시하는 얘기입니다.

누가복음과 사도행전은 각각 특성이 있지만 한 저자로 한 권으로 놓고 볼 때, 바로 이 내용을 담고 있습니다. 신국론과 기독론이 꽉 차 있습니다. 그걸 펼쳐보이는 것이 4복음서와 서신들입니다. 결국 신구약 성경 전체의 총 주제가 이것을 지향합니다. 흔히 '빨랑 죽어 천당가야 되겠다. 딴 사람보다 빨랑 물질 복을 왕창 받아야 되겠다. 이 죽을 병 빨랑 좀 나아야 되겠다.' 이따위에 쏠리면 그건 반 복음입니다.

그런 맘 자체를 저주받은 상태라고 말하진 않지만 먼저 근본이 돼야 합니다. 그러면 나머지는 아무것도 아닙니다. 어련히 아시기에 급해도 하나님이 급하십니다. 때를 그런 정도로 단축시킬 정도로 지키시고 보호하시고 잘 아시는데. 신국과 예수 그리스도로 구약을 반드시 해석해야 하고, 계시의 핵심인 구속을 위한 그리스도의 성경관과 그리스도의 선포도 주목하게 됩니다.

어떤 성경을 보면 예수 그리스도께서 직접 한 말만 빨간색으로 인쇄하고 나머지는 다 새까맣게 칠합니다. 어찌 성경전체가 하나님 말씀이지, 땅 위에 계실 때 예수님이 하신 말씀만 그게 더 어떻게 특별히 예수님 말씀입니까? 더 중요한 거처럼 빨간색으로 인쇄해서 성경을 팔아먹기 위한 술책이고 그릇됐습니다.

물론 그걸 잘 쓰면 그럴 수 있겠지만 그런데 어떤 부분들은 좀 애매해서 빨간색으로 인쇄해야 되는지 이게 구분이 잘 안 되는 곳도 있습니다. 예수 그리스도의 성경관과 선포를 똑바로 알아야만 합니다. 그러면 그런 일을 벌이질 않습니다.

복음의 성취와 심판

신약기록의 변천은 예수 그리스도께서 부활하신 것을 앞뒤로 놓고 기록합니다. 사도와 동등 권위자가 기록했는데, 복음서와 서신을 연속의 견지에서 기록했습니다. 지난 시간 말씀 드렸지만 누가 누구 걸 봤건 안 봤건 그게 중요한 문제가 아닙니다. 이미 동일한 고백, 동일한 복음선포의 증거들을 갖고 있는 사람들이기 때문에, 예수 그리스도의 환란에 참여한 사람들이기 때문에 성령님께서 넉넉히 사용하셨습니다. 그래서 내용들을 보면 어떤 때든지 복음이 충만한 것을 가르쳐 줍니다. 이것도 꼭 기억해야 합니다.

어떤 때고 복음은 충만합니다. 소돔이 멸망할 때 의인의 수를 물었습니다. 충만 여부를. 그런데 하나님께서 일하실 충만한 수가 되지 않으니까 멸망시켜 버렸습니다. 존재가치가 없는 겁니다. 존재가치가 없는데도 계속 존재하면 변질합니다. 유명무실한 교회로 형식치레 할 수밖에 없게 됩니다.

그런 면에서 우리 교회를 놓고 볼 때 두렵습니다. 아직 주님께서 기다리고 계시니 바짝 힘을 모아서 구해야 합니다. 우리가 의로운 사람으로 평가받으면 그 이상 없고, 주님 보시기에 그런 상태에 있으니 오늘도 우리를 말씀 앞에 부르신 겁니다. 오늘이 마지막인지 어떻게 알겠습니까? 내일을 자랑할 수 없습니다. 그러니 마음을 기울여 말씀이 뭔가, 어떡하든지 이 말씀을 힘입어야 하겠는데 구하면서 참여해야 합니다.

이런 류의 표현이 성경에 보면 꽉 차 있습니다. 어떤 사람은 충만한 상태를 이렇게 고백합니다. 그걸 지향할 때 달려갈 길을 마치고 믿음을 지켰다고 합니다. 이건 충만의 상태에서 완성을 내다보는 사람의 고백입니다. 게으른 사람들은, 충만을 확신하지 못하는 사람들은 이런 고백을 하지 않습니다. 불평이나 하고 마귀한테 속아넘어갑니다.

또 이런 말씀도 했습니다. '다 이루었다' 이건 예수님이 하신 말씀인데 결코 교만이 아닙니다. 사람의 몸을 입고 하신 말씀입니다. 우리는 이런 고백을 해 왔습니까? 못 했으면 회개해야 합니다. 전심전력을 하지 않으면 충만이 뭔지 모르고, 그런 상태로 복음선포의 능력이 어떤 건지를 검증하지 못합니다.

피차 이런 상태에서 기도가 제대로 드려지겠습니까? 말씀이 깨달아지겠습니까? 그래서 하나님께서, 몇 군데 고백한 내용들도 봤지만, 복음과 선포의 핵심과 방편을 언제나 교회를 통해 계승시키십니다. 그런 만큼 나는 누구한테 배웠는가? 아는 것이 무척 중요합니다. 무척 중요합니다. 무척 중요합니다.

흔히 칼뱅주의자들이 하는 얘기 중에 삼대 칼뱅주의 신학자가 있다고 합니다. 거의 비슷한 때 죽었는데 1920년, 21년에 죽은 사람들로 우리가 잘 아는, 아브라함 카위퍼, 헤르만 바빙크, 벤자민 워필드 이런 사람들입니다. 바른 성경관에 으뜸인 사람이 카위퍼입니다. 일단 성경관을 놓고 볼 때 바빙크는 틀렸다고는 말하지 않지만 너무 철학적인 면이 많습니다.

두 명은 네델란드 사람이고 하나는 미국사람으로 독일서 공부한 워필드인데, 이 사람은 물론 정통신앙이지만 성경관에 문제가 있는 사람입니다. 우리나라 성경관은 이 사람 때문에 한국 장로교라고 할까 칼뱅주의자들의 성경관이 거의 다 휘청거린다고 해도 과언이 아닙니다. 성경 번역 문제라든가 원문의 비평에 관련합니다.

정독해 보셨는지 모르지만 "바른 성경과 한글 번역" 책을 다시금 몇 번이고 정독해서 여백까지라도 살펴보십시오. 간단하게 표시한 책인데 쉽지 않은 책입니다. 워필드도 대단한 사람이지만 성경관, 정경론, 원문에 대한 것에 분명해야 하는데 그렇지 못한 부분이 있습니다.

복음선포는 전투

거듭난 사람들은 하나님의 말씀을 압니다. 학자라서 성경을 다 안다는 게 아니라, 하나님 말씀인지 아닌지 분별합니다. 예수님의 양은 그분의 음성을 듣는다는 말씀처럼 압니다. 하지만 모르면 무서운 겁니다. 에덴동산을 물어뜯은 원수가 지금도 이 방면을 뿌리 체 흔들려고 다가옵니다.

개혁자들이 16세기를 넘어서서 17세기에 물들더니 18세기에는 아주 물려버렸습니다. 합리주의 내지는 과학주의가 뒤섞여서 성경을 뒤범벅으로 만들었습니다. 대표적인 것은 1832년 정도에 지금 우리가 보는 이 헬라어 성경을 뜯어고쳐서 거짓된 헬라어 성경을 만들기 시작했는데 지금부터 170년 전 이야기입니다. 말도 안 됩니다. 불과 100년 200년 사이에 교회랑 바른신앙을 거의 다 삼킬 듯이 마귀는 이미 우는 사자처럼 삼킬 자를 찾아나섰습니다.

그런 면에서 우리는 기뻐해야 되고, 다시 한번 허리띠를 조르고 구해야 합니다. 하나님께 감사하면서 우리가 하는 일이 그 만큼 최후의 보루를 지키는 것이고 그런 교회 중의 한 교회입니다. 이걸 선포해야 합니다. 외쳐야 합니다. 외치지 않는 건 복음이 아닙니다.

라틴어로 교회의 한 성격을 밀리탄스 에클레시아militans ekklesia라고 합니다. '밀리탄스'는 전투라는 뜻입니다. 전쟁용어입니다. 이것은 복음의 역동성을 대변합니다. 한 분, 한 분이 전투적이라야 합니다. 복음선포로 우리의 모든 삶을 집약해서 표현해 볼 수 있다면, 우리가 꼭 총 들고 전쟁에 가지 않더라도 비유로 표현하는 건데, 전투하는 교회라는 말은 영전靈戰, 즉 영적전투를 말합니다.

영적전투에서 마귀가 어떤 무기로 어떤 방법으로 우리의 어떤 부분을 없애려고 하는가? 이걸 알아야 지키든지 아니면 적극적으로 대적하지, 이걸 모르면 싸우는 목적이나 방식을 알 길이 없습니다. 자칫 아군끼리 전투한다면 지리멸렬됩니다. 비참한 일입니다. 고린도 교회처럼 된다면 어떠하겠습니까? 복음선포를 통해서 전진을 바라십니까? 아니면 선포를 그만두고 패배, 죽음을 당하겠습니까?

딴 길은 없습니다. 내몫을 딴 사람이 할 수도 없고 내일 모래로 미룰 일도 없습니다. 어떤 사람은 25시간을 말합니다. 그런 말을 해서 그렇게 사는 사람도 있는 모양인데 25시간은 없습니다. 하루는 24시간입니다. 특별한 때나 해를 멈추고 이렇게 해서 특별한 경우에 했지, 하나님께서는 일반법칙을 존중하면서 복음을 증거하도록 하십니다. 그래서 에스더가 한 말을 잘 알지만 '나는 망했다 나는 망한다' 한글개역성경으로 '죽으면 죽으리라' 입니다. 복음선포를 하지 않고 자기 현실, 몸보신이나 하려고 모른 체 하다가 하나님이 그냥 안 두시고 푹 찌르니까 정신차리고 회개하면서 하는 말입니다. '죽으면 죽으리라' 보통 상황이 아닙니다. 어떤 사람은 '나는 날마다 죽는다' 이것도 보통 충만한 상태가 아닙니다. 주님도 말씀합니다. "죽어야 산다, 살고자 하는 자는 죽고 죽고자 하는 자는 산다"고 했습니다. 몸만 죽이는 자를 무서워하지 말고 영혼을 죽이고 살리는 하나님을 두려워해야 합니다.

이사야가 한 말 "나를 보내소서" 아직 이것을 설명하지 않지만, 하여간에 흔히 많이 써먹는 말인데, 오늘 주제의 관점에서 상고해야 합니다. 그 당시는 캄캄한 시대이고 앞을 볼 때 소망이 없는 시기였습니다. 패역한 상태에서 그때 주님이 나타나시고 숯불로 입술을 지지는 상징 가운데 "누가 날 위해 갈꼬" 할 때 이사야가 대답한 말입니다.

그러니 이사야 선지서의 내용은 복음으로 구약의 꽃입니다. 그토록 신약 못지 않게 복음으로 찬란한 건 이사야서를 능가하는 게 없습니다. 물론 구약 전체가 복음이지만 대단한 말씀입니다. 내용도 방대합니다. 총 66장. 이걸 또 마귀는 없애려고 제1이사야, 제2이사야라고 해서 이걸 다 난도질해버렸습니다. 39장까지는 어떻고, 40장까지는 저자가 다르고 어쩌고저쩌고 쓸데없는 겁니다. 거듭난 사람이 보면 필요 없는 이야기들입니다.

복음에서 선포, 이건 반드시 시대상을 꿰뚫는 사람의 몫이고 꿰뚫어야만 드러낼 수 있습니다. 그로 말미암아 교회는 언제든지 성육신을 드러내야 된다고 해도 틀린 말이 아닙니다. 즉 예수 그리스도께서 땅 위에 계셨을 때 하신 것처럼 교회는 그렇게 본을 보여야 합니다.

'초대교회로 돌아가자'는 말이 아닙니다. 사도행전 초기 그때, 특별한 때 그런 식으로 하고, 지금은 지금에 맞게 하나님의 은혜 가운데 복음을 선포하는 살아있는 교회임을 드러내 보이면 됩니다. 우리 교회 상태는, 우리 심령들 상태는 어떤지 모르겠습니다.

구약의 요약과 해석인 신약

지금 말씀한 구약교회 관계를 다시 한번 정리해 볼 때, 구약을 축소한 것이 신약이라고 할 수 있습니다. 달리 말하면 구약을 요약하고 구약을 해석하고 구약을 새롭게 환히 드러내는 것이 신약이라고 할 수 있고, 그 중에서 계시록이야말로 절정입니다. 복음 중의 복음, 꽃 중의 꽃이라고 말해도 틀림이 없을 겁니다. 물론 앞선 모든 성경 65권이 전제된 이야기인데, 흐름을 볼 때 그렇단 말입니다.

요한계시록 한 권만 떼면 앞에 있는 예순다섯 권의 복음과 그 선포에 대한 전체 복음의 역사를 꿰뚫게 돼 있습니다. 앞에 성경을 다 보면 요한계시록을 해석할 수 있습니다! 순서를 바꾸어서, 요한계시록을 먼저 보고 창세기부터 해석해 나갈 수도 있습니다. 단, 모든 것을 해석한다는, 상고한다는 전제가 깔려야 합니다.

그러니 시간이 부족합니다. 쉴틈이 없고. 말씀을 그 정도로 배우려면 세상에서 얼마나 열심히 살아야 하는지 압니까? 그러지 않고는 복음을 들을 수 없고, 깨달아야 선포하는데 그런 기회를 주지 않습니다. 열심히 사시고 슬기롭게 사셔야 합니다. 그때그때 적시에 적재에.

언젠가도 말씀 드렸지만 요한계시록을 틈틈이 단숨에 읽어보라고 그랬습니다. 한글번역이 어떻건 그래서 뭔가 새로운 맛이 나고, 뭔가 성경 다른데 대해서 또 이 시대를 바라보는 관점에 대해서 변화가 생깁니다. 계시록은 굉장히 쉬운 문장들입니다. 물론 많은 상징들이 있고 어려운 거 같은 표현이 있지만 어렵지는 않습니다. 해석이야 믿음의 정도에 따라 깊게 얕게 할 수 있고 모르는 건 모르는 대로 넘어가면 됩니다.

바른 원어성경과 거짓 본문비평

본문이 바로 지금까지 말한 이런 내용들을 잘 담고 있는 대표적인 부분 중에 대표적인 부분입니다. 로마서 16장 25절에서 27절, 이 본문이 개역성경에서는 로마서 제일 뒤에 있습니다. 석 절이 맞습니까? 하지만 헬라어성경에는 그렇게 되어 있지 않습니다. 이것은 조금 뒤에 설명하기로 하고 우선 헬라어성경에 대해 간단히 살펴보기로 하겠습니다.

원래 헬라교회에 신약성경 27권 정경을 하나님의 섭리 가운데 정돈했을 때 모두 헬라어로 기록되었습니다.

그 당시 라틴어성경도 있었고 시리아성경도 있었습니다. 또 많은 헬라 사본들이 있었는데, 신비한 손길 가운데 27권이 헬라어로 완벽하게 틀림이 없이 처음으로 그 당시 397년, 그때 교회가 정경으로 받아들이고 확인하게 된 건 좀 완고한 헬라어로 돼 있습니다. 헬라교회의 그리스 정교 말입니다. 요즘 한국은 그리스 정교회에서 조금 위치가 격상됐다고 합니다. 본부는 저쪽 서대문 어디에 있습니다. 그 성경을 보통 비잔틴성경이라고 합니다. 비잔틴시대 그러면 300년대부터 1400년대 중엽까지입니다. 종교개혁 전야까지라고 할 수 있습니다.

신약 27권을 확인한 뒤부터, 마귀는 맹렬하게 이걸 뽀개려고 교회를 부패시켜 소위 암흑기 1,000년이 그래서 비롯합니다. 교회사를 보면 확실합니다. 물론 다른 관점으로도 교회사를 해석하지만 성경에 대한 것은 분명합니다. 그런데 지금은 그때 보던 그 성경이 없습니다. 이땅에 원본이 없으니 그걸 마귀는 빌미로 잡고 사람을 속이는 겁니다. 어차피 원본은 없고, 사본들밖에 없으니까.

모든 사본을 찾고 찾아 원본에 가깝게 만들자는 게 소위 본문비평이라고 해서 자유주의자들이 원문 연구하는 겁니다. 그러나 그중 시대시대마다 가늘에 가늘게, '그런 게 아니다 원본은 있다, 처음 책은 없지만 쭉 하나님께서 분명히 지키고 보전시킨 그 원문의 내용이 역본의 역사를 통해서도 분명히 반영되고 있다.' 그런 식으로 하나님께서 참된 사람들을 두고 지금까지 여기 와 있고, 그런 교회 중 하나가 우리 교회입니다.

저는 그걸 확신 못하면 여기 서 있을 수 없습니다. 우리가 갖고 있는 헬라어성경을 넓은 면에서 종교개혁성경이라고도 합니다. 왜냐하면 이런 유형의 성경이 그 당시 많이 있었습니다. 지금 제가 번역하고 있는 성경 중의 하나로 사용하고 있는데, 확실하게 하는 건 칼뱅 당시 봤던 것, 그 다음 비잔틴 텍스트bizantin text 그걸 다 규합하고, 그 다음에 개혁신앙이 들어간 민족들에게 번역된 역본성경들을 참고하고, 그렇게 해서 한글직역성경을 펴내려고 하는데, 그 작업만 해도 너무나 많이 시간이 걸립니다. 원본은 없으니까 아무리 해도 조금 차이는 있을지라도 하나님이 사용하신, 섭리 가운데 두신 그런 성경을 이땅에 만들어내야 되겠다는 말입니다.

헬라어 사본들의 차이

그러면 로마서 16장 끝부분 문제를 다시 살펴보겠습니다. 비잔틴성경에는 로마서 16장 끝부분이 어디에 나오느냐 하면 14장 뒤에 나옵니다. 14장 뒤에. 그리고 다른 사본에는 15장 뒤에 놓기도 하고, 같은 정본 중에도 이렇게 16장 뒤에 두기도 합니다. 큰 문제는 아닐지라도 말씀드리고 넘어가는 이유 중에 하나는 한글개역성경을 보십시오. 그 앞절 24절이 있다고 나와 있습니까? 없다고 나와 있습니다.

누가 쓴 겁니까? 하나님이 불완전하십니까? 아니 하나님이 이걸 모르고 무능하십니까? 아니 옛날에 있었으니까 이 절수 매길 때는 교회들이 받았습니다. 그때 안 받았으면 이 24라는 숫자를 여기다 매기지 않고 25절을 24로 매기지 않았겠습니까? 그 밑에 난하주를 보면 2번 어떤 사본에, 이 '어떤 사본' 이 바로 정통사본입니다! 우리가 보는 헬라어성경에는 24절이 나옵니다. 누가 이런 장난을 합니까?

한가지 생각해 보면 27절에도 마지막 인사말 하면서 아멘 한 거 보니까 24절이 있으면 매끄럽게 이어지지 않는다고 판단했겠습니까? 두 번이나 하는 게 되니까. 말도 안 됩니다. 이 내용을 오늘 주제의 관점에서 볼 때 굉장히 함축된 엄청난 내용이 석 절에 담겨 있습니다. 그런데 이걸 놓고 간접적으로 이렇게 앞대가리를 날려버리면서 장난질합니다. 거짓된 헬라어성경엔 24절이 없습니다!

이 석 절 틀을 보면, 주어가 어떤 거냐 하면 전체 주어는 '영광' 입니다. 그 다음 이 영광이라는 주어에 대한 목적, 대상이 누구냐 하면 그앞에 있는 '하나님께, 하나님에게' 그 영광이 세세토록 아멘, 그렇게 돼 있습니다. 석 절의 주어랑 목적어를 말씀드렸습니다. 그럼 모든 내용은 뭐냐? 하나님에 대한 수식어들입니다.

25절에 보면 또 어떤 게 나옵니까. 한글개역성경에는 또 없습니다! 헬라어성경을 보면 어떤 분에게 영광이, 그런 말이 나오냐 하면 '그 힘있는 분에게' 가 분사꼴로 돼 있습니다. 그 힘있는 분에게. 즉 하나님의 속성을 말합니다. '그 힘있는 분에게' 그 내용이 앞에 딱 힘있는 분이라는 말을 쭉 놓고 다 설명한 뒤에 하나님에게라는 말씀을 딱 쓰고 그 다음에 주어가 나옵니다. 문맥이 이렇게 돼 있습니다.

그러면 그 하나님께서 하신 일이 뭐냐 하면, 우리가 말하는 주제인 복음을 놓고 무엇을 했는지 그 두 절에 꽉 담겨 있습니다. 복음에 대해서, 복음의 선포에 대해서 로마서 마지막 부분을 장식합니다. 다시 정돈하면 '그 힘있는 분에게' 할 때 관사가 '그' 자에 있고 그 뒤에 27절에 '하나님한테' 는 관사가 없기 때문에 하나의 관사에 두 개가 묶여 있습니다. "그 힘있는 분께, 하나님께 그 빛남이 그지없음 안으로 아멘." 이렇게 돼 있습니다. 그 안에 있는 내용을 또 설명하려면 시간이 많이 걸립니다.

한마디로 하나님을 설명하는 문장인데, 문장 중에서 26절에 보면 비밀의 계시라고 했습니다. 계시는 감추어 있던 것을 드러내보이는 것입니다. 이방인을 놓고 볼 때 구원의 신비, 구원을 하겠다고 작정 가운데 감추어 두었던 것을 때가 차매 드러내시기 시작합니다. 구약은 구약복음식으로 예수 그리스도를 통해서, 그 다음에 그뒤에 모든 사람들을 통해서 복음으로 말미암아 드러낸 걸 말하는데 표현상 "비밀의 계시를 따라서" 그런 말을 썼습니다.

그 앞부분에 나온 게 어떤 거냐 하면 바로 '내 복음 예수 그리스도의 선포' 이 말과 비밀의 계시가 관련돼 있습니다. 계시인 복음과 선포에 속한 역사라든가 방식이라든가 목적을 짤막짤막하게 25절, 26절에 담아놓고 있습니다. 바울의 글솜씨, 바울의 복음과 그 선포의 능력이 대단합니다.

그 바쁜 생활 그 환란 가운데 만약에 고린도에서 이 로마서를 썼다면 이건 신학자들의 전유물이 아니고, 헬라어를 좀 했다는 사람들의 전유물이 아니라, 복음을 아는 사람들에게 준 말씀입니다. 이걸 보고 똑같이 정돈하고 복음사를 깊이 꿰뚫는 푯대로 삼으라고 기록한 것입니다.

이걸 갖고 신구약을 넘나들 수 있습니다. 굉장히 함축된 가르침이기 때문에 특히 여기 쓰여져 있는 세 가지 전치사 카타*κατα*라든가 디아*δια*라든가 에이스*εις*를 적절하게 썼습니다. 그리고 이 안에 있는 분사꼴이 네 개가 있습니다. 적절하게 잘 자리잡고 있는데 동사 같은 걸 쓰거나 형용사를 쓰지 않고 생생하게 하려고, 역동적으로 표현하려고 분사꼴을 쓴 것입니다.

한글개역성경에는 구분이 잘 안 됩니다. 보통 형용사 그러면 '~하는' 상태입니다. 죽은 형용사 말고, 움직이는 형용사를 말하려면 분사꼴을 씁니다. 그래서 저는 이걸 처음에는 분사꼴로 직역을 하다보니까 너무나 문장이 길어져서 많이 줄였습니다. 믿는이도 보면, 믿고있는 중인 사람', 믿는 사람보다는 '믿고있는 중인 사람' 이라고 하면 말이 길어지지만, 길어지는 만큼 뭔가 생각하게 합니다. 그런데 너무나 말이 길어져서 많이 줄였습니다. 단순한 형용사처럼. 그런데 또 다시 바꾸려고 합니다.

바른 성경번역의 과제

우리가 다 헬라어를 볼 필요가 없이 한글만 가지고도 헬라어를 통해서 성령님이 역사하지 않으셨던 방면을 한글을 통해서 역사하실 수 있습니다. 번역사를 보면 과거지향주의적인 하나님이 아닙니다. 미래지향적이십니다. 현대어번역 중에 각 민족어로 성경을 번역하게 됐습니다.

우리는 한글번역본으로 보면 됩니다. 헬라어는 특별하게 볼 때 또는 그게 필요해서 말씀 아는 사람이 보면 되고, 우리는 올바로 번역된 것 있으면 그것만 봐도 구원에 이르는 지혜로 충분합니다. 지금 갖고 있는 개역성경 말고 직역을 똑바로 한 것을 전제로 했을 때, 바른 원본으로부터 바른 한글로 번역한 성경을 말합니다. 이건 시급하고 절대적인 문제입니다. 이것만 바로 된다면 한국의 정치, 경제, 문화가 하나님의 은혜 가운데 바로 잡히겠는지 어떻게 알겠습니까?

세계사를 놓고 볼 때 나중에 혹시 또 부패할지라도 동부유럽 같은데도 보면 다 바른 원문에서 바른 성경번역 역사가 있는 나라들입니다. 나중에 정치적으로 잘못돼서 대부분이 망가졌을지라도, 미국만 하더라도 바른 성경의 역사 토대 위에 지금 막바지를 치닫는 중입니다. 한국은 아직 그런 역사가 없습니다. 최고의 문자를 갖고도 답답합니다. 복음과 복음선포를 놓고 볼 때 이 성경번역이 바로 돼야 하는데, 그래야 바르게 선포됩니다. 요 석 절을 설명하려면 시간이 모자랍니다. 다음에 하겠습니다.

기도

하나님 아버지, 우리에게 하나님 말씀을 가장 드높이도록 믿음을 주신 것 고맙습니다. 그런데 우리가 이 복음의 능력을 힘입고 선포함을 통해서 증거해야 감사가 참될 텐데 그런 면에서 많은 게으름이 있고, 귀한 것을 귀하게 여긴다면 거기에 목숨을 바치고 일생을 장성 가운데 변함없이 바쳐야 될텐데 그렇게 하지 못한 죄악을 먼저 용서해 주시옵소서.

하오나 이 교회가 있고 이 교회에게 맡기신 일이 바른 성경을 놓고 어떻게 계승하고 선포할 것인지를 오늘 말씀을 놓고 볼지라도 참으로 중요하고 중요함을 고백하옵나이다. 이 교회를 기억하시고 이 교회에 속한 형제들을 기억하사 하나님이시여, 하나님의 뜻을 속히 어서 바르게 이루시옵소서.

오늘날 대한민국 성경관이 마귀에게 거의 다 망가져 있지 않사옵나이까? 숱한 사람들이 뭐가 뭔지도 모르고 신앙생활을 한다고 하는데 어찌 그런 가운데 예수 그리스도의 십자가를 걸머지고 복음의 화신들이 될 수 있겠사옵나이까?

하나님이시여, 이 바른 복음으로 말미암아 바른 교회들이 서가도록 해주시고 이 선포로 말미암아 바른 세상이 될 수 있도록 하나님이 써 주시기를 간절히 바라오니, 우리가 그것에 대해서 기도하게 하시고 이 교회를 사용하사 복음이 편만히 선포되는 데 필요한 모든 것들을 갖추도록 해 주옵소서. 하나님께서 전권적으로 역사하시옵소서.

구주 예수 그리스도의 이름으로 기도 드리옵나이다. 아멘.

6강

복음사(2)

로마서 16:25-27

25 그런데 그대들을 꿋꿋하게하실 그 힘있는 분에게 내 그 좋은소식과 예수님 흐리스토스의 그
들어내외침을 따라서 그지없는 무렵들에게 잠잠해온 웅숭깊음의 드러내보임을 따라서
26 하지만 지금은 드러내신 더욱이 알림꾼에게 속한 글들을 거쳐 그 그지없는 하나님의 시켜댐
을 따라서 믿음의 귀담아들음 안으로 모든 그 딴 겨레들 안으로 알려지신
27 오직 슬기로운 하나님에게 예수님 흐리스토스를 거쳐 그 빛남이 그지없음들 안으로 아멘.

복음과 선포 〈1〉 _ 6강

복음사 2

로마서 16장 25-27절

복음선포와 하나님 속성

지난 시간 이 부분을 봤는데 오늘은 본문 내용을 중심으로 살펴보겠습니다. 핵심을 잡는다면 복음과 선포에 대한 복음사입니다. 복음역사의 일단을 본문을 의지해서 살펴보는 겁니다.

지난 시간 말씀드렸듯이 27절에 있는 주어 '그 영광은', '그 빛남은' 성경 전체의 주제입니다. 하나님 스스로 영화로우실지라도 특히 피조물 중에서 불신자들을 통해서도 영광을 받으시지만 그런 영광 말고, 구원받은 사람들을 통한 영광을 놓고 주신 복음, 그 복음선포의 핵심이 바로 하나님을 위한 영광입니다.

그런데 이 영광을 받는 대상인 하나님의 속성이라고 할까 솜씨를 두 가지로 표시할 때, 25절에서 '힘있는 분' 그 다음 27절에서 '슬기로운 분' 이런 하나님께 영광이 영원토록, 그런 말씀입니다. 속성에 속한 것을 많이 말할 수도 있겠지만 힘과 슬기는 굉장히 중요한 말씀들입니다. 모든 것들의 대표로 이렇게 로마서 마지막 부분을 장식합니다.

딴 건 고사하고 이것만이라도 알면, 구원해 준 것도 감사해서 더 이상 바랄 것도 없지만 그걸 보답하고 감사하려고 힘과 슬기로 주님을 영화롭게 해야 합니다. 그분의 슬기, 그분의 힘에 걸맞는 것으로, 내것 말고. 나는 힘과 슬기가 없으니까. 이러한 총 주제와 그걸 싸고도는 하나님의 됨됨이, 그런 것들을 놓고 핵심 주제인 복음을 어떻게 선포해 오셨나를 이 석 절과 안짝에 담고있는 겁니다.

'전도법', '선교합시다' 이 말들은 너무 사람 냄새가 납니다. 그 중심 자체를 헤아리지 못하는 것은 아니나, 성경의 원칙에 서있지 않으면 처음엔 똑바로 하는 거 같아도 다 변질하게 됩니다. 사람 자체가 부패해서도 그러합니다. 그래서 하여간에 성경 말씀에 아무리 큰 선을 행했어도 다시 성경에 비춰서 그릇됨이 있으면 고치고 그 다음 힘을 내서 또다시 말씀으로 돌아와 하나님이 어떤 분인가를 또 점검하고 그렇게 해야 합니다. 쉽지 않습니다. 그게 바쁜 세상에 사람들 앞에서 폼잡으려 하고 눈에 보이는 것으로 왁짜하는 판국에 그런 성경의 방식을 좋아하지 않습니다. 그럼 끝나는 겁니다.

거듭 말씀드리지만 영광의 대상은 하나님입니다. 이건 분명합니다. 우리가 굉장히 잘 아는 진리 같아도 영광의 대상이신 하나님을 놓고도 많은 공부를 해도 끝이 없습니다. 영광의 대상이신 하나님께 마땅하게 영광을 드려왔습니까? 영광이란 말 자체도 쉽지 않습니다. 일단 그 말 차제만 분석해도.

그런데 그 영광에 해당하는 삶, 행동, 거룩한 삶이라는 걸 거기에 개입시킨다면, 성경의 방대한 내용에 접촉해서 평가해야 할텐데 무궁무진하고 엄청난 겁니다. 그 자체가 기쁨이고 즐거움일 따름입니다. 무척 바쁩니다. 무척 전력해야 합니다. 더 원할 것도 없고 자만 떨 것도 없고 영광에서 영광으로, 그거 외에는 말할 게 없습니다.

복음선포의 중보자

그 다음 27절에 보면 거기에 이르는 그 길, 중보 수단을 관장하시는 분이 예수 그리스도라고 명백하게 기록했습니다. 이것도 우리가 잘 아는 거 같은데 인간들은 왕왕 중보격을 탈취합니다.

늘 하는 비판이지만 다시 한번 들어보십시오. 교회는 세상 차원의 부패한 계급이 없습니다. 질서가 없거나 권위가 없다는 말과는 차원이 다르지만, 또 조직을 부정해서가 아닙니다. 그런 부패한 계급은 없는데, 우리가 부패했기 때문에 교회에 직분이 있습니다. 성경에 있는 직분은 목사와 집사, 교사 또는 목사를 다른 말로 장로 또는 감독 그 외엔 다른 직분이 없습니다.

다른 직분은 편의에 따라서 조직교회이니 일시적으로 해보는 겁니다. 그게 성경에 근거 있는 건 아닙니다. 없을수록 좋습니다. 안 하는 게 성경적 입니다. 성경에 있는 것만 해야 합니다. 그런데 목사를 우상으로 여기는 사람도 있습니다. 목사 본인도 그렇고. 그걸 바라보는 사람들도 굉장히 무슨 층하가 있는 것처럼 착각하기도 하고 또는 그걸 너무나 만만하게 봐서 너도 목사 나도 장로 너도 집사 그런 풍조가 만연합니다. 엉망진창입니다.

왜 그러냐 하면 중보자이신 예수 그리스도를 거치지 않을 때 나타납니다. 틀림없습니다. 그러니 똑바로 예수 그리스도의 중보의 은혜를 힘입어서 하나님께 영광을 돌리는 사람이라면 그런 그릇됨에 빠질 수 없습니다. 빠지라 해도 빠지지도 않고, 두려워서도 안 되고 너무나 영광스러워서도 자기의 천한 모습에 멋대로 방자하게 설쳐대지도 않습니다. 이처럼 중보자 예수 그리스도에 대한 것은 중요합니다.

복음과 영원한 영광

그 다음 27절에 "영광의 상태가 그지없음들 안으로"라고 했습니다. 쉽게 말하면 영원하다는 말로도 표시할 수 있습니다. 꼭 시간의 개념만은 아닙니다. '그지없음들' 은 통상 복수로 많이 씁니다. 한글로 한다면 '영원들', '세세들' 그렇게 해야 합니다. 그러니 사람의 말로는 표현이 불가능합니다. 영광의 상태라는 게 그렇습니다. 또 이걸 다른 뜻으로 말하면 '시대' 라고 할까 그런 개념으로도 표시해 볼 수 있는 내용입니다. 이런 세 가지 요소가 영광과 관련됩니다.

우리는 무조건 '하나님께 영광 돌린다' 라는 말을 쉽게 하는데 주관적일 경우가 많고 미흡한 수가 적지 않습니다. 하나님, 예수 그리스도, 그 다음 그 상태는 어떠한가? 이건 분명히 영광의 나라에 속한 것일지라도 땅 위에서 우리의 움직임, 고백적인 삶을 통해 어느 만큼 드러내는 삶을 분명히 주님이 좌시하지 않겠다는 겁니다. 그래서 그 영광을 훼손했을 때는 땅에서 합니다. 본보기로 즉사시키기도 합니다.

우리가 이렇게 있다는 게 하나님의 영광을 훼손하지 않아서 이렇게 있습니까? 그건 거짓말입니다. 그러니 두려운 겁니다. 건방떨 수 없습니다. 돌리고 싶으면 돌리고, 영광과 상관없이 자기 영광을, 세상 영광을 적당히 짬뽕시키고 싶은 게 우리인데 그건 끝장난 겁니다. 있을 수 없습니다. 그런 사람이 복음증거를 합니까? 복음의 비밀을 안다고 합니까? 그런 사람들은 거짓말쟁이입니다.

그래서 복음을 꾸미는 말들을 볼 때, 여기 네 가지 낱말이 다 동원된다고 해도 과언이 아닙니다. 영광의 복음, 그리스도의 복음, 영원한 복음, 하나님의 복음, 그 요소들이 다 언급돼 있습니다. 복음을 꾸미는 말들이. 그러니 본문 안에 있는 내용과도 합치되는 겁니다. 복음이 무슨 이상한 게 아니고, 직설적인 표현으로 영광을 중심해서 어떤 열매에 관련된 표현으로도 복음을 표시할 수 있으니, 성경 전체는 복음입니다. 온통 복음의 광채로 찬란한 책입니다.

성령님의 낮아지심

그런데 재미있는 것은 찾아보니까 '성령님의 복음' 이라고 꾸미는 말은 없습니다. 그러면 또 성령님은 하나님이신데 복음과 상관이 없나? 그런데 내용을 가만히 보면 또 아닙니다. 그런 명백한 구절만 없지 관련됩니다.

우리가 거듭난 것도 성령님의 역사요, 복음을 깨닫고 더욱 깨닫는 것도 성령님의 역사이지, 우리 지혜로는 도무지 알 수 없습니다. 너무나 잘난 체들 하기에 소경인 줄 모르고 깝작거리니까, 말씀을 알려고도 하지 않고 말씀의 맛을 모릅니다. 우리가 말씀을 깨닫고 복음을 꽉 잡고 있다면 성령님이 역사하신 겁니다.

달리 표현해 본다면 성령님은 성부나 성자보다도 퍽 더 낮아지셔서 겸비하십니다. '아버지한테 나온다, 아들한테 나오신다' 그러고, 어떻게든지 성자 예수 그리스도께서 하신 일, 모든 걸 그대로 수행해 열매맺도록 하시니, 오늘날 교회생활을 볼 때 성부님은 최고로 영광 받으시는 거 같고, 그 다음에 성자 예수님은 조금 만만하게 보이고, 성령님은 물건짝으로 다루어지는데, 저주를 받을지어다.

겸손하지 않고 교만떠는 자는 성령님을 힘입을 수 없습니다. 교만이 뭡니까? 내 주장 내 생각 내 현재상황 일체 그것으로 이러쿵저러쿵 합니다. 그게 필요치 않다는 겁니다. 어떤 것 하나라도 있으면, 이는 교만끼가 있는 겁니다. 삼위일체 하나님이랑, 복음이랑 상관이 없습니다.

복음과 전능하신 하나님

27절 말씀과 관련해서 보면 요한계시록 10장 7절에도 이런 말씀이 있습니다. '하나님의 비밀이 선지자들에게 전하신 복음처럼 이루리라.' 그 말을 봐도 바울이 한 얘기랑 어찌 그리 똑같은지 모릅니다. 여긴 석 절 말했지만 거긴 딱 한 절로 달리 삼빡하게 정돈했습니다. 복음과 선지자들에 관련해서 이렇게 잘 동일한 내용을 표시했습니다.

그러면 어떤 하나님이냐 할 때, 첫째 25절에 '힘있는 분' 이라고 했습니다. 이 말씀을 관련지어 설명해 주는 말씀들, 어떻게 힘있는 분인가? 어떻게 힘있는 분으로서 알리시나? 거기 보니 방편, 목적, 대상 이런 것들이 명확하게 나옵니다.

방편이라면 좋은소식을 따라서, 선포를 따라서, 비밀의 계시를 따라서 이게 모두 방편입니다. 하나님께서 힘있음을 나타내는 수단들이란 말입니다. 이걸 볼 때 하나님은 전능하시구나! 온 힘찬 분이시구나! 판토크라토르*παντοκρατωρ*. 그런데 이 말씀은 '힘있는' 으로 현재분사꼴입니다. 뒤나마이*δυναμαι* 동사에서 나옵니다. 더 이상 이런 힘이 이땅에 없다, 그렇게 생각하시면 됩니다.

다른 건 다 힘이 없다는 얘기랑 통하는 겁니다. 하나님만 힘있습니다. 이땅의 모든 것은 아닙니다. 특히 사람에 대해서 말을 할 때 한줌거리도 안 되는 사람을 의지하지 말고, 사람 믿지 말라고 성경은 증거합니다. 별볼일없습니다.

이처럼 앞에서 말한 대로 믿고 지금까지 믿음생활 해 오셨습니까? 그렇게 하지 않은 것은 하나님이 힘있다는 걸 전폭 믿지 않는 죄악입니다. 자업자득입니다. 하나님이 어떤 분이신데. 우리가 이런 방편들에 대해서 즉 복음과 그 선포를 복음사의 전반을 통해 잘 헤아려야, 힘있는 분이구나, 알고 그분께 영광을 세세토록 돌리게 됩니다.

또 하나 그 목적이 있습니다. 꿋꿋하게 하실 하나님. 한글개역성경에는 26절 뒤에 견고케 하실 "능히" 자로 힘있는 분을 그렇게 놓고, 견고케 하신다, 이것도 마찬가지입니다. 하나님으로부터 하나님이 두신 방편인 복음, 복음의 선포 그걸 힘입어야 모든 인생들은 꿋꿋해집니다. 사람은 다 흐물흐물입니다. 맥아리 없고 다 흔들거리는 인생이라고 성경에 써 있습니다.

세상에서도 어떤 사람 글을 보니 건강하려면, 장수하려면, 치매 걸리지 않으려면 자세가 똑바라야 된다고 합니다. 걷는 걸음새부터 앉는 자세가 반듯해야 된다고 합니다. 그래야 몸의 균형이 잡힌답니다. 맞습니다. 예배시간에 말씀들을 때 자세가 삐딱한 거보다 반듯해야 합니다. 어깨 힘주는 거보다 반듯해야 됩니다.

몸과 영혼은 붙어 있기에 영향이 있습니다. 어쨌거나 사람은 꿋꿋할 수 없습니다. 조금했다 금방 풀어지고 이러는데, 하나님께서 힘을 베푸실 때 역사하실 때 꿋꿋해집니다. 모든 면에 걸쳐 그렇게 됩니다.

복음의 대상은 모든 이방인

그 다음, 대상은 누구냐 하면 첫째 25절에 "너희들"이라고 했습니다. 로마교인들, 이 편지를 받는 사람들로 일차 국한하고, 확대하면 어떻게 말씀합니까. 26절 뒤에 있습니다. 모든 이방인들 깡그리. 만인구원론자보다 더한 열심으로 모든 사람들을 바라볼 수 있어야 합니다. 그런 정도로 하나님이 힘있으십니다. '하나님, 이 교회 100명만 되게 해 주십시오.' 이 기도는 잘못된 기도입니다. 또 '온 세계에 선교하는 교회 되게 해 주십시오.' 그것도 거짓말 같은 바람입니다. 새겨들으십시오.

우리가 복음사를 통해서 구원의 경륜이 어떻게 펼쳐지고, 따라서 하나님께서 어떻게 영광의 나라를 보이시는지, 한 주제인 복음과 그 선포를 상고하는 중입니다. 대상이 유대인보다도 모든 이방인들이라고 뒤에서 분명히 밝혔습니다.

한마디로 모든 인간들은 다 비리비리한 상태입니다. 제 힘으로 선을 행할 자 한 명이 없습니다. 하나님을 영화롭게 할 자 한 명이 없고 똑바로 살 수 있는 사람이 없습니다. 다 원수고, 살인자들이고, 속이고 속고, 욕심에 푹 빠져 있는 것들이고, 무식하면서 지혜 있는 척하고, 모든 인생들이 그렇다고 성경은 말씀합니다.

그런데 복음이 들어가면, 하나님의 선포로 뒤집어지면 꿋꿋해진단 말입니다. 하나님이 정하신 선을 위한 그 길을, 어떤 것이 있더라도 그대로 가서 하나님을 영화롭게 한다는 말씀입니다. 그게 복음의 능력입니다. 그 가운데 나타나는 하나님의 힘의 행사이고 하나님께 마땅한 영광을 돌립니다.

그리고 거기 보면 '힘있는 분에게' 하면서 방편을 아까 말한 대로, '내 복음과' '내 선포를 따라서' 그 복음이랑 선포자엔 관사가 다 있다고 그랬습니다. '그 내 그 복음' '예수 그리스도의 그 선포' 그런데 그 말을 또 관련지어 좀더 넓은 면에 표시하는 말이 "계시"라는 말입니다. 그 계시, 드러내보임. 어떤 계시냐고 그걸 또 설명해 줬습니다.

없어도 되는 말이지만 계시가 뭔지 좀더 힘을 붙이려고 '웅숭깊음' '비밀의 계시' 라고 그랬습니다. 거기에는 관사가 없습니다. 계시를 따라서. 이 계시는 어떤 큰 범위 가운데, 이때 특히 물론 구약에도 있지만 집약적으로 드러낸 것이 바로 복음, 선포란 말입니다. 이렇게 복음과 그 선포를 계시라는 말씀으로, 비밀의 계시라는 말씀으로, 잠잠해 오던 것이 드러난 것이라고 해석합니다.

성경은 이 방편에 대한 걸 근본으로 설명해 줍니다. 하나님께서 어떻게 힘있는 분이신지. 바로 이 계시는 옛적부터 하여간에 옛날 옛적 그 전 무렵들부터 나타납니다. 우리 시대 이전입니다. 시대의 한계를 벗어난 하나님의 영역 문제입니다. 우리말로는 이렇게 밖에는 표현할 수 없으니까. 어쨌든 그런 때부터 쭉 잠잠해 온 비밀의 계시입니다.

그런데 성경이 이러니저러니 하면서, 계속 알려고 하는 건 둘째치고, 성경을 그릇되이 알아서 제멋대로 장난치는 자들이 세계 곳곳에 깔려 있으니 말도 안 되는 노릇입니다. 무식쟁이들의 모습이고 하나님을 가소롭게 여기는 겁니다. 영원부터 잠잠해 온 계시를 따라서 힘있는 분을.

그런데 지금은 어떻게 됐냐 하면 26절 처음에 드러내셨다고 했습니다. 지금은 드러내심. 꼭 신약만 말하는 건 아니고 그 뒤 관련된 설명에 선지자의 글이 나오는 걸 보니, 창세기 또는 구약 전체를 말합니다. 그 전부터 이 복음에 속한 계시가 있었습니다! 드러내지만 않으셨지, 잠잠했습니다.

그런데 선지자들을 통해서 지금 드러내셨다고 그랬단 말입니다. 이것은 사건입니다. 엄청난 사건, 소위 이보다 빅뉴스가 없습니다. 이건 언제나 그러한 소식입니다. 좋은소식. 믿는 사람이건 안 믿는 사람이건 늘 그러해야 합니다. 요즘 신문 보면 이라크 뉴스가 나오는데 그런 건 빅뉴스가 아닙니다. 몰라도 좋다는 것보다도. 오직 복음 이외에는 없습니다. 유앙겔리온*ευαγγελιον*, 케뤼그마*κηρυγμα*.

복음계시의 역사성

그래서 선지자 같은 경우 베드로전서 1장 10절에서 12절이 잘 밝혀줍니다. 대단히 유명한 말씀입니다. 건짐에 대하여 일단 구원이라는 말로 오늘의 주제랑도 관련된 말씀인데, '구원에 대하여 그대들 안으로 그 너그러움에 대하여 그 알림꾼 노릇한 알림꾼들은 싹찾았고' 구원의 계시에 대해서 복음에 대해서 말입니다. '싹뒤졌다' '싹찾았고' 여기 '그지없는 무렵들부터 잠잠해 온 계시' '지금은 드러난 그 계시' 이것에 대해서 선지자들만 봐도 어떤 상태로 이 구원에 대해서 힘썼던가.

11절 '무엇이나 어떠한 때 안으로 뒤지면서' '무엇 어떠한 때를 향해 뒤지면서 그들 안에서 그리스도의 그 영이 그리스도 안으로 그 괴로움들과 그 이것들 뒤에 빛남들을 미리일러대면서 뚜렷이 드러내고 있었던 것을 그들에게 그것이 드러내 보여졌는데 스스로들에게 아니라 우리에게 그들이 시중하고 있었던 것으로 그것들은 지금 그대들에게 너희들에게 하늘부터 보내진 거룩한 영 안에서 너희에게 그 좋은소식알린 이들을 거쳐 알려대졌다, 그것들 안으로 부림얼들이 결굽히기를 탐낸다.' 굉장히 엄청난 내용을 베드로 사도가 기록하고 있습니다.

이 내용만 해석한 적도 있지만, 구약 전체를 신약에 있는 베드로가 이렇게 멋지게, 하늘 영의 세계에 천사의 사역까지도 천사의 상태까지도 놓고 피력하고 있습니다. 복음의 계시가 이런 정도입니다. 선포해 본 사람으로서 이렇게 적도록 성령님이 역사하셨습니다.

껍데기로 대충해서 신비주의자 율법주의자 어떻게 간단 대충 쓱싹해서 큰 예배당 짓고. 복음의 능력이라는 게 그렇게 돼 있질 않습니다, 그로 말미암은 교회라는 게. 거짓입니다, 그런 건 다. 거짓이 진짜인 양 속고 속이는 때고. 그런 건 상상할 필요도 없습니다. 그런 자들이랑 손잡을, 말할, 같이 사귐의 절정인 밥먹는 것 같은 건 상상도 안 되고. 복음이 어떤 건데, 하나님이 그 영원 전부터 잠잠하던 걸 왜 이때 이렇게 계시하셨습니까? 꿋꿋하게 하시려고 모든 이방인들에게. 왜? 힘을 나타내 보이셔서 영광 받으시려고, 그뿐입니다.

복음과 하나님의 슬기

바로 힘있는 분을 말하면서, 왜 어떻게 힘있는지 그 방편에 대한 걸 쭉 26절까지 설명한 뒤에 27절에서 하나님의 품성, 속성을 하나 더 말합니다. '슬기로운 하나님' 앞에 '힘있는 분' 여긴 슬기로운데 그냥 슬기롭다고 하지 않고 모노 *μονω* '오직', 오직 슬기로운 하나님께...

쉽게 말하면 우리를 복음으로 구원하시기 위해 어떻게 계시행위 전체를 펼쳤나에 하나님의 슬기가 있습니다. 그러니 하나님께서 슬기를 주시는 사람만 알지, 그 슬기를 보게 해 주지 못하는 사람은 제 잘난 맛에 깜짝거리다 갑니다. 삯꾼이 됐건 거짓 예수가 됐건 거짓 선지자가 됐건 망나니가 됐건.

하나님을 만홀히 여기는 자를 하나님이 견디지 못해 하십니다. 구속계시의 역사적인 경륜이 복음선포로 이렇게 나타납니다. 바로 힘있다는 것이 무슨 말이냐 하면 슬기롭다는 겁니다. 힘을 다른 말로 해석할 땐 "슬기"라는 말로 바울은 표시했습니다. 관계가 그러합니다. 속성의 교류라는 말도 있듯이, 삼위의 관계건, 사람을 놓고 되어지는 것이건 주권적으로 펼치실 때 힘이라는 면과 슬기라는 면이 관련됩니다.

그런데 십자가의 도가 여기 다 있습니다. 복음, 선포, 계시, 힘, 슬기, 영광이 모두 같은 말입니다. 다만 예수 그리스도께서 펼쳐 보이신 역사적인 사건을 표시해서 십자가에 속한 말씀이라고 합니다. '십자가의 도는 멸망하는 자에게는 멍청하다' 무서운 말씀입니다. '구원 얻는 자에게는 하나님의 능력이다' 잘 아는 말씀입니다. 진정 아는지는 각자가 스스로 물어보십시오.

십자가의 도라는 표상을 썼습니다. 그런데 십자가 앞에서 만만치 않습니다. 계시는 무슨 감나무 밑에서 갑자기 뚝 내 입에 감이 떨어지듯 내 편한 대로 믿고 내 편한 대로 대충 살라고 되어진 것이 아니고, 십자가란 말입니다. 십자가! 그게 멸망하는 사람들한텐 멍청하게 보입니다.

교회를 놓고 봐도 그렇습니다. '교회는 이렇게 해야지, 그렇게 해서 교회가 어떻게 되겠냐? 도시교회 농촌교회 차이부터 해서, 서울에도 강남교회 강북교회부터 해서, 꿩 잡는 게 매 아니냐.' 신학공부 7년, 10년을 정통으로 해도 뭐가 뭔지 모르는 판국인데, 한국엔 거짓된 신학교가 수백 개 아닙니까, 수백 개? 구원받은 신앙이라면 그런 짓 할 수 없습니다. 성경에 대해서 너무도 모릅니다! 성경을 알아야 하나님을 알고 하나님의 행사를 알고 복음을 힘입습니다.

십자가의 도는 하나님의 슬기와 힘

'십자가의 도는 멸망하는 자에게 멍청하다, 구원 얻는 우리에게는 하나님의 능력' 이라고 성경에 써 있습니다. 또 달리 말합니다. '하나님 선포에 대해서 멍청한 녀석들.' 세상 슬기 앞세우지만 그건 무가치하다고 말합니다. 세상 공부, 세상 지식이 필요 없다는 말이 아니라, 근본 성격을 성경에서 화끈하게 정의를 내립니다. 많이 배웠다고 해서 그런 사람들 앞에서 찔찔맬 필요도 없고, 얕보라는 말도 아닙니다. 그건 아무 것도 아닙니다.

내 안에서 말씀을 가지고 하나님께서 힘있게 하셔서 '믿는이에게 능치 못할 게 없다, 할 수 있거든이 무슨 말이냐' 그러면 그 사람이 센 겁니다. 슬기로운 사람입니다. 그런 이라면 강력하게 드러내야 합니다. 그런데 멍청한 자들에 속해서 이거 가지고 질질 흘리고 있다면 나도 멍청한 겁니다. 그런 신앙은 꿋꿋하지 않기 때문에 바람불면 흔들립니다. 이런 내용들이 고린도 전서 1장을 수놓고 있습니다.

나는 바울파, 나는 그리스도파, 나는 게바에게, 무슨 세례는 어쩌고저쩌고 파당싸움을 강타하면서 선언합니다. 특히 18절부터 끝절 29절까지 쫙 한번 보십시오. 유대인은 표적을 찾는다 그러고, 헬라인은 슬기를 찾는다 그러고, 다들 잘났다고 합니다. 그래봤자 한쪽은 올무뿐이고 또 한쪽은 멍청밖에 없습니다. 표적주의와 지식주의는 깡그리 무가치합니다. 이런 두 유파에 세상에 있는 교회는 언제든지 멍듭니다. 그러면 끝장납니다. 한국교회가 대부분 이러한 지경에 처해 있습니다.

그리스도만 하나님의 슬기이고, 그리스도만 하나님의 힘이라고 결론짓는 겁니다. 멋진 말씀입니다. 이 고린도전서도 말씀이 기가 막힙니다. 앞뒤가 완벽한 말씀입니다. 아니면 깡그리 부인해야 합니다. 어정쩡하게 복음말씀을 대하질 말란 말입니다. 알려면, 믿으려면 확실하게 해서 끝장보고, 아니면 다 걷어치우고 갈 데로 가십시오.

복잡하게 멍청한 사람들이 하는 거같이 멍청한 짓 하고, 표적 구하는 자들의 올무가 좋아보여 찔찔맨다면, 힘찬 능력이 나를 통해 하나님께서 나타내시려 해도 불가합니다. 교회는 복음과 그 선포로 말미암아 줄창 드러내는 교회, 그런 신앙생활을 해야 마땅합니다. 아니면 허사입니다.

중보 삼직의 알맹이

본문에 보면 카타 κατα를 '따라서' 이렇게 번역했는데, 27절에 "예수 그리스도를 거쳐" 이 말씀은 분명히 모든 것에 하나님을 영화롭게 하는, 하나님께 영광을 돌리는 모든 사람의 중보자임을 표시합니다. 중보자는 예수 그리스도인데 그분이 중보사역 하는 것과 관련해서 25, 26절에 '~을 따라서' 하는 세 단어를 주목해야 합니다.

앞에 한가지가 '그 복음과 그 선포를 따라서' 또 하나는 '비밀의 계시를 따라서' 또 하나는 26절에 있는 '하나님의 영원한 하나님의 명령을 따라서' 이 세 가지가 중보자와 관련합니다! 그렇게 25, 26절과 27절의 관계도 살펴야 합니다. 즉 복음선포, 하나님의 계시, 하나님의 명령이 바로 예수 그리스도의 중보를 밝혀주는 말씀이 되고, 예수 그리스도의 중보로 수렴됩니다.

복음, 계시, 명령 그 자체가 문제가 아니고, 궁극적으로 예수 그리스도의 중보랑 관련되는 말씀이 되도록 해야 합니다! 그 자체로 멈춰서 무슨 잘난 체하고 지지고 볶는 것이 아니라, 그게 예수 그리스도의 중보사역에 어떻게 관련하느냐가 중요합니다. 그래서 어떤 사람이 예언하고 있는데, 다른 사람이 또 예언하면 먼저된 사람은 가만있으라고 합니다. 가만있은 다음에 살펴보고 판단하라는 겁니다.

은사에 대한 무질서를 개탄하고 바른 방안을 제시하는 본보기를 봐도, 결국은 고린도 교회의 문제는 중보자 예수 그리스도에 대한 모독이 있었습니다. 그러니 아무거나 잡고 지들 멋대로 하는 게 아닙니다. 보통 '믿음' 그러면 예수, '교회' 그러면 예수, '성경' 그러면 예수를 흔히 찾고, 다 그런 것처럼 알고 맞장구 쳐줄지 모르지만 그렇지 않습니다.

한두 마디로는 모르고 폐부를 꿰뚫고 성경 놓고 시험도 해보고 판단도 해보고 이래서 끝끝내 나가도록 돼 있습니다. 하나님이 그런 시험 보십니다. 그러한 검증을 끝끝내 하십니다. 사람을 통해서도 할 수 있고, 모든 방면을 통해서 하시기도 하고, 때로는 직접 손보시기도 하고 그걸 통과하는 사람이라야 진짜입니다. 우리는 어떻습니까. 통과를 잘 받아오는 중입니까?

예수 그리스도의 중보를 이렇게 세 가지 방편으로 수놓고 있는데, 한마디로 중보 삼직의 알맹이가 어떤 것들인지를 앞에 두 절에서 이 방편들을 놓고 말씀했다고 해도 과언이 아닙니다. 삼직의 핵심이라는 게 복음선포에 대한 거랑, 비밀의 계시에 대한 거랑, 성경 말씀의 명령에 대한 겁니다. 그래서 베드로가 하는 얘기를 보더라도 왕 같은 사제직이라고 표시하면서, 성도들의 책무를 통한 하나님 나라를 위한 복음사역이 바로 중보사역의 핵심임을 가르칩니다.

하나님 나라를 위한 복음선포 사역이 분명한가 분명하지 않은가는, 예수 그리스도께서 일하시는 것을 따르느냐 거역하느냐 둘 중 한쪽입니다. 우리 교회는 어떻습니까? 개개인들은 어떻습니까? 베드로전서 2장 9절 '그대들이야말로 뽑힌 살붙이, 임금다운 바침꾼노릇, 거룩한 딴 겨레, 값진 얻음 안으로 백성, 어둠에서 그대들을 부르신 분의 탐탁들을 그분의 밝음의 놀라움 안으로 알려대도록' 그렇게 불렀다는 말입니다. 앞뒤는 저마다 읽어보십시오.

지금까지 말씀한 걸 놓고 볼 때, 하나님의 힘과 하나님의 슬기는 영원한 비밀의 계시를 따라서 마침내 영원한 영광으로 이어집니다. 영광 그러면 그 안에 힘, 슬기 등등 모든 요소들, 하나님의 속성들이 다 꽉차 있고, 그런 행사를 성경과 삶 가운데 넉넉히 힘입게 하신 것을 끝날에 하나님께 다 드립니다.

성경 말씀만 달달 암송하는 것이 아니고 생애 가운데 말씀, 말씀의 속성을 깡그리 체험해서 체득한 그 열매를 바치게 돼 있습니다. 사랑이면 사랑, 진실이면 진실, 선이면 선 그런 삶입니다. 그래서 그것이 없으면 죽은 믿음이라고 말씀하는 겁니다. 힘과 슬기는 다른 모든 속성들의 길잡이라고 할 만합니다.

질그릇과 보배

고린도후서 4장 3절부터 12절은 시간 때문에 이걸 다 읽지는 못하지만 한마디로 뭘 말하느냐 하면 모든 인생들이, 비록 믿는 사람이라 해도, 질그릇입니다. 아무런 쓸모없는 흙으로 만든 그릇, 흙은 우리가 알듯이 하나님의 저주의 상징인데 우리는 흙으로 돌아갑니다. 그것으로 만든 그릇이니 보잘것없습니다.

고린도후서 4장은 읽기만 해도 깨달아지는 말씀입니다. 7절부터 쭉 보시면 '우리가 이 보배를' 보배는 지금 말하는 주제입니다. 복음, 영광. '질그릇에 가졌으니 이는 능력의 심히 큰 것이 하나님께 있고 우리에게 있지 아니함을 알게 하려 함이라, 우리가 사방으로 우겨쌈을' 여기 '사방으로 우겨쌈을 당한다는 게' 바로 질그릇 신세입니다, 우리의 현실상태. 피할 수 없습니다. 아무리 바울 같은 믿음이라도. 다만 싸이지 않습니다. 희한합니다.

그 다음 '핍박을 받아도' 이거 피할 수 없습니다! '버린 바 되지 않아' 또 어떠한 현실상태입니까? '거꾸러뜨림을 당한다' 그래도 어떻게 됩니까? 망하지 않습니다. 이런 식으로 교회를 섬기고 그걸 통해 하나님을 영화롭게 합니다. 그래서 뒤에 나머지는 읽어보십시오. 성경은 팽팽하고 힘을 주고 송이꿀보다 더 단 말씀입니다.

복음과 꿋꿋함

여기 그 힘있는 분이 되는 그 목적, 우리들을 꿋꿋하게 하시기 위해 힘있는 분으로 계시하십니다. 구원의 계시를 펼치십니다. 여기 꿋꿋하다는 말이 재미있습니다. 스테르제인στηρζειν인데 부정과거꼴입니다. 동사로 쓰인다면 이건 동사가 아니고 부정사니까 조금 차이는 있지만, 단회적인 움직임, 단회 동작을 가르칩니다. 딱 한 번 꿋꿋했으면 계속 꿋꿋하다는 뜻이 담겨있습니다.

왕년엔 꿋꿋한 적이 없었고, 이 힘의 복음으로 이 힘의 복음선포로 말미암아 내가 정말 힘입었다면, 이제 꿋꿋해졌다면 끝까지 갑니다. 부정과거 부정사꼴로 돼 있습니다. 그런데 마지막 장에도 이 말씀이 있습니다. 마지막 장, 마지막 부분에 있는데, 로마서 전체를 통해서 이 낱말이 두 번 쓰이는데 어디 또 나오겠습니까? 척하면 삼천리라고 1장에 나옵니다. 1장 11절을 한번 펴보십시오. 첫 장과 끝 장에 나오는 낱말입니다.

바울의 글솜씨는 대단합니다. '내가 너희 보기를 심히 원하는 것은 뭔가 좀 신령한 하리스마χαρισμα를 니네한테 나눠줘서 니네가 좀 꿋꿋하게 좀 하기 위함이다.' 똑같은 말입니다. 여기 신령한 은사라는 건 우리가 말하는 주제랑 똑같은 내용입니다. 지금 본 로마서 마지막이랑 같은 얘기입니다. 첫 부분과 뒷부분에 이렇게 되어 있습니다.

그러니 그 안에 있는 내용은 다른 얘기가 아니고 바로 이 내용입니다. 서론을 놓고 설명한 뒤에 결론을 내립니다. 우리가 결론 부분을 보고 있습니다. 이런 목적으로 아직 가본 적도 없는 로마에, 돈 심부름 차 예루살렘 갔다가 그거 넘겨주고 너희가 나를 보내주면 로마까지 가겠다. 그래서 죄인의 몸으로 나중에 로마에 갔고 이렇게 된 겁니다.

한마디로 화끈합니다. 화끈하다는 그 말로도 다 표현할 수 없습니다. 스테르제인στηρζειν, 견고하게 꿋꿋하게 한번 했으면 끝까지 갑니다! 혹시 만성간염 걸렸다고 비리비리하지 마십시오. 하나님이 힘주셔야 합니다. 그런 믿음이라야 되고 복음으로 충만해야 되고 그러한 삶이 있어야 합니다.

한군데는 하나님께서 한다고 하셨습니다. 로마서 16장에서는 힘있는 분이 꿋꿋하게 하신다 그랬고, 1장에서는 바울이 심부름꾼으로서 너희들을 꿋꿋하게 하고 싶다, 그럴 목적으로 내가 가려고 한다고 했습니다. 바울이 한 겁니까? 심부름꾼이 하지만 또 하나님이 심부름꾼을 통해서 하십니다.

내가 꿋꿋하지 않은데 어떻게 나를 보고 딴 사람이 꿋꿋하겠습니까? 세상 모든 사람들은 다 질그릇이라고 성경은 분명히 말씀했습니다. 믿는다면 복음의 능력 가운데 나타나는 하나님의 힘과 슬기, 영광을 두려워하고 찬송할 줄 아는 사람이라야 합니다.

복음선포와 계시

하나님이 하시는데 사람을 통해서 꿋꿋하게 하십니다. 그러니 한 사람 한 사람이 굉장히 중요합니다. 바울은 복음을 전하지 않으면 나한테 화가 임하리라 하는 자세로 살았습니다. 바울도 똑같은 인간인데 왜 쉬고 싶고 맛있는 거 먹고 싶고 딴 사람 하는 거 다 하고 싶은 마음이 없겠습니까. 결혼도 안 하고, 자기의 권한 다 쓰지도 않고, 바보입니까? 물론 헬라사람이 보면 바보 멍충이입니다.

아까 말한 대로 여기 '너희들을 꿋꿋하게 하실 힘있는 분' 이라고 했는데 그 "너희"가 확대하면 26절에 모든 딴 나라 사람들, 유대사람이 볼 때 이방인입니다. 물론 더 확대하면 구원 얻을 유대인도 포함하는 말로 쓸 수 있겠지만, 문맥을 보면 로마교회 자체가 이방인의 교회니까, 구원 얻을 모든 사람들을 말합니다. 따라서 모든 이방인들을 목표로 해서 드러낸 것으로, 그대란 말을 쭉 이러한 과정을 통해서 해석합니다.

그대가 누구냐? 모든 그 딴 겨레들이다. 이렇게 해석하면 100점입니다. 그럼 어떻게 해서 모든 딴 겨레입니까? 그것은 앞에 있는 내용들입니다. 어떻게 해서 잠잠해오던 계시가 지금은 드러나서 선지자들의 글을 통해 이렇게 이루어졌다고 그 내용을 설명하면 됩니다.

이렇게 볼 때 하나님께서 계시를 지금도 하신다고 말할 수 있습니다. 성경에 덧붙일 수 있다는 말이 아닙니다. 그러면 지금도 우리를 건지시기 위해 구원의 계시를 펼치시는데, 어떻게 하시느냐 하면 복음선포, 바로 복음선포가 되어지는 곳에 이런 역사가 나타납니다.

그런데 이게 불확실하고 불명료합니다, 개인적으론 모르겠지만. 이거 두려워해야 합니다. 꿋꿋해야 질그릇 같은 사람들이 나를 보고 '사방에 우겨쌈이 있다, 저 사람 보니, 사방에 우겨쌈을 당해도 싸이지가 않네! 나도 그분 한번 믿어 볼까!' 그러면 복음 앞에 무릎꿇지 않겠습니까. 복잡한 얘기가 아닙니다.

'거꾸러뜨림을 당하는 거 같으나 망하지 않네, 저 사람이 믿는 하나님은 어떤 분일까?' 그래서 복음을 광채라고도 말합니다. 복음의 광채. 이게 없으면 혹시 세상 신이 눈멀게 해서 바리새인처럼 못 보는지 어떻게 알겠습니까? 본다고 하지만 죄가 있는데, 보지 못하는 자를 위해 고치려고 오신 예수 그리스도입니다. 그래서 옛사람의 상태를 모르면, 왜 꿋꿋해야 하는지 그 필요를 알 수 없고 알려고 간절하지도 않습니다.

가면 갈수록 몸된 교회를 위해서 하나님의 열심으로 열심내고 계십니까? 그런 열심이 없으면 옛사람의 상태가 어떠했는지를 까먹고 있는 사람입니다. 우리는 유대인도 아니고 경륜상 이방사람입니다. 그러니 더 큰 구원의 은혜에 대해서 마땅히 더 감사해야 합니다. 그거 한 가지만 생각해도 일평생 고마워해야 합니다, 유대인도 아닌 주제였는데. 어떻게 유대인 중 일부를 짤라버리고 접붙이는 거기에 내가 끼게 됐는가! 아무런 공로도 없이.

그럼 이제 구원의 복음 선포에 대한 장엄한 명령 앞에서 어떻게 해야 하겠습니까? 우리가 저마다 주제를 파악하려면 복음과 그 선포로 계시를 따라서 힘입어야만 합니다. 여기 있지만 다 앞에 있는 내용들입니다. 선지자의 글과 하나님의 명령을 믿음으로 시작해서 창조하신 목적을 드러내야 주제파악한 사람이라고 감히 말씀드립니다.

이게 불분명한 사람은 주제를 파악할 수 없습니다. 파악한 것 같다가도 교만해지고, 원수를 사랑하는 것 같다가도 이내 자기를 사랑해버리고, 뭔가 좀 거룩한 열심을 품는 것 같다가도, 베드로처럼 바다 물결 보고 딴 사람 쳐다보고 세상 사람 쳐다보다가 퐁당 빠집니다. '나좀 살려주십시요' '이 믿음이 조그만 사람들아! 왜 그러냐.' 그런 꾸중 듣기 십상입니다.

복음과 선포의 열정

26절을 보면 첫 방편인 하나님께서 힘있는 분을 나타내시는 방편에 '내 복음', '예수 그리스도 선포' 이런 대조가 있습니다. 지난 시간 말씀드렸듯이, 내 복음을 근본 설명한 게 예수 그리스도의 선포입니다. 같은 말입니다. 복음선포에 대한 장엄한 명령 앞에서 불타는 상태입니다.

아까 말한 견고케 한다는 말이 첫 장에도 있고 마지막 장에 있고, 이렇게 복음의 능력을 볼 때 바울의 심장은 다 타서 재가 된 지 오래된 사람 같습니다. 그런 정도로 살았으니 감히 이렇게 말할 수 있는 거지. 내 복음을 따라서 힘있는 분, 이렇게 편지를 적었습니다. 이런 해석으로 말미암아 예수 그리스도와 자신이 일체임도 슬쩍 담고, 꿋꿋하게 할 수 있는 유일한 방도라는 건 이것 밖에 없다고 선언합니다. 유앙겔리온 *ευαγγελιον*만 쓰지 않고 케뤼그마 *κηρυγμα*까지 썼습니다. 우리가 이렇게 이 자리에 나와서 말씀을 듣는 것도 꿋꿋한 겁니다. 교만하면 나는 어쩌구저쩌구 합니다.

우리는 하루해를 돌아보면 얼마나 나사가 풀린 사람인지 하나님께 고

개를 들 수 없는 흔들거리는 존재입니다. 정말 믿음으로 사는 사람이라면 다시 기회가 있을 때, 들을 때 말씀 앞에 서야 꿋꿋해집니다. 사유하심을 전제로 확신 가운데 이루어집니다. 세상 말이지만 용빼는 재주가 없습니다. 분초마다 우리를 떠보시고 시험하시는 데 재간이 없습니다.

한편 복음, 한편 선포 이런 양면성을 역사를 통해서 계속 수행하도록 우리를 부르셨고 교회를 세우신 겁니다. 이건 교회가 하는 거지, 무슨 선교단체가 하는 게 아닙니다. 선교단체는 다른 단체입니다. 교회가 하는 겁니다. 교회가! 좋은 말을 그릇된 이들이 다 쓰니까 우리가 그 말들을 사용할 수 없습니다.

전도란 말도 그릇된 경우 때문에 안 쓰다보니까 우리가 전도하지 않고 이상해졌는지도 모르겠습니다. 성경 읽으십시오. 성경에 다 있습니다. 교회가 하는 겁니다. 교회가! 선교사가 하는 게 아니고 성도들이 하는 겁니다! 이 다음에 하는 게 아니고 지금 하는 겁니다!

복음의 절정과 장성

여기 드러내셨다고 부사를 비교해서 표시하는 하나님의 심정을 헤아려 봅시다. 펼치신 것을 슬기롭게 하셨습니다. 멍청하게 힘썼다간 괜히 누구 잘못 때려서 교도소에 가고 인생 망치는 경우가 많습니다. 그건 힘을 잘못 쓴 겁니다. 슬기롭게 씁시다. 진짜 힘은 복음전파밖에는 없습니다. 다른 건 다 거기에 부스러기로 있는 것뿐입니다. 그런 것들은 힘이 아닙니다. 돈 가지고 자랑하고 뭐 가지고 앞세우고 해봐야 꼬마둥이들입니다.

복음의 강력이 어떤 것인지는 박살나 봐야 압니다. 그지없는 무렵만이 아닌 지금껏 잠잠해 와 있던 게 드러났습니다. 획기적인 클라이맥스입니다. 클라이맥스는 한 번으로 끝나는 게 아니고 계속 갈수록 더 엄청납니다. 이걸 비밀이라고 합니다, 비밀이라는 계시. 발전하지 않으면 썩어 문드러지게 돼 있습니다. 두 마음 품는 자가 됩니다. 하나님만 사랑하질 않습니다. 그건 배반자입니다. 그분만을 사랑한다면 계속 상승, 장성하는 겁니다. 복음의 능력이 그렇게 나타납니다.

이렇게 중보에 속한 방편과 중보에 속한 목적을 통해서 하나님이 어떻게 슬기로우신지, 얼마나 슬기로우신지 구체적으로 신구약 성경에 쫙 밝혔으니 슬기로운 분들이 되십시오. 그런 사람이 교회를 섬겨야 합니다. 그런 사람이 세상에서도 섬겨야 됩니다. 슬기 없으면 정말 답답합니다. 손해도 많이 보고 시간도 많이 걸리고. 좌우간 기쁨이 생기질 않습니다. 조그만 것이건 큰 것이건 슬기로워야 합니다.

집을 지으려면 돈과 재료가 얼마큼 있어야 되겠다, 시세는 어떻게 돌아가고, 이걸 하려면 물품이 잘 조달될 건가, 날씨는 어떻게 돌아갈 건지, 적어도 이런 걸 판단하고 집짓는 겁니다. 주먹구구는 통하지 않습니다. 그런 식은 대충 땜빵해서 자기 입가림할지 모르지만, 하나님의 힘과 슬기로 말미암아 하나님을 영화롭게 할 수 있는 사람이라고 말하긴 어렵습니다.

이렇게 거룩한 계시와 그것에 대한 믿음을 통해서 이방사람이 구원을 받았습니다. 그걸 알려주려 이렇게 엄청난 시간을, 헤아릴 수 없이 많은 사람을 죽이시면서, 한 사람 한 사람을 향해 하나님께서 종들을 통하여 달려오신 겁니다. 나 같은 걸 놓고 하셨습니다! 왜 고라 일당이 죽었을까? 왜 아간 일당이 죽었을까? 숱한 사람들의 멸망을 통해서 이방구원을 위해 수놓으셨습니다.

생각해 보십시오. 우리는 어떤 사람이 돼야 하겠습니까. 서울시장이 어찌 서울을 하나님께 봉헌하고, 2007년엔 대한민국을 하나님께 봉헌하겠다는 그런 소리를 합니까? 한심합니다. 겉으로 교회에나 속해 있지 말지. 돈 푼 좀 있다고 까부는데 참 불쌍한 인생들입니다. 우리는 복음의 강력으로 그런 심령들을 향해서도 직간접으로 최후통첩을 날릴 능력을 행사해야 합니다. 이렇게도 장구하고 방대한 내용을 선지자를 통해서 이방 처처에 알리도록 했고, 알리는 중에 바울을 통해서 우리에게 들려주는 말씀입니다.

복음의 목적과 그 방식을 어떤 식으로 보이고 있는지 신약 전체를 통해 정리해서 받아야 합니다. 하나님 말씀을 볼 때 이 명령 앞에서 획기적인 자세로, 전격적인 자세로 언제든지 그렇게 접촉해야 합니다. 술에 술탄 듯 물에 물탄 듯 게으르고 멍한 상태라면 죽어있는 것입니다. 구원이 가까움을, 마지막 때가 가까이 임박했음을 아는 사람이라면 어떻게 해야 합니까?

복음과 신약교회의 사명

히브리서 10장 24절과 25절을 봅니다. 25절이 주가 아니고 24절입니다. 25절은 관련된 상황을 설명해 주는 한가지입니다. 24절에 보면 '사랑과 선행, 좋은 일 행함에 퍽 날카로움을 향해서 서로들 종잡읍시다.' 종잡지 못하는 건 갈피를 잡지 못해서 헤매고 방황하는 것입니다. '사랑과 선행에 관련한 퍽 날카로움을 향해서 서로들 종잡읍시다.' 어떻게? '모아들이면서 어떤 사람같이 모이기를 폐하는 거같이 하지 말고 모임으로.' 종잡는 것의 한가지 종류를 거기 써놨습니다. 좌우간 모이는 겁니다. 종잡지 못하는 것들이 모임을 폐하고 제멋대로 합니다.

구약계시와 그 목적이 믿음의 순종을 위해서 이방에 알려진다고 26절에 밝힙니다. 바로 지금 드러내신 것이라고 표현합니다. 그런 면에서도 선지자의 글을 통해서 복음을 힘입어야 합니다. 신약만 봐서는 안 된다고 지난 시간도 분명히 말씀 드렸습니다. 구약도 복음입니다. 구약의 역사면 역사, 언어면 언어 이런 여러 가지 것들을 수반해서 복음을 힘입어야 됩니다.

거저먹기로 복음신앙이 되질 않고 선포되질 않습니다. 복음선포는 살아있는 사람, 앞서 가는 사람의 몫입니다. 희미했던 때도 아까 봤던 베드로전서 1장에 있듯이 선지자들이 구원을 그토록 바라고 철저하게 상고했다면, 지금처럼 복음의 광채가 찬란히 비치고 있다면 어떻게 해야 합니까? 교인들은 몇 명밖에 안 되는데 교회에서 요구하는 건 너무나 힘에 붙이다고 생각됩니까?

그럼 하나님한테 따지십시오. 내가 복음을 받았으면 믿음의 능력대로 하면 그뿐입니다. 하나님이 힘이 있고 슬기 있어서 영광을 위해 우리를 재창조했으면, 온 세상을 놓고 그 영광의 목적에 맞는 사람으로 살고 바치고 섬기도록 해야 합니다. '보시오 지금 좋게 맞아대는 때가, 보시오 지금 건짐의 날이' 고린도후서 6장에 있는 말씀입니다. '보라 지금은 은혜 받을 만한 때요 보라 지금은 구원의 날이로다.' 이런 말씀의 문맥을 어떻게 보십니까? 그릇된 습관에 젖어 부적처럼 성경 암송하고 써먹지 맙시다. 그때 그때, 늘 새롭게 새롭게 우리를 휘몰아치는 강권하는 말씀으로 받아야 합니다.

어쨌거나 성경 역사 가운데서 핵심을 한군데 잡으라면, 오늘 읽은 로마서 16장 25절, 26절, 27절입니다. 이걸 놓고 신구약 전체를 해석해 보십시오. 관련해서 다 뜯어서 정리해 보십시오. 평생 다 공부 못하고 하나님 앞에 섭니다. 그렇게 해 보십시오. 그런 책은 아직 없습니다. 대가들이 주석을 쓴다 해도 몇 권 책으로 내기에 급급합니다. 이거 놓고 신구약 전체를 엮어서 한번 글을 써봅시다. 출판되건 안 되건, 누가 알아주건 말건, 성경을 성경으로 말입니다. 힘있게 복음 선포하는 삶 가운데서 말입니다.

적어도 예수님보다 더 큰 일을 하도록 하겠다고 그 귀하신 분께서 약속까지 하고 선포까지 했는데, 예수님보다 더 큰 일하는 게 신약교회의 속성입니다. 우리 교회가 그걸 이어받아야 합니다. 지금 그렇게 나가려고 하는데, 시간이 펑펑 많이 날라가고 날라가다 보니 게을러지고 유혹도 많고, 기도하기도 쉬고. 우리 다시 두렵게 돌아봐야 합니다. 선지자와 사도의 터 위에 세워져가는 교회냐 아니냐 생각해 봅시다.

말씀을 정돈합니다. 복음선포를 통해서 계시와 예수 그리스도의 영원성을 드러내고 아울러 교회의 속성이 어떤 것이지를 짐작케 하는 말씀입니다. 하나님의 슬기는 아까도 말씀 드렸지만, 예수 그리스도입니다. 지혜가 여기 있으니, 예수님이 지혜라고 성경은 말씀합니다.

욥기, 시편, 잠언은 특히 구약에서 지혜서로 알려져 있는데 읽어보십시오. 지혜가 어떤 건가, 오늘 말씀을 중심으로 해서 그 세 권을 한번 보란 말입니다. 세상척도의 지혜 관점에서 보질 말고. 그래서 우리는 그리스도의 사역을 통해서 이방구원으로 말미암아 역사의 정점을 이미 성경 안에서 맛봤지만, 우리 생애 가운데서도 맛보고 또 맛보게 하신다는 말입니다. 그러니 한 사람이 구원 얻으면 얼마나 기뻐해야 합니까?

그런데 지금 우리 교회에서는 그게 별로 보이지 않습니다. 이건 심각한 겁니다. 그렇다고 새로 태어나는 애가 많습니까? 복음을 대적하는 중입니다. 하나님이 사용 안 하시면 어떻게 하겠습니까? 생각하는 거나 말하는 게 맨 날 그 수준에서 뱅뱅 돌 수밖에 없습니다. 우리가 한 100명쯤 된다고 합시다. 우리 행동거지, 말하는 거, 대인관계가 얼마나 세상 차원에서도 성숙하겠습니까?

그리스도는 힘차시고 슬기로운 하나님의 영광을 위하도록 이렇게 쫙 보이셨습니다. 그래서 중보자 예수 그리스도를 좇아서 바울도 복음의 일꾼이 됐다고 말합니다. 우리도 복음으로 말미암아 일꾼이 됐기에 이 말씀 앞에 서 있습니다. 중보자를 중심한 복음의 역사를, 웅숭깊은 계시를 통해서 신약교회에 있었던 복음과 그 선포를 계승하도록 합시다.

마지막으로 여기 계시와 복음선포의 중간 목적이 26절에 있습니다. 곧 이방구원의 완성입니다. 그러나 근본 목적은 마지막 절 하나님께 영광에 있습니다. 꼭 이 목적, 결론을 놓치지 말고 괜히 중간 다리에 머물면서 선 줄로 생각하지 말고, 궁극을 늘 부여잡고 전진하십시오. 슬기를, 계시의 경륜을 통해서 복음증거로 말미암아 보이시니, 이제 그렇다면 어떻게 해야 세세토록 하나님을 영화롭게 할까, 이것밖에는 없습니다.

기도

하나님 아버지, 지난 시간에 이어서 복음사의 일단을 지극히 적은 부분을 같이 상고했습니다. 감사하옵나이다. 하나님 아버지, 저희의 게으름을 용서해 주시고, 두 마음 품은 것을 용서해 주시고, 타성에 젖어 각질화되어 한 영혼의 구원받음에 마음 졸이고 감격해 하지 못한 것을 용서하시옵소서.

이방구원의 경륜을 따라서 이때 저희를 부르셨는데 이 큰 구원을 등한히 여기지 않게 해 주시고, 교회를 통한 보편의 사명을 오직 계시를 통해 끝끝내 부여잡도록 하시옵소서. 하나님의 속성이 드러남을 잊지 않게 하사 슬기와 힘참을 통하여 복음과 그 선포 가운데 살아계심을 증거하게 하시고, 교회의 교회됨을 언제나 견지해 나가도록 하시옵소서. 거짓 복음과 거짓 선생이 교회 안팎에 넘치는 때인데 저희를 지키시고 불쌍히 여기사 물들지 않게 하시고, 복음의 능력으로 날마다 장성케 하사 그리스도의 형상의 충만을 이루어가도록 하시옵소서.

로마서를 통한 복음계시의 역동성을 다시금 마음에 새기도록 하시고, 나아가 성경계시 전체에서 하나님의 경륜을 한눈에 보는 지식과 그 사실을 현실에서 맛보는 거룩한 전투의 삶을 늘 펼치도록 이끄시옵소서. 배교의 어두움과 오만이 짙어만 가는 때입니다. 주여, 우리가 게으른 빚쟁이가 되지 않도록 하시고, 질그릇이지만 복음의 보배를 담아 주셨사오니, 캄캄한 세상을 향하여 복음의 광채를 드러냄으로 하나님의 영광으로 가득차게 하시옵소서.

구주 예수 그리스도 이름으로 기도 드리옵나이다. 아멘.

7강

그리스도께서 죽으심

베드로전서 3:17-19

17 선을 행함으로 고난 받는 것이 하나님의 뜻일찐대 악을 행함으로 고난 받는 것보다 나으니라
18 그리스도께서도 한번 죄를 위하여 죽으사 의인으로서 불의한 자를 대신하셨으니 이는 우리
를 하나님 앞으로 인도하려 하심이라 육체로는 죽임을 당하시고 영으로는 살리심을 받으셨
으니
19 저가 또한 영으로 옥에 있는 영들에게 전파하시니라

복음과 선포 〈1〉 _7강

그리스도께서 죽으심

베드로전서 3장 17-19절

그리스도의 죽음과 부활은 하나

계속해서 좋은소식에 대해 공부해 보겠습니다. 오늘은 하나님의 아들이신 예수 그리스도의 죽으심에 관해서 복음과의 관련을 생각해 보겠습니다. 죽으심 중에서 특별히 오늘 읽은 본문 19절에서 시사하는 바, 소위 사도신경에 나타난 지옥강하, 음부에 내려가셨다는 면을 주로 해서 좋은소식의 한 부분을 생각해 보겠습니다.

그리스도의 죽으심은 좋은소식의 알맹이 중에서도 대표로서 성경에 기록하고 있습니다. 보통 그리스도의 죽음을 성경에서 가르칠 때는 그 안에 부활을 비롯한 그리스도의 높아지심의 전반적인 것이 다 들어있는 것으로 생각해야 합니다. 그런 만큼 역사적인 복음의 알맹이를 나타낸 것을, 이미 흘러간 생각 속에 머무르게 한다는 것은 잘못입니다. 그런 지적인 신앙은 구원의 신앙이 아닙니다. 둘은 차이가 있기 때문에 주의해야 합니다.

그리스도의 죽으심을 보통 생각하기에 육체의 죽음 정도로만 아는 사람들이 많이 있습니다. 물론 그리스도를 하나님으로 안다 하고 사람이심을 고백한다 하지만 기껏 생각하는 것이 육체, 사람과 같은 그런 정도의 육체의 죽음으로 여기는 수가 많은데 이것은 아닙니다. 그럼 필경 그릇된 복음주의자로 나갈 수밖에 없습니다.

적어도 교리에서 말하듯이 죽음을 세 가지로 나눠서 말합니다. 육체의 죽음과 영적인 죽음 그리고 영원한 죽음으로 나눕니다. 그리스도는 이 영원한 죽음까지도 맛보셨습니다. 이처럼 그리스도께서 비록 사람의 성품을 취하셨다 할지라도 그분의 죽음과 아담 후손들의 죽음과는 근본 차이가 있다는 면을 중시해야 합니다.

한 대표적인 예가 히브리서 2장 14절에서 15절을 보면 "자녀들은 혈육에 함께 속하였으매 그도 한 모양으로 혈육에 함께 속하심은 사망으로 말미암아 사망의 세력을 잡은 자 곧 마귀를 없이 하시며", 이게 우리가 다루는 독특한 성격입니다. 또 한가지 15절에 보면, "또 죽기를 무서워하므로 일생에 매여 종노릇하는 모든 자들을 놓아주려 하심이니", 이 두 가지를 생각해 볼지라도 사람의 죽음과는 전혀 차이 있는 죽음입니다. 그런 만큼 그리스도의 십자가를 우리들이 생각할 때, 자칫 사람의 범주에서 마음에 감상을 가지고 생각한다고 해서 그것이 그리스도의 복음행위라고 할 수 없습니다.

사회복음주의 문제

적어도 그리스도의 죽음에 참여한다면 땅에 속한 지체를 죽이는 것이 마땅합니다. 다른 말로 하면 옛사람이 세상에서 영화를 추구할 수 없습니다. 복음을 받았다, 참으로 좋은소식이다, 이 이상 기쁜 일이 없다고 말로는 고백하면서 세상살이에서 겉사람의 습성을 벗어버리지 못한다면 이거는 아닙니다. 아직 복음을 제대로 알지 못하는 것입니다.

창조의 목적을 하나님께서 이루시려고, 세상을 사랑하시는 증표로 아들을 대속제물로 보내셨습니다. 이것이 전부 하나님의 예정 가운데서 발생합니다. 이 사랑이 세상 가운데 계시되었을지라도 선택한 사람들만을 위해서 사랑하신 행위이고, 죽으심도 그렇다는 사실을 아는 것이 중요합니다. 그리스도의 죽음에 관련된 좋은소식을 받지 못한 사람은, 하나님의 창조 목적을 알지 못하기에 그 인생은 사람 즐기는 데 머물 수밖에 없습니다.

따라서 그리스도의 죽으심의 의미와 오신 목적이 계시된 성경의 가르침을 똑바로 받는다면 다른 복음에 빠질 수 없고, 다른 복음은 상상할 수도 없습니다. 그런데 소위 사회복음주의자들은 세상이나 인간을 개조시켜 지상에 낙원 비슷한 것을 건설해 보려고 성경을 그릇 해석하는 일들이 있습니다.

이런 것은 사람의 척도를 가지고 소위 세상에 있는 문화나 세상에 있는 것들을 나타내 보고자 하는 것을, 복음의 열매로 그릇 가르치고 그릇 알기 때문에 발생합니다. 복음이 들어갔으니까 착한 사람이 돼야 하지 않겠느냐고 역설하는 것은 세상의 윤리에 있는 얘기입니다. 썩어빠진 사람 속에서 뭐가 나오겠습니까? 눈에 보이는 세상을 좀더 잘되게 하는 거, 복음의 능력이 그런 정도입니까?

그리스도께서 죽으심의 범위

그리스도의 죽으심을 좁게 십자가의 죽음, 또는 육신의 죽음 정도로 한정시킬 것이 아닙니다. 적어도 비하의 낮은 상태 전체를 생각하면서 특별히 죽어 무덤 속에 들어가신 다음 지옥, 음부까지 낮아지신 것을 강조하지 않으면, 그리스도의 죽으심으로 말미암은 신선한 기쁨, 즐거움이 나에게 늘 다가올 수 없습니다.

시편 22편 1절과 이사야서 53장에 보면, 예수님께서 오시기 수백 년 전 사람들인데 놀랍게도 그리스도의 죽으심을 멋지게 묘사합니다. 그 가운데 지옥강하까지도 다윗과 이사야 선지자는 충분히 바라봅니다. 대단한 믿음의 소유자들입니다. 예수님이 오시기 전, 거의 천년 가까운 수백년 이전에 이런 정도의 고백을 할 정도이니, 당시 사회에서 그들의 삶의 자세가 어떠했겠습니까?

겉으로야 살기 좋은 시절입니다. 이사야나 다윗 임금이나, 하지만 그들에겐 세상이 주는 것이 좋은소식은 아니었습니다. 탄생하실 메시아 그분께서 당하신 고난으로 말미암아 내가 나음을 입는구나, 이것을 바라보고 살았다는 것을 그들의 거룩을 통해서 알 수 있습니다. 어느 시대나 마찬가지입니다.

복음주의가 잘못된 점

그리스도께서는 사람의 몸, 인성을 취해서 중보직을 수행하셨는데, 부활하신 몸을 입으신 다음일지라도 중보직을 계속해서 신인으로서 수행해 나가십니다. 이것을 영원토록 수행해 나가기 때문에 그리스도께서 지옥까지 낮아지시는 것은 마땅합니다. 따라서 보통 죽으심을 율법과 복음의 관점에서, 다른 말로 하면 그리스도의 삼중직 가운데 제사장직만 생각하게 되면 그것은 소위 복음주의라는 그릇된 유파로 전락합니다.

적어도 제사장직만 생각할 것이 아니고 왕직과 나아가서 선지자직까지 이르러서 더욱 강력하게 생각해 나가는 것이 마땅합니다. 하나님의 경륜을 살펴볼지라도 그렇습니다. 처음에 토라תורה 가운데 볼 때 제사장직을 주로 계시하신 다음에, 점진적으로 왕직을 통해서 보여주시고, 마침내 그 나라가 멸망당할 것을 내다볼 때 선지자들을 크게 부흥시켜 순서있게 그리스도의 죽으심을 계시하셨습니다. 그러한 면에서도 기껏 제사장직 정도로 생각해서 율법과 복음으로 나누어, 이것이 복음이라고 단정할 수 없습니다.

따라서 그리스도께서 사람의 몸을 입고 오셔서 행하신 것, 다른 말로 사명이 삼중직 가운데서 나타납니다. 죽음을 통해서 음부까지 낮아지신 것이야말로 그리스도의 사명 가운데 가장 빛나는 것이라 해도 과언이 아닙니다.

낮아진 상태를 묘사하는 것 중에 처녀에게서 태어나셨다는 말씀이 있습니다. 구약에 나오지만 여자에게서 나온 사람은 전부다 더럽다는 말씀을 하셨습니다. 물론 그리스도께서 더럽다는 것은 아니지만 적어도 그분께서 인성을 취하신 것은 사람의 연약함을 입으신 것입니다.

여기서 처녀에게서 태어났다는 것은 성령께서 잉태시켜 태어난 면을 강조하려고 한 말씀이지, 처녀라는 것이 깨끗하다는 의미로 쓴 것은 아닙니다. 다만 이사야가 예언했던 것을 이루기 위해서 그때 동정녀 마리아를 빌린 것에 불과합니다.

어쨌든지 예수님의 신분, 육체적인 인성은 성경의 말씀대로 보통 사람의 범주를 넘어설 수 없었습니다. 그렇다면 그리스도께서 죽음을 통과하지 않았다면 과연 부활의 몸을 입으실 수 있었겠는가, 이런 생각을 함부로 할 필요는 없지만, 죽음 없이는 다시 사신다는 것을 생각할 수 없습니다. 그리스도께서도 그럴 정도인데, 좋은소식을 받았다는 사람들이 그리스도와 방불한 죽음을 통과하지 않고, 어찌 영광의 나라의 한 사람으로서 그리스도와 한 몸을 이룬다는 생각을 가질 수 있겠습니까?

하나님께서 지으신 지옥에, 하나님의 예정 가운데, 사명 수행차 그리스도께서 내려가셨습니다. 이것도 신비로운 사건입니다. 지옥이라는 곳에서 겪게 될 처참한 괴로움에 대해 알지 못한다면, 좋은소식의 초점을 아직 못잡은 사람입니다. 적어도 죄관과 복음, 그후에 죄의식이 어떤 것인가, 죄와 투쟁이 뭔가 하는 것들을 깊이 실제로 생각하고, 더욱 그 가운데서 그리스도의 속죄가 얼마나 큰 것인가, 또한 성령 하나님께서 매일같이 차츰 우리를 깨끗케 하시는 역사가 어떤 것인가를 힘입지 않고는, 사람이 어떻게 이것을 알겠습니까?

그리스도의 인성의 고난과 영광

본문 18절을 보면, 그리스도께서 한글개역성경엔 '죽었다' 고 합니다. 아래 난외에 보니까 '고난 받았다' 파스헤인*πασχειν*, 고난이란 말이 보입니다. 죽었다는 것이 너무 좁은 개념으로 될 수 있으니까, 고난이라는 말씀으로 원문에 나옵니다.

또한 19절에 어떠한 행위를 하셨나 할 때, 죽음 후에 영으로서 케뤼쎄인*κηρυσσειν* '전파했다' 물론 이것은 복음전파를 말합니다. 자신이 죽으신 것의 한 방편으로 음부까지 낮아지셔서, 여기 '옥' 은 감옥이라는 말씀으로 직역할 수 있는데, 그 안에 있는 자들에게, 그 영들에게 전파했다, 선포했다고 말씀합니다. 적어도 우리의 영원한 질고를 체휼해 내신 그리스도의 위로 없이는 어찌 우리가 선행을 운운할 수 있겠습니까?

13절 이하에 말씀하는 것이 박해시대에 베드로의 입을 통해서 선을 행할 것을 경고하고, 권면하는 장면입니다. 그 많은 어려움, 즉 고난 같은 것이 있을지라도 그 가운데 선을 행하라는 말씀입니다! 그리스도께서 왜 음부까지 낮아지셨겠습니까? 왜 죽음이라는 고초를 겪으셨습니까? 쉽게 말하면 선을 행하도록 하기 위한 것입니다.

그리스도께서 말로 다 할 수 없는 고난 가운데 있었을지라도 그분의 신성의 영광, 하늘의 영광은 조금도 빛을 잃지 않았습니다. 그런 만큼 바울도 고백했지만 우리 겉사람은 썩어문드러질지라도 우리 속사람은 날로 새롭다고 했는데, 이건 좋은소식을 아는 사람의 입에서만 나옵니다. 또한 그리스도의 신성의 영광과, 부활하신 인성의 영광을 동시에 바라보는 사람이기 때문에 할 수 있습니다. 용기 넘치는 고백은 오직 그리스도 안에서 하나님만을 바라보는 사람, 고난 가운데서 선으로 악을 이기는 사람만이 하는데, 진정한 의미에서 용기 있는 사람입니다.

어떤 사람이 참된 강자일 수 있습니까? 17절에 보니 하나님의 뜻이 뭐냐 할 때 '파스헤인', 죽음, 고난과 더불어 온다는 말씀을 합니다. 하나님의 뜻이 어쩐가 저쩐가 해서 금식하고 기도하고 야단법석을 떨지만, 하나님의 뜻이 무엇인지에 대한 기본적인 성격을 특히 복음 가운데서 바로 알지 않고서는 암만 기도해봤자 자기 육신의 애착을 구하는 선을 넘지 못합니다!

지옥강하 문제

18, 19절에서 말하는 퓔라케 *φυλακη*는 '감옥' 입니다. 감옥은 신약에서 다른 말로 하데스 *ἀδης*라든가 또는 게엔나 *γεεννα*, 구약에서는 슈올שאול 같은 여러 말로 쓰는데, 한 장소로는 보통 '무덤' 을 말합니다. 또 신령한 의미로는 하나님으로부터 정죄를 받은 상태입니다.

하나님으로부터 정죄를 받은 상태인데 구약에서는 다른 의미도 있지만, 하나님의 의인에게도 '슈올' 이라는 말을 쓰기 때문에, 보통 감옥이 됐건 또는 죽음 후의 상태, 소위 지옥을 생각할 때 장소성을 부인해서는 안 되나, 이것을 장소로만 오해하면 성경해석이 이상야릇해지고 참된 복음을 받는데 많은 지장을 초래합니다.

로마 카톨릭 이래 보통 루터교와 대개 많은 유파에서 특히 베드로전서 3장, 이 부분을 난해구절이라 하여 여러 가지 이상한 해석을 많이 하지만, 적어도 그리스도의 죽음이 어떤 것인가를 잘 생각한다면 별로 어려움 없이 쉽게 생각할 수 있는 구절입니다.

하이델베르흐 요리문답 44번째 물음을 보면 '그리스도께서 지옥에 내려가신 것이 뭔가' 하는 물음이 나옵니다. 그 답변은 간단히 나오는데 '지옥의 불안과 고통에서 구원하신 것을 확신하도록 지옥에 내려가셨다' 고 말합니다. 그 지옥강하를 사도신경 중 어떤 건 생략한 것도 있고 문헌적으로 볼 때 점차적으로 더욱 확고하게 삽입해 온 것을 발견합니다. 적어도 그리스도의 속죄를 올바로 이해하는 데, 그리스도께서 영으로 옥에 내려가서 전파하셨다는 것을 아는 것이 속죄를 더욱 잘 알 수 있는 길입니다.

로마 카톨릭의 사상적인 지주를 담당했던 한 사람인 토마스 아퀴나스는 지옥강하를 이렇게 해석합니다. 율법시대에 죽은 족장들의 영혼이 있는 곳에 그리스도께서 내려가서 자신의 속죄의 완성을 알리심으로 그들을 갇혀있는 감옥에서 해방시키러 내려가셨다고 그럴싸한 넋두리를 합니다.

하지만 성경에서 베드로는 말하기를, 그리스도께서 오시기 전에 또한 육신의 죽음을 보기 전에 있었던 사람들, 물론 믿고 죽은 사람들입니다. 그러한 사람들도 우리와 똑같은 은혜를 누렸다는 얘기입니다. 왜냐하면 그 뒤에 19절 볼 때 노아가 나옵니다. 내용은 똑같습니다. 한 걸음 더 나아가서 그리스도의 죽으심의 힘을 확대시켜 불신자들에게까지 그 죽으심을 알리기 위해서 음부까지 낮아지셨다는 사실입니다. 다시 말하면 그들을 더욱 정죄하기 위해 그리스도께서 낮아지신 것입니다.

이 감옥, 다른 말로 지옥은 죽음 가운데서 가장 심각한 비하의 상태로 성경에 써있습니다. 무덤을 말하거나 아니면 하나님으로부터 정죄의 상태 이런 정도로만 보지 말고, 죽음 가운데 가장 처참한 상태 이것을 보통 지옥이라고 생각하는 것이 좋습니다.

시편 116편 3절에 보면 '사망의 줄이 나를 두르고 음부의 고통이 내게 미치므로 내가 환란과 슬픔을 만났다' 는 말씀이 있는데, 거기서도 그 시편 기자가 음부의 고통이라는 말씀을 씁니다. 이것은 꼭 자기가 죽음 후에 지옥을 가서 하는 얘기가 아닙니다. 이런 것을 볼 때 과연 우리가 지옥의 고통을 어떻게 맛보고 있는지 한번 돌아볼 필요가 있습니다.

이처럼 성령의 능력으로만 고난을 넉넉히 견딜 수 있는 예를 베드로를 통해서 보여주십니다.

신의 수난설 문제

그런데 이 음부에 내려가신 것에서 그리스도의 죽음을 생각할 때 그분의 양성을 생각해야 합니다. 그리스도께서 신성으로는 음부에 내려가실 필요가 없습니다. 만약 신성까지 음부에 내려갔다면 하나님이 죽었다는 신의 수난설 같은 이상야릇한 괴변에 빠질 수 있습니다. 왜냐하면 그리스도께서 신성으로는 편재, 즉 모든 곳에 계시기 때문에 내려간다는 의미를 쓰는 것 자체가 무리입니다.

그리스도의 몸을 살필지라도 그 몸 자체는 아닙니다. 삼일 동안 무덤, 돌무덤 속에 계셨지, 음부라는 장소의 변화는 아닙니다. 그분의 영혼도 어떤 면에서만 내려간 것입니다. 누가복음 23장 46절을 보면 성부께, 성부의 손에 자신의 영혼을 부탁하시는 말씀이 나옵니다. 거기서 내 영혼을 부탁한다고 할 때 그 영혼은 '프뉴마*πνευμα*' 입니다.

그 당시 그리스도는 어디가 있었느냐 할 때 '나와 함께 낙원에 있으리라' 하신 대로 파라데이소스*παραδεισος*에 계십니다. 물론 그곳에 그리스도의 심정이 함께 있는 것은 마찬가지입니다. 에베소서 4장 9절에 '땅 아래 곳으로 내려가셨다' 는 말씀이 나옵니다. 거기 땅 아래 곳은 꼭 지옥이라는 장소를 말하는 것보다, 그리스도의 지상 생애가 어떠했던가, 처참한 생활의 모습을 지옥으로 묘사하는 장면입니다. 그런 만큼 그리스도의 죽음을 기껏 육체의 죽음 정도로만 묘사하는 것으로 만족할 수 없습니다. 그런 정도로는 죽음이 무의미하게 될 수밖에 없습니다.

적어도 그리스도의 죽으심은 하나님의 진노를 인정하신 행위로 그분의 공의로운 심판에 만족하시도록, 다시 말하면 하나님께서 앙갚음하시므로 엄벌을 받는다, 순복한다는 사실이 죽으심으로 나타난 것입니다.

적극적으로는 사탄의 군대라고 할까 지옥의 권세와 영원한 죽음에 대한 두려움과 쟁투하신다는 의미로, 지옥에 내려가셨다는 말씀을 씁니다. 어떤 사람도 그리스도의 죽음을 대신할 만큼 음부의 권세와 투쟁은 상상할 수 없습니다.

비하에 나타난 신성의 능력

그런데 재미있는 것은 그리스도께서는 보통 사람보다 한층 더 허약한, 나약한 상태에 있었다고 성경은 말합니다. 모든 사람의 약한 것들을 다 체휼하실 정도니 그 삶이 매우 비참했습니다. 그리스도는 죽음의 공포에 완전히 질려 계셨습니다. 오죽했으면 겟세마네에서 세 번 기도하실 때, 땀을 흘리는데 핏방울같이 보였을 정도입니다.

한 걸음 더 나아가서 하나님께서는 천사들을 보내 그 기도를, 중보기도를 돕도록 하셨습니다! 이건 죽음, 즉 지옥에 대한 형벌이 얼마나 무서웠던가, 예수님 육체의 허약함, 나약함을 여실히 보여주는 장면입니다. 그런데도 그분께서는 사망 권세와 그 큰 세력을 향해서 쟁투를 벌이시려고 음부까지 낮아지셨습니다. 대단한 사건입니다.

엘리 엘리 라마 아자브타니אלי אלי למה עזבתני, 여기 '엘리' 는 '나의 하나님' 이라는 부름입니다. 그런 가운데 있었음에도 하나님에 대한 신뢰를 계속해서 견지합니다. 이건 보통 사람들이 쉽게 흉내내지 못 하는 장면입니다! 조금만 까딱해도 당장 교회를 떠나고 싶은 마음, 아예 어떻게 적당히 세상적으로 땜질하고, 나중에 하나님 뜻에 맞춰 보겠다고 엉망진창으로 사는 것이 우리들 인간의 마음입니다.

비하의 극치에서 인성

주님은 더 많은 연약함 가운데 계셨음에도 하나님에 대한 의지력이 대단했습니다! 이건 그리스도께서 신성으로 잡고 계신 것이 아닙니다. 신성으로는 성부 하나님을 잡을 필요가 없습니다. 성부와 동등입니다. 적어도 그리스도께서 당하신 죽음의 고난은 하나님 앞에선 눈으로 보이지도 않습니다.

예를 들어 세 시간 동안의 흑암의 고통을 하나님 말고는 세상에서 아는 사람이 없습니다. 측량할 수 없는 심판을 받으신 것입니다. 사도행전 2장 24절에서 베드로가 전파한 가운데, 죽음 대신에 사망의 고통을 받으셨다고 '사망의 고통' 이라는 말을 씁니다. 이렇게 생각해야 마땅하고, 좋은소식으로 나에게 강력하게 역사하는 것이 결정납니다.

히브리서 5장 7절의 말씀을 보면 잘 알 수 있습니다. 그리스도의 비하상태를 묘사하는 것중에 '그의 경외하심을 인하여 들으심을 얻었다' 는 말씀에서 '경외' 라고 한, 율라베이아*ευλαβεια*는 달리 번역했으면 좋겠습니다. '경외' 라고 했을 때 자칫 하나님을 섬긴다는 면으로만 생각할 수 있겠지만, 이걸 뒤집어서 문맥에 비추어보면 그렇단 말입니다. 어쨌든지 '공포' 라는 의미를 히브리서를 쓴 사도도 우리에게 알려주기를 원하고 있는 것입니다.

겟세마네 기도를 살펴보면, 그리스도께서 죽음을 받지 않았으면 좋겠다, 잔을 지나가게 해 달라는 의미로 기도한 것이 아니고, 자신도 사람의 성품을 가지셨기 때문에 일반적으로 한 개인이 죽는 것 같은 죽음에 삼킴을 당하지 않도록, 죽음의 효과가 나타나도록 그런 내용을 성부께 구한 겁니다. 그런 것들을 눈여겨 볼 필요가 있습니다.

쉽게 말하면 그리스도께서는 겟세마네 또는 십자가에서 지옥의 고통을, 죽음에 앞서 지옥의 고통을 맛보신 것으로 볼 수 있고, 죽음 후에 돌무덤에 갇힌 다음 지옥강하를 성경에서 말씀하는 것을 볼 때, 죽음 이후까지도 계속 지옥의 고통을 맛보셨습니다.

이것을 중보자로서 죄의식 가운데 받는 고초로, 죽음의 의미로 새겨야만 지옥강하를 이해할 수 있습니다. 왜냐하면 그리스도의 됨됨이를 살펴볼 때 그렇습니다. 그분의 도덕적인 완전성, 속성은 의로움과 거룩하심과 진리 가운데 충만하시고 타오르는 정열을 가지셨기 때문에, 그 분께서 당하신 고통은 인간들이 상상할 수 없습니다.

계시의 성격에서 생각해도 태어나심에서 죽으심까지 볼 때, 점진적으로 더욱 더 낮아지심을 맛보신 장면입니다. 탄생 때보다 갈수록 태산입니다. 삼 년의 공생애를 보더라도 그렇습니다. 점점 주변의 공격은 험악해 보입니다. 그리스도께서는 정죄받은 경험을, 이생에서만이 아니고 오는 삶에 대해서도 확신하도록 몸소 체험하셨습니다. 죽음 이전과 죽음 이후에 말입니다.

우리 몸과 영혼을 구원하시기 때문에 적어도 그리스도께서 몸과 영혼의 고통을 당하시게 된 것은 마땅하고, 지옥의 영원한 고통에서 구원해 내셨기 때문에 그분도 지옥의 고통을 충분히 겪으셨습니다. 살아 생전이나 아니면 죽은 다음에 우리에게 더욱 확신을 갖도록 말입니다. 그러기 때문에 우리가 지옥에 내려가지 않게 되고, 적극으로는 그리스도와 더불어 영원한 영광 가운데 삶을 같이하려고 마지막 날에 하나님께로 올려지게 되는 것입니다.

십자가라든가 또는 죽음, 지옥이 '우리들의 생명, 삶이다' 하는 것으로 어떤 사람이 요약했듯이 참 멋진 표현입니다. 우리는 능욕을 지고, 이 능욕은 그리스도의 능욕이요 또한 삶, 그 삶에서 지옥의 고통을 말합니다. "능욕을 지고 영문 밖으로 그리스도에게 나아갑시다." 성경은 가르칩니다.

"사망의 음침한 골짜기를 다닐지라도 해 받을 것을 두려워하지 않는다." 당연합니다. 이걸 겪어보지 못한 사람이 말로 고난 운운해 봐야 다른 사람에게 위로가 될 수 없습니다. 자신이 위로를 모르는데 어떻게 다른 사람을 위로합니까?

그리스도 예수의 마음

여섯째 날 모든 것을 지으신 다음에 하나님께서는 매우 토브טוב 하셨습니다. 좋았다, 선했다는 얘기입니다. 그리스도 안에서 재창조의 사역이야말로 하나님께서 예정하신 선을 행하도록 하기 위함이라고 말씀하셨습니다. 그리스도께서 뭐하러 죽으셨고 음부까지 낮아지셨습니까?

바로 이 선을 행하도록 하기 위한 것인데 선은 고난을, 지옥에 방불한 고난을 통과하지 않고는 이 생에서 어림도 없습니다. 그런 식으로는 성경에서 인정도 안 해줍니다. 그런 만큼 하나님 앞에서 신령한 선이 됐건 사회적인 선이 됐건 어떤 선을 행한다고 할 때, 적어도 그리스도의 죽음에 방불한 것을 체휼하면서 선을 베풀게 됩니다.

속여서 돈벌어 그런 것으로 수재민을 돕겠다고 내는 게 선입니까? 하나님께 저주받아 마땅합니다! 과연 우리가 좋은소식으로서 늘 그리스도의 죽음을 받아들이고 있습니까? 요즘 사회 일각에서 어떤 운동하는 사람들이 지옥훈련 받는다고 이상한 소리하지만, 그런 것은 지옥훈련이 아닙니다. 아이들 장난 노는 겁니다! 지옥을 얕보는 겁니다!

우상숭배하는 자들이 많은 사람에게 자유를 속박시켜 공포를 야기시키는 그런 정도가 지옥의 공포입니까? 빌립보서 2장 5절에서 8절을 보겠습니다. '너희는 너희 안에 이 마음을 품으라 곧 그리스도 예수의 마음이니 그는 오히려 자기를 비어 종의 형체를 가져 사람들과 같이 되었고 사람의 모양으로 나타나셨으매 자기를 낮추시고 죽기까지 복종하셨으니 곧 십자가에 죽으심이라.' 이겁니다!!!

기도

하나님 아버지여, 오늘 우리가 좋은소식의 일면 중에 대표적인 그리스도의 죽으심을 잠시 생각해 보았습니다. 그리스도의 죽으심과 관련해서 그리스도의 양성의 도리를 오해하여 많은 사람들을 영원한 형벌로 이끈 그릇된 무리들이 많이 있었고, 오늘날에도 그리스도의 신성을 간과하고 인성조차 사람의 수준에 머물게 하는 그릇된 가르침들이 주류를 이루는 듯한 때를 맞았사옵나이다.

주여, 저희가 하나님 말씀을 힘입고 거룩한 교리에 굳건히 서서, 그리스도께서 지옥에 내려가신 의미가 무엇인지를 잘 생각하게 하시옵소서. 그리하여 저희가 이땅에서 세상 행복을 추구하는 일에 빠지지 않도록 하시고, 조급한 심정에서 그리스도를 팔아 어떠한 자신의 힘으로 이룩한 것을, 복음의 열매로 거짓되이 다른 사람에게 설파하지 않도록 하시옵소서.

그리스도께서 걸어간 그 길에 대한, 일생에 대한 점진적인 계시를 깊이 읽어서, 과연 저희가 믿는 세월이 오래일수록 더욱 그리스도의 낮아지심을 체험하면서 나아가는가, 자신들을 깊이 살피도록 하시옵소서. 그 가운데서 마땅히 거룩한 그리스도의 몸이 이땅 위에서 어떻게 더욱 세워져가는가 하는 것으로 저희들이 큰 기쁨을 삼도록 하시옵소서.

이러한 일들에 많은 속임이 있고 적극적으로는 저희가 하나님을 사랑하기에, 이땅에 선을 베푸는 과정에서 당하는 모든 시련들을 넉넉히 견디게 하시옵소서. 따라서 저희가 복음으로 말미암은 거룩한 믿음으로, 세상을 이기고 마귀를 이기며 우리 자신을 극복해 나가도록 하시옵소서. 더욱 죄와의 싸움을 피나게 하도록 하시옵소서.

구주 예수 그리스도의 이름으로 기도 드리옵나이다. 아멘.

8강

선택 · 언약 · 싸움

갈라디아서 1:11-12

11 하지만 나는 그대들에게 동무들, 나로 말미암아 그 좋은소식을 알게합니다 그것이 사람을 따
라서 있지 않은 것을.
12 왜나하면 또한 나야말로 사람한테 그것을 부여잡지 않았습니다 더욱이 나는 가르쳐지지 않
았고 오히려 예수님 흐리스토스의 드러내보임을 거쳐.

복음과 선포 〈1〉 _ 8강

선택 · 언약 · 싸움

갈라디아서 1장 11-12절

복음에 대해서 계속 생각해 보겠습니다. 오늘은 복음과 관련해서 선택, 언약 그리고 세상을 향한 전투에 대한 것들을 잠깐씩 살펴보겠습니다. 오늘 본문은 바울이, 사람으로 말미암은 게 아니고, 예수 그리스도 그분의 계시를 통해서 복음을 배웠다고 말씀합니다.

전후문맥을 보면 바울이 변증하는 입장에서, 자기가 전파한 복음이 어떠한 것이라고 그 성격을 밝힌 것입니다. 간단한 말씀이지만 예수 그리스도의 계시로 말미암았다는 말씀으로 많은 것을 함축하고 바울이 쓰는 것입니다.

선택과 구속계시

성경말씀을, 신구약 전체를 보면 똑바른 사람을 향해서 하나님께서 풍성한 계시를 중점적으로 나타내시는 것이 아니고, 일그러진 사람에게 비록 선민 이스라엘이라 할지라도, 그들의 패망과 하나님을 배반한 것 가운데서 회복하시고 다시금 새롭게 하신다는 가르침이 중심을 이룹니다. 이러한 교리에 초점을 맞춰 하나님께서는 바로 자신의 백성들을 택하셨다는 면을 덧붙여서, 선택한 백성들을 향해 구원의 일들을 펼쳐 나가신다는 것을 신구약 성경에서 가르칩니다. 구속계시를 하나님의 언약, 정확히 은혜언약을 토대로 주시기 때문입니다.

이미 망가져 있는 아담의 후손으로서 그러한 형편에 있는 사람들을 상대로 구원의 계시를 펼치시는데, 모든 인간들을 상대로 한 것이 아니고 선택받은 사람을 전제로 구속계시를 주십니다. 모든 것이 하나님의 뜻을 자기 힘으로 지킬 수 있는 범죄하기 전의 아담으로 설정할 수 없고, 완전히 망가져 있는 사람들 중에 선택한 사람들을 중심에 놓고 구원의 계시를 주시고 은혜언약이 그들에게 나타납니다. 하나님의 선택이 은혜계약 가운데 점진적으로 발전의 형태를 이루어 온 것을 창세기에서 신약까지 보면 충분히 알 수 있습니다.

그런 만큼 첫 사람의 범죄 직후에 하나님께서는 아담과 하와 개인을 상대로 약속의 말씀을 주시고, 한참 나가서 아브라함을 거쳐 모세 당시에 큰 구원을 이루시고 '우리는 그분의 백성이 되고 그분은 우리 하나님이 되는' 하나의 국가적인 관계에서, 하나님께서 자기 백성을 선택하신 면모를 보이십니다.

더욱 그뒤 쭉 나가 선지자들의 가르침을 보면 '이스라엘 백성이 하나님의 언약을 어겨 패망할 것이다. 그런데도 하나님께서 남겨두는 자가 있다. 그런 사람을 구원한다'는 언약의 말씀으로 나오고, 마침내 예수 그리스도 안에서 보편적으로 이방인까지 언약에 참여할 수 있는 백성으로 불러내시는 데까지, 굉장히 광대하게 발전하는 형태를 하나님의 선택 도리를 집어넣어서 알려주십니다.

그런 만큼 소위 장로교에서 예정론을 말한다고 다른 교파들이 많은 비난을 할지라도, 성경 역사를 가만히 순서대로 읽어갈 때 개인에서 출발하여 전체, 우주적인 선택에까지 발전하기 때문에, 이 도리에 대해서 반박할 수 있는 사람이 한 명도 없습니다. 따라서 하나님께서 선택하시는 사람에 대해 여러 가지 아름다운 묘사들이 있습니다.

그중 한두 가지 예를 들어보면, 장자를 사랑하는 아버지의 모습으로 선택한 백성들을 사랑하는 하나님을 보여주고, 또 하나는 아내에 대한 남편의 사랑을 묘사하고 있는데, 이런 것들이 성경에 상당히 많이 나옵니다. 그 다음 언약 관계에서 저주를 내리신다는 것을 분명히 보여줍니다.

하나님께서는 사람 가운데 언약하신 것을 파괴한 죄를 그냥 두지 않습니다. 간음한 아내를 돌로 쳐죽인다거나, 패역한 아들을 내쫓아 버리는 것도, 하나님께서 언약을 근거로 저주하시는 대표적인 예들입니다. 어쨌든지 하나님의 선택이 특히 복음을 이해하는 데 결정적으로 중요합니다.

원시복음과 언약

오늘 본문 1장 15절을 보십시오. '어머니의 태로부터 나를 택정했다, 은혜로 나를 부르셨다' 고 말씀합니다. 이런 데서도 바른 복음을 견지한 교회라면, 신학적으로 선택론을 따로 가르치지 않더라도, 성경을 충분히 가르치면 "그렇구나"하고 확신해야 합니다. 이것에 대해 거역하는 건 아직 복음이 제대로 되어 있지 않은 신앙입니다.

창세기 3장 15절부터 하나님께서 약속하신 것이 구속역사의 형태를 이룹니다. 그 여자의 씨앗이 어떻게 하고 그 뱀의 후손이 어떻게 하겠다는 말씀은, 비록 씨앗계시에 불과할지라도, 거대한 구원의 역사를 보여줍니다. 그 3장 15절이 소위 말하면 원시복음입니다.

이것을 볼 때 예수 그리스도로 말미암아 완전히 드러난 복음을 해석하는데 결정적인 열쇠를 주는 구절 중 대표가 창세기 3장 15절입니다.

그것을 중심 삼아서 하나님께서는 계속하여 구속의 경륜을 펼치시는 가운데, 선지자들을 상대로 전격적으로 큰 계시, 예언의 계시를 보여주십니다. 특별히 마지막 날에 이루실 궁극적인 성취에 초점을 맞춰서 여호와께서는 모든 선지자들을 사용해서 예언하도록 하십니다. 따라서 선지자들의 예언도 그들 당시에 하늘에서 당장 떨어진 것이 아니고 옛 계시부터, 원시복음부터 쭉 이어받은 것을 가지고, 그 시대에서 앞을 내다보며 예언한 것입니다.

선택과 남은자

그런 만큼 늘 복음은 '마지막이다! 최후의 그 날이다!' 하는 것을 전제하고 역사합니다. '이만하면 살 만하구나!' 이런 여러 가지 것들을 빙자해 몽롱한 상태에서 복음은 역사하지 않습니다. 선지자들의 입술을 통해서 예언의 내용 가운데 선택을 확실하게 보여주시기 위해, 하나님께서는 특별히 큰 심판, 우주적인 심판 가운데 남은자들로 말미암아 위대한 개혁을, 언약을 이루실 것을 주제 삼아 계속해서 말씀하시는데, 특히 후선지서 글들을 자세히 읽어보면 충분히 알 수 있습니다.

물론 그런 것을 그 당시에 선지자들은 직접 바라보지 못합니다. 그것은 예수님이 오신 후에 그리고 신약의 새로운 교회가 설립된 후에 전격적으로 나타납니다. 그런 만큼 많은 사람들을 저주하는 가운데 일부를 남겨둔다, 그루터기에 싹이 나게 한다는 것은, 다른 것이 아니고 하나님의 선택하심이 분명하다는 것을 보여주는 말씀입니다.

이러한 남은자들을 통해 하나님의 약속이 마침내 충만하게 실현됨으로 모든 이스라엘 즉, 옛 경륜에 속한 구약의 백성들과 복음 가운데 참여하게 된 모든 이방인들로 말미암아, 온 이스라엘의 구원이 이루어진다는 것을 미리 선지자들의 입술을 통해서 알리십니다. 소위 남은자라는 가르침들이 성경에 꽉 차 있습니다.

특히 구약의 몇 군데 살펴볼 때, 창세기 45장에서 요셉이 자기 형들한테 말하는 것 중에 '하나님께서 남겨둔다'는 '슈아르שאר'라는 말을 하나님의 섭리를 통해서 알려줍니다. 이것은 요셉이 선택을 확고하게 믿기 때문에 그것을 발판으로, 하나님께서 나를 이렇게 이끄셨다는 것을 분명하게 말한 것입니다.

그리고 한참 후에 출애굽 제1세대 가운데서 여호수아와 갈렙만이 가나안에 들어갑니다. 다른 모든 사람들은 광야에서 죽었습니다. 적은 무리, 여호수아랑 갈렙만이 남은자입니다. 이런 사람들을 통해서 하나님께서는 새로운 역사, 언약을 이루셔서 그 다음 단계로 진전시키시는 것을 성경을 읽어보면 충분히 알 수 있습니다. 이런 남은자에 대한 가르침들이 성경에 많이 나옵니다.

특히 대표적인 선지서 중에 한 두서너 가지 말씀을 보면, 아모스 3장 12절에 '목자가 사자 입에서 양의 두 다리나 귀조각을 건져냄같이 이스라엘 자손을 건질 것이다.' 완전히 사자 입에 들어가서 다 죽어 있는데 그중에 귀떼기나 두 다리를 건지듯이 남은자를 구출하겠다는 겁니다. 구약성경에서 핵심을 꿰뚫으려면 시간이 적은 분들은 아모스서가 몇 장 안 됩니다, 8장인데 이것만 깊이 보면, 대충 후선지서 성격이 어떤 것이구나 충분히 알게 되고, 특히 복음서의 강력한 맛을 더욱 확증하는 문구들을 많이 발견하게 됩니다.

그 다음 이사야 7장 3절을 보면 이사야가 첫째 아들 이름을 뭐로 지었냐 하면, 슈아르 야슈브שאר ישוב라고 이름지었습니다. 거기 슈아르라는 말은 남은자이고 야슈브란 말은 돌아온다는 슈브의 미완료동사입니다. '남은자가 돌아올 것이다.' 자기 아들 이름을 이사야가 그렇게 지었습니다. 이것은 적어도 이사야의 사역이 어떤 것이고, 그 아들 이름의 상징을 통해서 하나님께서 훗날 어떠한 구원을 펼치실 것인가를 보여준 것입니다.

남은자의 회복과 새로운 언약

그리고 이런 남은자의 회복에 대해서 가장 현저하게 보여준 것은 에스겔서 37장에 나옵니다. 골짜기의 마른 뼈들이 큰 군대를 이루기 위해 부활하는 모습을 기록한 말씀에서, 적어도 새로운 이스라엘이 어떻게 나타날 것이라는 사실을, 포로 가운데 끌려가 있었던 에스겔을 통해서 알려주는 말씀입니다.

새로운 이스라엘의 남은자들이 들어섬으로 형성되는 하나님의 백성들에게는 화평하게 하는 새로운 언약과 영원한 언약을 확약시키셔서, 새로운 이스라엘을 이땅 위에 건설하신다는 말씀을 합니다. 그리고 신약으로 말하면 복음과 관련된 표현을 구약에서 여러 가지 말씀들로 해주는 것입니다.

그리고 어떤 의미로 옛언약이 마침내 궁극적인 회복을 통해서, 그 가운데 이방인들은 물론 많은 숫자는 아니겠지만 여러 민족들 가운데 포함시켜, 새로운 언약으로 바뀌게 된다는 것을 알 수 있습니다. 이사야서 2장 2절에서 4절을 봅시다. 이방인까지 들어서서 적어도 어떠한 면모를 나타낼 것인가.

"말일에 여호와의 전의 산이 모든 산꼭대기에 굳게 설 것이요. 모든 작은 산 위에 뛰어 나리니 만방이 그리로 모여 들 것이라. 많은 백성이 가며 이르기를 오라 우리가 여호와의 산에 오르며 야곱의 하나님의 전에 이르자 그가 도로 우리에게 가르치실 것이라." 그 다음 4절 이하 "그가 열방 사이에 판단하시며 많은 백성을 판결하시리니 무리가 그 칼을 쳐서 보습을 만들고 그 창을 쳐서 낫을 만들 것이며 이 나라와 저 나라가 다시는 칼을 들고 서로 치지 아니하며 다시는 전쟁을 연습하지 아니하리라." 이것의 궁극적인 완성은 예수님께서 재림하시는 그 날이지만, 이미 이런 것이 교회 가운데서 성취된 것입니다.

언약과 이방구원

이런 만큼 옛언약 가운데 이스라엘은 언약백성으로서 위치를 자기들만 갖는 것이 아니고 이방인들과 함께 공유하게 된 것을, 특히 선지서 가운데 이사야 19장 19절에서 25절에 보면 충분히 나옵니다. 애굽에서도 하나님을 경배토록 하고 특히 앗수르와 애굽이 서로 넘나들면서 큰 시험을 갖게 될 것을 이사야는 얘기합니다. 이러한 일들이 예수 그리스도께서 복음을 전파하셨고, 하늘에 오르사 그의 신으로 말미암아 오늘 이땅에서 풍만하게 이루어졌고 또한 이루어져 가고 있습니다.

언약의 핵심은 뭐니뭐니해도 하나님께서 자기 백성과 함께하시기 위해 임재하심으로 나타납니다. 임재는 꼭 예를 들어서 아담과 맺은 언약만으로 쭉 동일한 상태로 사귐을 갖는 것이 아니고, 아브라함 당시, 그리고 다윗 당시, 마침내 예수 그리스도로 말미암아 언약이 계속 거듭해서 갱신됩니다.

인자가 오신 목적을 복음서에 많이 가르치지만, 이스라엘의 잃어버린 자들을 찾아서 구원하시는 면모라고 여러 군데서 말씀하십니다. 예수라는 이름의 뜻을 알린 천사의 말을 볼지라도 '자기 백성을 그들의 죄에서 구원할 자다' 하는 말씀에서, 바로 예수 그리스도가 어떤 분이신가를 충분히 알 수 있고, 바로 그분이야말로 구약에서 선지자들을 통해 예언한 것이 그대로 성취된 것임을 알 수 있습니다.

예수님이 쓰신 언약

예수님께서 지상생애를 펼쳐 나가시는 동안, 언약이라는 말을 한 번밖에 쓰지 않았습니다. 성찬예식을 제정하시면서 언약이라는 말을 딱 한 번 썼습니다. 특별히 그리스도의 탄생계시에서 이스라엘과 맺은 언약의 약속이 성취됐음을, 누가복음에 있는 탄생계시의 이모저모를 기록한 여러 사람들의 말씀을 종합해 보면 충분히 확인됩니다.

그리고 그분이 성육신하신 것부터 사역하신 것, 지금은 하늘의 영광을 입으신 모든 것들이 전부 구약에서 예언한 언약이 성취되었음을 점진적으로 보이십니다. 또한 그 언약이 우리에게, 새로운 이스라엘인 교회에게 하나님께서 충만히 허락하시기 위해서 그리스도를 하늘 우편 보좌로 올리우셨음을 충분히 알 수 있습니다.

한두 군데 찾아보면, 누가복음 2장 14절에서 이런 말씀을 합니다. "하나님께서 기뻐하시는 자." 다른 말로 하면 선택받은 백성입니다. 그런 사람들에게, 그런 사람들이 있는 땅에 평화라고 말씀했습니다. 물론 천사들이 준 계시입니다. 여기 땅의 평화는 보편적인 구원, 남은자인 이스라엘의 배반했던 자들의 일부와, 이방인 가운데 일부가 평화의 언약 가운데 들어온다는 것을 알리기 위해서, 땅에는 평화라는 말씀을 하신 것입니다.

그리고 누가복음 2장 30절에서 32절을 찾아봅니다. "내 눈이 주의 구원을 보았사오니 이는 만민 앞에 예비하신 것이요 이방을 비추는 빛이요 주의 백성 이스라엘의 영광이니이다" 하는 말씀인데, 시므온이 예수님의 탄생에 대해서 찬송계시 가운데 들려주는 말씀입니다. 여기 보니 주님의 구원을 묘사하는데 '만민 앞에 예비한 거다, 이방을 비추는 빛이다, 주의 백성 이스라엘의 영광이다' 하는 말씀으로, 구약에서 선지자들이 예언한 언약을 특별히 복음으로 대단히 아름답게 묘사합니다. 이렇게 예수님께서 오신 것은 잃어버린 자기의 백성들을 찾기 위해 오신 것입니다.

그런 만큼 예수님의 비유 중에서 잃어버린 상태에 있는 사람들에 대한 가르침들이 많이 있습니다. 누가복음 15장을 보면 잃어버린 드라크마라든가, 잃어버린 양이라든가, 저 유명한 탕자의 비유 같은 것들이 전부 하나님을 떠나서 양무리 가운데서 이탈하여 방황하는 잃어버린 상태를 묘사하는 비유들입니다.

언약과 복음의 관계

예수 그리스도께서 선포하신 복음에 대한 전체적인 틀은 한마디로 말하면 언약으로 짜여 있습니다. 아까도 말씀드렸지만 성찬 제정의 말씀, 마지막날 목요일 밤에 다락방에서 말씀하신 '이것은 내 새 언약의 피다' 하는 말씀 가운데서 충분히 알 수 있습니다. 그리고 예수 그리스도께서 메시아로서 행하신 모든 것들을 언약을 중심으로 살피는 것이 복음을 공부하는 데 대단히 중요한 열쇠입니다.

그런데 그리스도께서 가르치신 말씀 중에 복음에 대한 정반대의 가르침이 나옵니다. 마태복음 10장 5절에서 6절은 자기의 잃어버린 백성들한테만 제자들을 보내는 장면입니다. 다른데 가지 말라고 말씀합니다. 그런 반면 24장 14절 또는 9장 15절에도 나와 있지만, 땅 끝까지 이르러서 복음이 전파돼야만 그때 끝이 온다고 말씀합니다.

처음에는 이스라엘에만 한정해서 그 복음을 전파하게 하시는데, 나중에는 땅끝까지 이 복음이 전파돼야 한다는 말씀으로 정반대의 가르침을 하는 것 같지만, 언약과 복음의 성격이 어떤 것인가를 잘 헤아린다면 상충되는 가르침이 아닙니다.

그리스도께서 성육신하셔서 유대땅 안에 제한을 입고 있을 때는 마태복음 10장에서와 같은 사역을 하셨지만, 마침내 예수님께서 신약교회의 위용을 내다보시면서 24장과 같은 종말적인 복음을 전파할 것을 예언하는 장면입니다. 이런 말씀 가운데 선택만이 아니라 유기, 버릴 자를 버릴 것이라는 무서운 심판의 가르침이 서려 있습니다.

그리고 이스라엘 외에 내가 다른 사람은 거들떠보지 않겠다 할 때, 이스라엘은 적어도 구약의 백성만을 말하는 것은 아니고, 신령한 이스라엘이라고 24장에서 가르칩니다. 나라의 본 백성들은 내쫓아버리고 동서로부터 많은 이들이 와서 이삭, 야곱과 함께 천국에 앉을 것이라는 말씀은 그런 것을 알립니다.

따라서 복음전파에서 선택과 유기의 원칙이 늘 함께 나타납니다. 복음전파, 좋은소식을 알리는 일을 경험하지 않고서야 하나님의 선택과 하나님의 유기를 이해할 수 없습니다. 이론적으로야 복음의 양면성을 많이 생각할지 모르지만 말입니다.

그런데 사도 바울은 왜 복음을 비밀의 계시라고 말하는가? 물론 이것은 로마서 16장에 있지만, 구약에서 하나님께서 예언하신 것이 성취된 것인데도 왜 사도 바울은 비밀의 계시라고 말씀하는가 말입니다.

이런 것에 대한 한가지 설명은 신약에 있는 말씀 중에, 많은 임금들과 선지자들이 복음의 계시에 대해 보기를 고대했다는 말씀에서 알 수 있습니다. 그런 맥락에서 복음은 늘 종말론적인 의식을, 그러한 상태를 동반하고 어떤 시대든지 현실적으로 역사에 참여할 것을 전제로 나타나기 때문에, 사도 바울은 비밀의 계시라는 말씀으로 복음의 내용과 성격을 설명합니다.

그리스도께서 오심을 향해 복음의 계시가 옛 시대부터 계속해서 진전되어 온 것을 알 수 있고, 아까도 말씀드렸지만 거듭해서 언약을 갱신시키는 가운데 복음이 점점 이땅에 그 모습을 드러냅니다. 에덴의 언약이 그렇고, 그 다음 노아 당시, 아브라함 당시 마침내 다윗 당시에 이르러 현실적으로 큰 왕국을 세움으로 말미암아, 하나님의 나라가 어떤 것인지를 찬란하게 보여주신 것이 바로 다윗 언약입니다.

그릇된 복음전파의 양상

어쨌든 선택의 도리 가운데서 하나님의 사랑과 긍휼이 극대화되지만,

반대로 사람들의 타락상이 얼마나 심각한 것인가를 선택의 도리를 통해서 알려줍니다. 이방인을 불러내심에서 이스라엘 가운데 얼마를 잘라낼 것인가를 조심하라고 로마서에서 바울은 경고합니다.

오늘날 성경 가운데 가르쳐주는 복음의 성격에 대해서 그 의미를 곡해함으로 극단으로 복음전파하는 일이 상당히 많이 있습니다. 복음을 전한다 하면서 교회에 대해선 전혀 의식 없이 전투하는 자들도 있습니다. '그냥 가까운 교회에 나가라고' 하는데 그 말이 무슨 말입니까? 그러면 모든 교회들이 다 똑같은 교회란 얘기입니다. 그러면 무슨 교파가 필요합니까? 그런 것부터 해서 복음을 제대로 전하지 않는 경우도 있습니다. 이건 하나님의 선택을 모르는 겁니다. 자기가 하나님입니다.

좌우간 여러 종류의 그릇되이 복음전파하는 일들이 있음을 경계해야 합니다. 개혁이 늘 전제돼 있는 복음전파이기 때문에, 어떤 시대든지 바른 복음이 없는 시대에서는 그 사회상이 얼마나 더러우며 하나님의 심판이 어떻게 많이 나타나는가를 잘 살필 필요가 있습니다. 다른 어떤 것으로 개혁되는 것이 아니고 복음으로 밖에는 개혁될 것이 없습니다.

바른 복음은 구원의 믿음으로 표현되기 때문에, 성령님의 역사로 말미암아 새사람의 신령한 삶이 늘 현실적으로 뒤따르게 됩니다. 적게는 예배 가운데서, 더 나아가 하나님의 일에 참여하는 가운데서 바로 바른 복음이 역사합니다. '예수님께서 이땅에 오셨다, 나를 위해서 죽으셨다, 또한 부활하셨다, 이 다음에 다시 올 거다.' 그러면 그것이 어떻다는 겁니까? 예배의 요소 가운데서 복음이 분명하게 나타나야만 합니다. 성령님의 역사로 말미암아.

따라서 바른 복음을 깨달을 때 바로 바른 신학이 수립되고 마침내 바른 교회로 서갈 수 있습니다. 이 교회의 통일성 가운데서 일반적인 원칙을 전제로, 정상적인 교회를 전제로 교파의 다양성이 성립하는 것이 가능합니다.

복음전파는 거룩한 역사의 원동력

보통 개혁교회 그중에 장로교회가 있습니다. 그런 만큼 다른 파들 말고 동일한 고백으로 동일한 성격의 교회관을 가지고 있을 때 교파의 다양성이 인정되지, 다른 건 인정될 수 없습니다. 그런 만큼 교회의 강단에서 늘 좋은소식이 바로 선포되어야만, 신령한 생활 가운데 그리스도와 그 사귐이 늘 있게 되고 성령님의 열매에 늘 참여하게 됩니다.

한마디로 말하면 복음전파야말로 세상 역사와 거룩한 역사의 원동력입니다. 흐리멍텅한 상태에서 어떤 것이 나오겠습니까? 어림도 없습니다! 로마서 9장에서 11장을 단숨에 읽어보십시오. 적어도 사도 바울의 역사철학이라고 할까! 거룩한 하나님의 신비한 경륜에 대한, 다른 말로 하면 복음이 얼마나 놀라운 것인가를 크게 감탄하면서 갈파합니다. 바로 그런 것을 깨닫는 가운데 거룩한 두려움이 서린 최고의 인생으로서, 신자로서 최고의 즐거움이 이 가운데 있습니다.

언약 가운데 늘 나타나는 말씀이지만, 후손에게서 언약이 이루어질 것이라는 말씀을 성경에 보면 계속 예언합니다. 이것은 한마디로 말하면 교회 또는 바른 복음을 견지한다는 것이 다른 것으로 확증되는 것이 아니고, 선대의 바른 교회로부터 물려받은 바른 믿음의 고백이어야만 언약에서 가르쳐주는 후손에 대해 기대할 수 있고 가능합니다.

디모데가 바로 외할머니 그리고 자기 어머니로부터 좋은 신앙을 전수받았습니다. 사도 바울로부터 원복음이라고 할 만한 복음을 받은 사람이 디모데입니다. 이러한 일들이 모든 교파 모든 교회 가운데 주어질 수 없는 것은 당연합니다! 그런데 어떻게 함부로 십자가 간판 걸렸다고 해서, 성경 찬송 끼고 다닌다고 해서, 어떻게 같이 어깨를 나란히 할 수 있습니까? 그럴 수 없습니다. 성경이 그렇게 안 돼 있습니다!

복음전파와 참된 전투

창세기 3장 15절 볼 때 복음전파를 행하는데, 언약이 성취됨으로 뱀의 후손들과 쟁투가 있을 것을 강력하게 하나님께서 말씀하십니다. 뜨뜻미지근하게 적당히 복음을 알고 사명을 다했다는 것이 문제가 아니고, 적어도 가장 큰 세력인 사탄의 후예들이 개인만이 아니고 하나님 나라를 향해 다른 복음을 들고서 늘 달려오고 있음을 직시해야 합니다.

교회 밖의 사람이 도전하는 것은 충분히 구별이 되니까 쉬운 법인데, 복음이 아닌 다른 복음으로 도전해오는 것은 구별하기가 매우 어렵습니다. 예를 들어 현실에서 볼 때 각종 복음성가 같은 것들이 있는데 이건 너무 유치해서 큰 대적감도 안 됩니다. 그 다음, 사회복음을 모토로 한 여러 가지 각종 해괴망측한 신학과 종교적인 사업들이 있습니다. 그 다음, 복음주의와 몇몇 사람들로 엮어진 복음주의협의회라는 소위 신학자들의 모임도 마찬가지입니다. 그 다음 어떤 파는 순복음이라고 합니다. 그리고 각종 연합집회들, 개인의 간증, 각종 부흥집회 같은 것들.

이런 것들은 한마디로 말하면 다른 복음입니다. 다른 복음! 성경에 그러한 부흥집회나 그러한 연합 같은 것들이 어디 있습니까? 이런 것들은 전부 그리스도를, 복음을 공격하고 허물어뜨리는 세력들이라고 일단 일축해 놓는 것이 빗나가지 않는 자세입니다. 구속계시로서 복음이기 때문에 뱀의 씨앗들의 공격이 늘 안팎으로 있습니다.

예수님께서 다시오실 날이 가까와오는 이때, 신약의 표현들을 빌리면 거짓 선지자 또는 거짓 사도는 물론이고 거짓 그리스도부터 적 그리스도에 이르기까지 그 세력은 점점 강화됩니다. 복음을 빙자해 여러 가지 신기한 능력 같은 것들로 많은 사람들을 미혹하고, 멸망케 할 이단들을 끌어들이는 역사에 대해서 사도들은 이미 2천년 전에 경고합니다.

마태복음 7장을 보면, 주님의 이름으로 선지자 노릇한다, 귀신을 쫓는다, 권능을 행한다는 말에 대해서 그리스도께서는 불법을 행하는 자라고 말씀했습니다. 누가복음 13장을 볼 때 '우리들이 주 앞에서 먹고 마셨고 우리들을 길거리에서 가르치지 않았습니까' 하는 이것도 어두움으로 저주받은 겁니다. 물론 가르친 적이 있지만 상관없는 사람들입니다.

갈라디아서 오늘 본문 볼 때, 바울 복음의 신적인 기원이라든가 그 권위와 능력에 대해 부인하게 하려는 시도가, 갈라디아 교회들에 들어와 있음을 바울은 크게 놀라움으로 경고하는 장면입니다. 대표적인 것 중에 그 당시 들어와 있던 이단적인 거짓된 복음이 율법의 용도와 성격을 잘 몰라서 발생합니다. 물론 복음으로 구원을 받지만 그래도 이렇게 율법을 지켜야 되지 않느냐고 합니다. 아직 초창기이기 때문에 많은 유대사상을 가진 사람들이 소위 신약교회 가운데 들어왔습니다. 그런 자들을 향해서 '성령으로 시작했다가 육체로 마치겠느냐' 이런 불호령을 하나님께서는 하십니다.

고린도후서 11장을 보면 재미있는 비유가 나옵니다. '바른 복음은 바로 정결한 처녀로 한 남편인 그리스도께 드리기 위해서 복음을 전파하는 거지만, 다른 복음은 이건 뚜쟁이들이다.' 정결한 처녀를 사창가에 팔아먹는 격으로 바울이 비유하는 말씀입니다. 요한계시록 13장 11절에서 15절을 보면 바로 다른 복음, 거짓된 것에 미혹되는 내용이 나옵니다. 땅에 거하는 자들이 미혹을 받는다고 선언합니다.

땅에 거하는 자들은 선택받지 못한, 하늘에 거하는 자들의 반대편에 선 자들을 지칭합니다. 바로 큰 짐승이 나타나 큰 이적으로 사람들 앞에서 불이 하늘로부터 땅에 떨어지게 한다고 그랬습니다. 그러니 많은 사람들이 '바로 이 사람이 메시아로구나! 바로 이 사람이 구주구나!' 한바탕 소동을 벌입니다.

또 사람이 만든 짐승 우상에게 생기를 줘서 그 우상이 말하도록 함으로 말미암아 많은 사람들이 경배하도록 합니다. 경배하지 않는 자들을 전부 죽이는 역사가 있을 것을 요한계시록에서 말씀합니다. 요즘도 많은 사람이 복음을 가장해 복음서에 나타난 성경의 능력이 나타나야만 복음이라고, 귀신도 쫓아야 되고, 병도 고쳐야 되고, 방언도 해야 된다고 가르칩니다. 이것은 다른 복음입니다. 한마디로 말하면 생각할 필요조차 없습니다.

한국교회들의 상태

그런 만큼 이런 것들을 잘 살피기 위해서 한국교회의 현황들을 조금 말씀드린다면, 소위 율법주의를 복음인 양 가르치는 사람들은 대개 보수를 자처하는 파들입니다. 기독교장로회이건 기독교성결교이건 '기독교' 자 들어가는 것 말고, '예수' 자 들어가는 파들입니다. 예수교감리교, 예수교성결교, 예수교장로교, 이런 것들이 대개 소위 보수파에 속합니다. 물론 침례파 중에도 일종의 보수를 자처하는 자들도 있습니다.

그 다음 또 반법주의는 완전히 율법을 부인하고 오직 복음을 앞세웁니다. 이건 대개 침례파 내지는 교회 밖의 이단들이 반법주의자들입니다. 또 소위 합리주의라고 해서 사회적인 구원을 향해 복음을 곡해하는 자들은 대개 진보주의적인 사상을 가진 자들이 많이 자행하고, 그 반대편에 있는 신비파들은 율법도 아니고 복음도 아니고 제멋대로 지지고 볶는 경우입니다. 이런 오합지졸같은 온통 더러운 것들이 한국교회를 물들이는데 크게 주시해야 합니다.

그나마 소위 칼뱅주의다, 개혁파다 해서 바른 복음을 자처하는 파들이 대한예수교장로회입니다. 이 간판을 가지고 다른 복음을 껴넣는 것이 거의 한 100개 교단이 넘습니다. 대한예수교장로회 간판이 말입니다. 다른 파들은 일단 우선 걷어치우고 이른바 대한예수교장로회 가운데 이와같이 파들이 많은데, 이 가운데 겉으로 정통을 자처하는 파가 바로 부산 내지는 서울에 있는 고려파, 또는 고신파 일종이 있고, 그 다음 대한예수교장로회 중에 개혁파라는 두어 가지가 있습니다.

그리고 저쪽 사당동에 있는 대한예수교장로회 합동파, 그것에서 몇 차례 계속 세포분열한 소위 비주류의 많은 보수파들이 있습니다. 좌우간 이러한 파를 보더라도 복음을 가르치는 교회와 사람들이 있지만, 바른 복음을 전파하는 교회는 많지 않습니다.

게다가 이런 교회들을 뒤에서 떠받치고 있는 각파의 신학교들을 보십시오. 신학 선생들이 복음을 알고서 가르치느냐 하면 대부분 그렇지 않습니다. 그중에 적은 수가 뭔가 바른 복음을 견지하려 하지만 대세에 밀려버립니다. 책임지고 소개할 신학교가 없습니다. 책임지고 소개할 교단이 없습니다. 언약의 연장선상에서 우리는 믿는 바 역사적인 신앙고백이 있습니다. 그러한 흐름 가운데 과연 들어서 있는지를 살펴야 합니다!

지금은 다른 언약을 주시는 것이 아니기에, 역사적인 신조로 말미암아 동일한 교회를 세워가는 거기에 우리의 구원과 복음을 더욱 바르게 확립해 나가야 하고, 특별히 복음전파에서 전투적인 자세를 어떻게 생애 가운데 나타내야 할 것인지를 잘 생각해 나가야 합니다. 그냥 적당히 복음은 확립되지 않습니다. 뱀의 새끼들이 그냥 있겠습니까?

마지막으로 고린도후서 10장 3절에서 6절까지 읽고 마치겠습니다. "우리가 육체에 있어 행하나 육체대로 싸우지 아니하노니 우리의 싸우는 병기는 육체에 속한 것이 아니요 오직 하나님 앞에서 견고한 진을 파하는 강력이라." 여기 견고한 진은 바로 사탄의 왕국을 말하는 것 아닙니까? "모든 이론을 파하며 하나님 아는 것을 대적하여 높아진 것을 다 파하고 모든 생각을 사로잡아 그리스도에게 복종케 하니 너희의 복종이 온전히 될 때에 모든 복종치 않는 것을 벌하려고 예비하는 중에 있노라." 복음의 능력과 확신이 아니면 이런 것이 발생할 수 없습니다.

기도

하나님 아버지여! 오늘 우리들이 복음을 설명해 주는 여러 가지 도리들에 대해서 잠깐 생각해 보았습니다. 복음은 범죄한 아담을 향해 하나님께서 허락해 주신 것입니다. 그것을 토대로 하나님께서 꾸준히 더욱 큰 경륜을 펼치시기 위해 계속 언약을 갱신시키면서 여러 일꾼들을 세워왔사오며, 또한 여러 가지 어두운 세태 가운데서 꿋꿋하게 적은 무리들을 남겨 두심으로 말미암아 오늘의 교회가 보존되게 하셨사옵니다. 이처럼 거룩한 복음 진리가 하나님의 택한 백성들을 구원해내기 위해서 오늘날까지 소수의 교회 가운데 이 복음을 견지시킨 것을 알게 될 때 감사하옵나이다.

하지만 사람이 볼 때, 적은 무리일지라도 이 복음이 얼마나 광대하고 세계 역사의 모든 것들을 책임지고 나가는가를 생각해 볼 때, 저희들이 복음을 견지한 사람이라 한다면 얼마나 저희의 생각이 넓어야 하겠으며, 저희의 통찰력이 얼마나 예리해야 할 것인지를 생각하게 되옵나이다.

주여, 저희의 좁은 소견을 넓혀 주시며 연약한 것들을 더욱 강하게 해 주심으로, 복음과 더불어 하나님의 언약이 어떻게 능력있게 이땅에서 이루어지는 것을 바라보고 큰 찬송과 기쁨을 늘 주 앞에 드리도록 하시옵소서. 저희 교회가 아무리 바른 복음을 견지하고 더욱 분명한 교회를 세워 간다고 하지만, 자만할 수 없고 언제 어떻게 거룩한 복음으로부터 더러운 것으로 전락될까 늘 경계를 갖지 않을 수 없사옵나이다.

주여! 저희 교회의 적은 무리 가운데서 하나님의 크신 복음의 역사가 나타나기를 바라옵나이다. 이 일에 참여하는 사람들을 더욱 복음에 충만한 삶을 살게 하사, 생활 가운데서 복음을 전파함으로 동일한 형제들을 많이 불러내셔서, 하나님의 뜻을 이 시대를 향해 이루어나가도록 하시옵소서.

구주 예수 그리스도의 이름으로 기도 드리옵나이다. 아멘.

9강

자유

이사야 61:1-3

1 주 여호와의 신이 내게 임하셨으니 이는 여호와께서 내게 기름을 부으사 가난한 자에게 아름
다운 소식을 전하게 하려 하심이라 나를 보내사 마음이 상한자를 고치며 포로된 자에게 자유
를 갇힌 자에게 놓임을 전파하며
2 여호와의 은혜의 해와 우리 하나님의 신원의 날을 전파하여 모든 슬픈자를 위로하되
3 무릇 시온에서 슬퍼하는 자에게 화관을 주어 그 재를 대신하며 희락의 기름으로 그 슬픔을 대
신하며 찬송의 옷으로 그 근심을 대신하시고 그들로 의의 나무 곧 여호와의 심으신바 그 영광
을 나타낼지라 일컬음을 얻게 하려 하심이니라.

복음과 선포 〈1〉 _ 9강

자유

이사야 61장 1-3절

좋은소식에 대한 것을 계속 공부하겠습니다. 오늘은 풀려나는 것과 관련해서 해방, 다른 말로 '자유' 와 복음이 어떻게 연관이 있는지를 간단하게 생각해 보겠습니다.

복음 가운데에서 그리스도와 더불어 행진하는 마음자세는 늘 싱싱하고 새롭고 또 기댈 만하고 늘 바라면서 살아가도록 돼 있습니다. 그런 만큼 과연 우리가 복음 안에서 자유를 세상의 삶, 전투 가운데 얼마나 구가하고 있는지를 늘 돌아보는 자세가 필요합니다.

자유에 대한 계시의 점진성

하나님께서는 우리를 구원하시는 역사를 펼치시는데, 애굽으로부터 구출하신 사실, 그 다음 이스라엘 왕국이 멸망당한 후에 이방 왕국인 바벨론에서 전격적으로 구원해 내신 사건, 마침내는 구속 중의 절정인 예수 그리스도로 말미암아 구원을 완성하시고, 그후에 이방인의 세계까지 복음이 전파됨으로 로마의 압제로부터 복음으로 점진적이면서도 더욱 강력하게 외형상 볼 때에 큰 자유를 하나님께서 이땅에 펼쳐주신 것을 주시해야 합니다.

에덴에서 아담이 누렸던 정도의 자유가 아닙니다. 물론 우리가 부패성을 늘 가지고 있기 때문에 매일같이 실패하고 자유를 뺏고자 하는 세력에게 많은 범죄를 저지를지라도, 에덴에서 누렸던 정도의 자유가 아닌 것 앞에서 늘 고마워하고 기쁨을 잃어선 안 됩니다.

개인에서 한 민족으로, 그 다음 국가를 세우셔서, 마침내 세계 가운데, 하나님께서는 자유를 이땅에서 완전한 계시로 말미암아 완성을 이루셨습니다. 이제는 어떤 정치가가, 어떤 철학자가, 사회운동 하는 자들이 세상에 있는 인간들을 향해서 자유를 줄 수 없습니다.

에덴에서의 아담의 자유, 가나안땅에 입성한 아브라함의 자유, 출애굽 후 광야교회에서 모세를 통해 가르쳐 주신 자유, 하나님의 약속가운데 큰 왕국을 건설했던 다비드 왕의 자유에 대한 계시, 마침내 예수 그리스도로 말미암아 이땅에 강력하게 서가고 있는 은혜의 왕국에서 사역한 사람 중에 대표적인 사도 바울을 통해서 자유에 대한 가르침은 절정을 이룹니다.

하지만 지금은 우리가 누려야 할 자유를 뺏고자 하는 악한 세력의 도전이 어느 때보다 강력한 시대입니다. 따라서 성경말씀 가운데서 이 자유를 뺏기지 않도록, 자유를 얻은 사람이라면 과연 어떻게 하나님과 이웃에 대해서 사랑의 행위를 베풀 것인가 하는 것을 여러 가지 방편으로 많이 가르쳐 주고 있습니다.

사랑의 법과 자유

신명기 5장 15절과 15장 15절 두 군데 가르침은 대조적이지만 똑같은 원리에서 나왔습니다. '기억하라' 고 서두에 말씀하면서 애굽의 종이었을 때 여호와께서 크신 손, 펴신 팔로 구속해 내신 것을 기억하는 자라면 안식일을 지키라고 명하고 있습니다. 여기 안식일은 하나님의 법을 대표해서 한 가지를 말씀한 것입니다.

이것을 보면 하나님의 법을 따르는 가운데 진정한 자유가 있지, 하나님의 뜻을 순종하지 않는 자에게 어찌 자유가 있겠습니까? 양심이 증거합니다. 과연 그 사람이 진정한 구원의 믿음의 소유자라면 양심이 견딜 수 없습니다. 하나님의 법을 떠나서는 말입니다.

그리고 종에 대한 법을 모세의 법에서 많이 가르쳐 줍니다. 다시 말하면 큰 사랑을 입은 사람이라면 이웃에 대해 사랑의 관계에서 크게 대우해 줄 것을, 관대할 것을 여러 가지 사회법이라든가 심지어 혼인의 문제까지도 분명하게 가르치십니다.

최근의 사건 중에 어떤 사람은 자기의 자유를 박탈했다고 해서 20년 전의 어떤 사람을 칼로 찔러 죽인 사건도 있었습니다. 그건 아직 자유가 뭔지를 모르는 사람들이 서로 망가뜨리고 서로 죽이고 하는 처참한 일에 지나지 않습니다. 사망과 죄의 권세가 피조물 전체를 얽어매는 활동을 얼마나 거세게 하고 있는지, 세상에 있는 온갖 분야에서 갖가지 방식들을 동원하여 사람들을 속이려고 이 자유를 헛되이 내놓고 꿈꾸도록 하는 일들을 볼 때 얼마나 무서운지 모르겠습니다.

성경이 말씀하고 성경이 가르쳐주는 자유가 아닌 모든 방편들은 전부 사람의 무능함을 나타내고, 필경 더러움 속으로 집어넣어 나오지 못하게 합니다. 맨날 점 보러 다니는 사람이 당장은 일시적으로 마음이 편함을 느낄지 모르나, 벌써 무당이라는 악신에게 얽매이기 때문에 또 금방 점치지 않고선 살 수 없게 됩니다. 마약과 마찬가지입니다. 죄악의 습관 같은 것들은 자유를 자꾸만 속박할 수밖에 없습니다.

복음의 자유와 개혁

어쨌든 자유랑 해방은 오직 창조주이며 구속주이신 하나님의 권한에 속해 있다는 것을 늘 전제해야 합니다. 하나님께서는 이것을 나타내기 위해 택한 자를 불러내시고 그들에게 끊임없이 은혜 베푸심을 통해서 또한 그리스도의 십자가로 말미암아 자유를, 해방을 이루셨습니다. 하나님과 화목으로 말미암아 자유는 발생합니다. 하나님과 친밀한 사귐이 점증되지 않는 가운데서 무슨 자유입니까? 자기가 임금 노릇하면서 말입니다.

다시 말하면 하나님께서 다스리시는 그의 백성들이 그분의 말씀을 귀담아듣는 가운데 참된 질서, 참된 아름다운 자유를 거룩한 열매로 나타낼 수 있습니다. 그런데 하나님의 법을 무시하고 따라서 무식한 사람들이 모여 어떻게 자유를 논한다는 말입니까? 자본주의사회에서 의식주부터 해서 사람의 쾌락, 복지를 만족하게 해 놓으면 거기에 자유가 있을 것 같습니까? 어림도 없습니다.

그런 의미에서 복음은 게으름뱅이의 말장난에 머물 수 없습니다. 칼뱅도 말했지만 능력적인 실천으로 말미암아 뿌리까지 뒤흔들어서 늘 새롭게 하는 새로움이 뒤따르는 가운데 자유가 있습니다. 개혁이라는 것, 뜯어고치는 것이 필요없는 사람과 필요없는 시대는 없습니다.

그렇다면 과연 우리는 복음을 제대로 알고 있습니까? 하나님의 뜻을 따르는 데서 하나님과 사랑의 참 맛을, 바로 이 죄로부터 풀려남만이 아니라, 하나님과 적극적으로 동행하는 데서 그 맛을 느낄 수 있습니다. 순종을 해봤어야 그 맛을 압니다. 사랑을 해봤어야 그 맛을 압니다. 제 계획이나 제 힘을 아무리 기대봐야 계속 자신을 얽매일 뿐입니다. 마침내 나올 수 없는 깊은 진흙탕에 빠져 끝장날 수밖에 없습니다.

얽매임이 얼마나 무서운지 아십니까? 오죽했으면 하나님의 선민인 이스라엘이 계속해서 패역한 것을 보십시오. 하나님이 생생하게 나타내 보여줌에도 계속해서 그 법을 따르지 않다가 마침내 멸망하고 말았습니다.

로마서 8장 21절에 보면 피조물조차 바라는 게 있습니다. 썩어짐의 종노릇한 데서 해방되어 하나님의 아들들의 영광스러운 자유에 이르는 것을 바로 피조물들도 고대한다고 그랬는데, 하나님 형상으로 지음받은 사람으로서 자유를 모르고 생을 설계하고 살아간다는 건 창피스럽습니다.

계시의 역사적인 사건에서 하나님의 도구로 쓰인 사람들의 가르침들을 보십시오. 신약도 그러하지만 구약에서 말입니다. 얽매임에 대한 것과 그 다음에 풀려남에 대해서 얼마나 힘차고 아름답게 노래합니까?

성령님의 강림과 자유

오늘 본 이사야서 61장 1절 이하 말씀을 히브리 본문으로 살펴보면 자유의 맛을 잘 알 수 있습니다. 본문을 대칭 말투로 멋지게 썼습니다. 이사야서 전체가 그렇습니다. 다윗만이 시인이 아니고 이사야도 놀라운 시인입니다. 복음으로 말미암아 발생할 예수 그리스도 안에서의 자유를 논하는데, 직설적으로 딱딱하게 쓰지 않고 한층 무르익어서 시의 형태로 표현합니다. 지금 이 본문을 해석하는 것이 아니기 때문에 그 맛을 다 설명하지는 못합니다.

어떻게 이사야는 이렇게 강력하고 힘찬 놀라운 자유를 바라볼 수 있었나 할 때, 바로 사람이 가지고 있는 비참함에 대해서 처절하게 체험했기 때문에 그렇습니다. 직접이건 간접이건 간에. 들려오는 말에 의하면 이사야는 왕의 후예라고 합니다. 왕족입니다.

아니, 어떻게 그 왕의 계열에 있는 사람으로서 이렇게 처절하게 인간의 저 밑바탕을 겪었겠습니까? 그런 사람이기에 하나님께서 복음을 듬뿍 담겨주십니다. 신약에서 버금가는 사람은 사도 바울입니다. 헬라어로 기록한 사도 바울의 편지글을 보십시오. 이런 편지 쓰는 사람이 없습니다. 어마어마합니다.

본문의 짜임새를 잠깐 살펴보더라도 한글성경번역들은 너무나 엉터리로 번역돼 있습니다. 1절 처음에 전체적인 틀이 나옵니다. '주 여호와의 신이 내 위에 임했다' 에서 '임했다' 라는 말은 원문에 안 나옵니다. 그리고 그 말씀을 수식하는 것이 1절 뒤에 '나를 보내사' 까지가 여호와의 신과 관련합니다. 그 신이 왜 어떻게 되는 거냐 했을 때, 나에게 기름을 부으실 목적이라는 말입니다.

성령님의 역사는 '기름부음' 즉 마쉬아흐משיח 이것은 헬라말로 흐리스토스χριστος, 그리스도를 지칭하는 말씀입니다. 다시 말하면 성령님을 받은 목적, 성령님께서 강림하셔서 거듭난 사람을 통해 복음을 전파하는 목적이 뭐냐 할 때, 그 뒤에 나옵니다. 가난한 자들에게 나를 보내셔서 아름다운 소식, 좋은소식을 전파하도록. 그러고서는 가난한 자가 어떤 자냐 했을 때 두 가지로 설명합니다.

어떤 자가 가난한 자냐? 했을 때 첫째로 마음이 상한 자라고 했습니다. 마음이 상한 자. 두째는 어떤 사람이냐 했을 때 2절 하반절에 나옵니다. 모든 슬픈 자. 여기 가난한 자를 두 가지로 이사야는 설명합니다.

그 다음 그러면 마음이 가난한 자가 어떻게 된다는 얘기입니까? '고친다' 는 말은 '하바쉬חבש' 로 싸매준다는 말입니다. 그 다음 슬픈자는 어떻게 합니까? 어루만져준다고 했습니다. '나함נחם' 입니다. 이 말 한마디 한마디를 히브리 말씀으로 계속 읽기만 해도 대단합니다. 마음에 기쁨과 자유를 맛보지 못한 사람은 모릅니다!

그리고 마지막 뒷부분에, 앞에서 '화관' 이라 번역된 똑같은 단어로, '영광' 이라 번역했는데, 임금이 쓰는 위용찬 관을 말합니다. 그것을 나타내도록 그 일을 하려고 여호와께서 심으셨다, 의의 나무로 심으셨다. 다시 말하면 열매를 맺는다는 얘기입니다. 이것이 바로 이스라엘 왕국이 전성기였을 때, 이사야를 통해 하나님께서 너희들은 망할 것이라고 39장까지 예언한 내용이 나옵니다.

40장 이후부터는 포로로 끌려간 다음에 어떠한 영광스러운 귀환을 할 것인가를 말씀하시는 가운데, 특별히 60장 이후부터 계속해서 놀라운 그 나라의 찬란함을 묘사하면서, 훗날 그리스도께서 얽매인 사람들을 어떻게 풀려나게 할 것인지를 간단하게 말씀한 것이 오늘 본분입니다.

이사야와 바울

이사야가 깨달은 자유에 대한 지극히 적은 부분의 가르침을 신약성경에서 보면, 이 부분을 바로 예수 그리스도께서 인용하십니다. 아직 복음 사역을 전폭적으로 하시기 전에, 갈릴리 어느 회당에서 이 말씀으로 '바로 이것이 나에게 응했다, 너희들 귀를 통해서.' 여호와의 신을 받고 기름부음 받은 것이 바로 예수 그리스도 자신이심을 천명하십니다. 이것을 다른 사람에게 전하도록 하지 않고, 누가라는 이방인 의사를 통해서 누가복음에 적도록 하십니다.

이것을 볼 때 이방인이지만 누가는 복음 가운데서 자유를 대단히 많이 깨달은 사람입니다. 누가의 동역자 중 한 사람이었던 사도 바울은 누가보다 한 걸음 더 뛰어넘어 큰 자유를 누렸던 사람입니다. 특별히 이방인의 사도로서 이사야가 살던 당시랑 비슷한 시대상을 바울이 느꼈는지도 모르겠습니다. 그런 만큼 바울의 글들을 보면, 이사야를 통한 가르침이라든가, 그 자신의 경험을 총망라하여 큰 자유를 얻은 사람으로서 복음의 깊은 것들을 예리하게 갈파한 것을, 그의 서신 전체를 읽어보고 또 읽어보면 자유로운 사람이 되지 않을 수 없습니다!

누가복음 4장 16절에서 이 부분을 인용하고 있고, 비슷한 것을 사도 바울은 고린도후서 6장 2절에서 '보라 지금은 은혜받을 만한 때요, 보라 지금은 구원의 날이다' 라는 이사야서 49장에 있는 말씀을 인용합니다. 이런 것을 볼 때 자유의 원천이 사도로부터 말미암은 것도 아니고 선지자에게서 온 것도 아니고, 하나님으로부터 하나님의 사랑의 계시로부터 자유에 대한 복음이 늘 전파돼 왔음을 알 수 있습니다. 그런데서 자유가 분명하지, 성경의 말씀 위에 든든히 서 있지 않고서야 어찌 자유를 논할 수 있겠습니까?

자유의 완성과 영광의 나라

1절에서 '주 여호와의 신' 이라는 말씀이 나옵니다. 고린도후서 3장 17절에 이런 말씀이 있습니다. '주는 영이시니 주의 영이 계신 곳에는 자유함이 있다.' 똑같은 얘기를 사도 바울이 씁니다. 매우 동질감을 느끼는 것입니다. 주의 영이 계신다는 것은 다른 말로 하면 하나님의 임재하심을 말씀하고 성령님께서 내주하셔서 계속 가르치고 이끄시는 전체 사역을 망라한 표현입니다. 물론 하나님에게 속한 임재의 정상, 자유의 완성은 영광의 나라입니다.

이땅 위에서 이 자유를 가장 절정으로 맛볼 수 있는 것은 예배입니다! 예배에서 신령과 진리로 경배하는 가운데 하나님과의 사귐에서 바로 나타나는 것입니다. 성도의 교제 가운데서, 적극으로는 이 세상을 향하여 강력하게 좋은소식을 알리는 가운데, 그러한 삶 가운데서 자유는 극대화됩니다.

복음전파하지 않는 사람이 어디 가서 어떤 자유를 누리겠다는 겁니까? 따라서 자유의 행사는 늘 하나님 앞에서 이웃과 더불어 성령님께서 역사하시는 무대 위에서 발생합니다. 그렇기 때문에 일정한 규범 가운데 발생하고 사랑과 믿음이 필연적으로 전제된 가운데 자유를 행사하게 됩니다.

에덴에서 하나님의 형상으로 지음 받았던 아담이 하나님과 더불어 행위언약인 거룩한 법을 체결하고 자유를 누립니다. 그런데 그게 무슨 속박으로 느꼈는지 뱀의 미혹을 받아서 그 자유를 찬탈당한 겁니다. 법이 없어야 자유스러울 것 같지만 그렇게 창조하지 않았습니다. 그건 하나님을 뒤엎어버리는 타락한 망발입니다.

왜 얽매임을 싫어합니까? 예수님께서 말씀하신 거지만 그 예수님의 멍에는 쉽다고 했습니다. 멍에를 매지 않고 무슨 자유를 논합니까? 그건 개인주의에 지나지 않습니다. 그러나 이젠 그리스도 안에서, 은혜의 왕국에서 은혜의 언약에 참여한 사람으로서, 아담과 같은 몸이 아니고 새로운 피조물로서 더 큰 자유를 누리고 있음을 신약에서 명백하게 말하고 있습니다.

과연 우리는 그런 자유를 어떻게 체험하십니까? 아니면 이 현실에 매여서 낑낑대고 있습니까? 자기의 신세타령이나 하고 악한 습관으로 맺어진 현실에 얽매여서 말입니다. 아니 그렇다면 복음을 아는 사람입니까? 욕심에 차도 꽉찬 사람입니다. 적어도 중생, 거듭남으로 말미암아 거룩함과 양자의 자유에 이르도록, 골로새서랑 에베소서에서도 말씀하지만, 지식에까지 하나님의 형상을 새롭게 하려고 큰 변화를 시키셨습니다. 계속해서 새로움을 입어가도록 성경은 명령합니다.

체휼과 자유

고린도전서 13장을 사랑장이다 해서 암송하지만 그 사랑은 다른 말로 바꾸면 자유로 바꿀 수도 있습니다. 참된 자유 가운데서 사랑이 나옵니다. 사랑이 인간의 힘에서 발생할 것 같습니까? 어림도 없습니다. 자유 가운데서 나올 수 있습니다. 그러니 온전한 것이 올 때 그때서야 얼굴과 얼굴을 맞대어 본다고 말씀합니다. 그런즉 믿음, 소망, 사랑 이것은 늘 있어야 된다는 말씀입니다. 이것을 보면 바울은 얼마나 자유자재했던가!

한편 하나님 안에서 얽매임이 없으면서 세상을 향해서는 누구보다 얽매인 사람입니다. 예수님 빼고 그 다음으로 얽매인 사람은 사도 바울이 아닌가 합니다. 홀로 세속을 떠나 산사에 들어앉아 목탁 치는 것이 과연 그것이 자유입니까? 기도원에 가서 뭐를 해보겠다고 하는데 그런 게 자유입니까? 자유가 뭔지를 모르는 사람입니다. 그런 것이 얼마나 더 냄새나는지 모릅니다.

그리스도께서 사람이 되시고 지극히 낮아지셔서 온갖 사람의 모든 비참을 체휼하셨습니다. 그러니 예수님만큼 얽매인 사람이 없습니다. 하나님께서 사람이 되신 것만도 엄청난 얽매임인데, 평생을 우리의 구속, 자유함을 위해 심한 통곡과 마음 상한 일들이 어디 한두 가지입니까. 예수님이 할 일이 없어서 그랬습니까. 그것을 본받도록 본을 보인 것이라고 말씀합니다.

그런데도 죄에 대해서, 자기 자신에 대해서 분수도 모르고 하나님 앞에서 소경된 상태에 있었던 그 바리새인들을 보십시오. 그래서 그런 자를 향해 야고보서 1장 25절에 보면, 자유의 율법을 들여다 볼 수 없기 때문에 영생의 복을 걷어차 버린 자로 경고합니다. 장님이 자유롭습니까. 답답한 겁니다. 복음의 장님은 제 갈길 갔으면 좋겠지만 꼭 그리스도를, 그리스도께 속한 지체들을 계속해서 해꼬지합니다. 참 이상야릇한 일입니다.

구약에서 복음전파와 하나님의 이름계시

본문 1절에서 아름다운 소식을 전한다는 말씀을 '바사르בשר' 라고 합니다. 어떤 사람이 얘기할 때 아나빔ענוים '가난한 사람들', 다른 말로 마음이 찢어지고 엉엉 우는 사람들을 싸매주고 어루만져주기 위해서 복음전파가 있다고 했습니다.

이것에 대해서 여기 '외친다' 는 말씀으로 번역해야 되는데, 애석하게도 1절에서 마지막과 2절에 보면 '전파한다' 로 옮겼습니다. 이건 '카롸קרא' 의 목적어로 나옵니다. '외친다' 는 말씀입니다. '전파' 는 뜻이 박약합니다. 어쨌든지 외치는 것을 목적했는데, 그중에 어떤 것이 있냐 하면

2절을 볼 때 양면이 있습니다.

여호와께 속한 '은혜의 해' 라고 그랬지만 이 '은혜' 는 조금 다른 것입니다. 이것보다 더욱 포괄성이 있습니다. 하나님의 흐뭇하신 뜻에 관련된 해를 말하는데 '롸 쫀 רצון' 입니다. 반면에 해꼬지한 자들에게는 엘로힘께 속한 '나캄 נקם' 앙갚음이 있습니다. 또 재미있는 대조는, 은혜는 해, 즉 은혜에 대해서는 일년이란 말을 썼지만, 앙갚음은 한 날에 쓸어버린다 해서 얼마나 마음이 상한 자를 위로하고 싸매시는지를 극적으로 묘사합니다. 이 말씀은 언제나 이루어집니다.

이사야서 49장 8절에 보면 '은혜의 때에 내가 너희에게 응답했고 구원의 날에 내가 너를 구했다' 는 말씀은 고린도후서 6장에서 바울이 해석했지만, 여기서도 여호와יהוה라는 말과 엘로힘אלהים이라는 말을 구별하여 쓴 것을 보면 한 단어 한 단어를 유심하게 사용했음을 알 수 있습니다. 그러니까 구원받은 백성들에겐 '여호와' 란 말을 쓰고, 압제하는 자들을 쓸어버리는 것은 능력있는 분으로 나타내기 위해 '엘로힘' 을 쓰는 겁니다.

자유를 고린도전서 13장도 말씀했지만, 영광의 소망이 필시 따릅니다. 겉사람은 맨날 썩은 냄새가 날 수밖에 없기 때문에 고통합니다. 십자가를 떠나서 살아갈 수 있는 사람은 없습니다. 그 십자가의 연단 가운데에 제대로 되는 사람은, 그렇기 때문에 더욱 소망을 영광스럽게 간직합니다. 이런 것이 없는 사람은 현세의 애착에 억압을 당합니다.

그런데 오늘날 민주주의니 자유주의니 많은 사람들이 외치지만 세상이 얼마나 썩어빠져 들어갑니까? 그것은 거짓된 자유입니다. 적어도 그리스도께서 승천하신 일들, 왜 승천하셔서 어떤 일을 행하시나 하는 것에 대한 관심과 마침내 그분께서 다시 오신다는 것을 바란다면, 유익하다고 생각하는 걸 다 배설물같이 여겼던 바울을 닮아야 합니다! 어떤 유익한 게 있습니까, 어떤 현안들이 있습니까? 이따 집에 가서 할 일이 어떤 것들이 있습니까? 근본 우리의 마음 자세, 양심의 자세를 하나님의 빛 가운데 늘 비춰봐야 합니다.

슈나트 롸쫀 שנת רצון은 '은혜의 해' '흐뭇하신 선하신 뜻의 해' 라는 말씀으로, 자유로운 시절은 여호와께 속했다는 말씀에서 나타나 있지만, 이건 사람의 소관이 아닙니다. 왜 이렇게 구질구질한 캄캄한 날이 계속되는가? 왜 이렇게 만사가 펴지지 않는가? 그게 자칫 방향 잘못 잡으면 하나님에 대해서 원망과 불평을 할 수 있습니다. 신경질 바가지가 됩니다. 칼뱅의 말을 빌려본다면 말입니다. 그건 어리석은 겁니다.

자유의 회복과 혼인비유

이삭과 이스마엘의 비유를, 갈라디아서에서 자유를 찬탈당했던 교회를 향해 바울이 이 비유를 푸는 가운데, 이삭은 바로 성령으로 난, 자유로운 여자로부터 난 아들로 말씀합니다. 얼마동안 세상에 속한 아들인 이스마엘에게, 육신에 속한 자에게 핍박을 당할 수밖에 없습니다. 물론 하나님께서 정한 때에 내쫓지만 말입니다. 그런 만큼 때가 무르익어 그리스도께서 오셨듯이 모든 일들이 때가 무르익어야만 됩니다.

인내의 소망을 간직할 것을 성경은 계속해서 말씀합니다. 이런 것에 대해 재미있는 표현이 이사야서 62장 1절에서 5절에 나옵니다. 한번 보십시오. "나는 시온의 공의가 빛같이 예루살렘의 구원의 횃불같이 나타나도록 시온을 위하여 잠잠하지 아니하며 예루살렘을 위하여 쉬지 아니할 것인즉 열방이 네 공의를 열왕이 다 네 영광을 볼 것이요 너는 여호와의 입으로 정하실 새 이름으로 일컬음이 될 것이며 너는 또 여호와의 손의 아름다운 면류관 네 하나님의 손의 왕관이 될 것이라." 61장 이후에 계시하는 것을 전제로 읽어보십시오.

4절에 '다시는 너를 버리운 자라', 여기 버리운 자란 말은 아주바 עזובה입니다. 소리를 연상해 두십시오. '칭하지 아니하며 다시는 네 땅을 황무지, 슈마마שממה라 칭하지 아니하고, 오직 너를 헵프찌 바흐חפצי בה', 이 말과 황무지라는 소리가 말놀이합니다. '네 땅을 브울라בעלה라 하리니 이는 여호와께서 너를 기뻐하실 것이며 네 땅이 결혼한 바가 될 것임이라.' 여기 '브울라'는 앞에 있는 말인 '아주바'와 소리 연상을 해서 이런 식으로 회복할 것이라는 예언입니다. 혼인을 통해서 구속받은 이스라엘 백성을 적어도 하나님께서는 어떠한 상대로 여기시고 있는가를 말씀합니다.

'은혜의 해'에 대한 것은 레위기 25장 10절에 보면 요벨יובל이라는 '희년'에 대한 가르침이 있습니다. 그것에 대한 성취를 이사야가 예언하는 장면입니다. 거기 보면 제50년째 되는 해에는 모든 전국 거민에게 자유를 공포할 것을 말씀합니다. 따라서 자기의 기업으로, 자기의 가정으로 돌아가게 합니다.

그런데 거기서 전국에 있는 거민에게 자유를 공포한다 할 때 그 '자유'는 보통 말하는 하파쉬חפש가 아니고, 여기선 드로르דרור로서 한글개역성경에 '자유'로 번역돼 있는데, 드로르라는 말은 제비가 쏜살같이 날아가는 모습 또는 번개불이 번쩍하는 의미로 씁니다.

이것을 볼 때 하나님께서 정하신 '흐뭇하신 해'는 사람이 볼 때 막막한 것 같을지라도 제비가 쏜살같이 날아가는 것처럼, 하나님께서는 그렇게 우리를 배려하신다고 할까, 이렇게 하나님의 마음을 아는 것이 중요합니다.

성령님의 내주와 십자가를 걸머짐

본문 말씀에서 이사야가 갈파하는 것은, 아직 복음이 전격적으로 선포되기 전에 교회의 상태를 내다보면서 예언하고, 적극으로는 그리스도를 떠난 사람들을 어떻게 하나님께서 회복시키실 것인가를 약속하는 말씀입니다. 그런 만큼 복음전파를 받는 데서 예외가 되는 사람은 한 명도 없습니다. 왜? 죄에게 종노릇하지 않은 사람은 없기 때문입니다. 신자라고 할지라도 얼마나 죄에 대해서 고심했던 바울의 고백을 보십시오. 매일같이 고통하는 것이 죄와의 싸움입니다!

복음전파의 목적은 뭐니뭐니해도 하나님의 이지러진 형상을 회복시키는 일인데, 그리스도를 통한 은혜의 부르심으로 늘 나타납니다. 따라서 그런 것을 하려고 성령님을 이땅에 보내셨고 우리 속에 내주시키십니다. 성령님을 받았다면 복음전파를 위해서 부르십니다. 다시 말하면 자유를 외치도록! 그런데 자유도 모르는 얼간이 같은 세상 사람들의 습성을 타파하지는 못할망정, 거기에 끼어들어 살아보겠다고 빌빌거립니까? 그렇다면 아직 성령님을 받았는지 혹시 성령을 모독하는지 어떻게 압니까? 성령님을 좇고 성령님의 가르침을 받고 그분을 의지한다면 그렇게 살아갈 수 없습니다.

적어도 그리스도께서 이땅에서, 세상 가운데서 일해 나가실 때 자신의 인성에 속한 본능 또는 인간적인 계획 같은 것을 하나도 쓰지 않으셨습니다. 십자가의 도를 걸머지시는 방편으로 말입니다. 오히려 적극으로 성령님의 가르침, 이끄심을 받으면서 모든 일들을 감당하셨습니다. 신이신 그분께서도! 그런데 우리는 어떻습니까? 말로 그리스도의 제자니 십자가를 지니 하면서 말입니다.

요즘 세상나라가 움직이는 거 보십시오. 온갖 세금 거둬들여서. 복지국가 자유민주주의를 실현해 보겠다고 자유총연맹 어쩌고 저쩌고! 다 어리석은 인간들의 푸념이고 필경 마귀의 밥을 만들기 위해 얽어매려고 하는 수단들입니다. 거기에 속아넘어가면 안 됩니다. 세금을 달라면 주십시오. 그들 것이니까.

인간들이 세운 왕의 제도를 보십시오. 그 백성들의 피땀을 긁어내서 등쳐먹는 겁니다. 물론 넓게는 하나님의 일반적인 도구로 쓰일지라도 궁극적인 건 그들의 일을 하는 겁니다. 사회주의가 어쩌구저쩌구, 민주주의가 이러쿵저러쿵 해 봐야 다 세상 사람들의 논리입니다. 그런 걸 뛰어 넘어서 살아가야 합니다. 참 자유를 좇는 사람이 얼마나 적은지 모르겠습니다.

적어도 '제자의 도'와 '자유'는 뗄 수 없습니다. 그리스도께서 자신의 몸을 화목제물로 드리심으로 말미암아 허락하신 것이 자유인데 말입니다. 십자가의 도는 세상의 지혜에 속한 사람들에게는 미련하게 보입니다. 능력을 주는 구원을 맛볼 수 없습니다. 따라서 제 십자가가 뭔지를 바로 안다면 적극적으로 지고 나가지 않고서는 견딜 수 없는 심정이 생기고, 그 가운데에서 많은 혹독한 환란을 겪습니다. 이걸 보통 그리스도의 환란에 참여한다고 말합니다. 물론 예수님의 당한 고초에 억만 분지 일도 안 되겠지만, 하나님께서는 똑같은 환란으로 여겨주십니다.

십자가를 걸머지는 가운데에서 환란을 통과하면 할수록 더욱 큰 자유에 이르게 됩니다. 그런 것이 없이는 될 수 없습니다. 편하게 슬슬 살아가면 살아가는 만큼 자유는 점점 거리가 멀어집니다. 그러다 보면 필경 게으름이 나오고 마침내 하나님의 은혜를 배반하는 일이 생깁니다. 따라서 하나님께서 주신 은사로 말미암은 여러 가지 재능들을 발휘할 때, 도둑들이 뚫고 훔쳐가는 땅에 보물을 쌓아서 되는 것이 아니고, 보물은 하늘에 쌓는 겁니다. 왜? 그 보물은 하나님이 주신 권능으로 말미암아 생기기에 하늘에 쌓아야합니다! 그러한 심정으로 살아가야 합니다.

종노릇과 자유로운 처신

따라서 뒷부분 3절 하반절에 '심으셨다'는 말씀, 이 말씀은 다시 말하면 너희들이 앞으로 포로로 끌려가 혹독한 얽매임에 정처 없는 방황의 삶을 살겠지만, 하나님께서 너희들을 심으셨다, 즉 하나님의 영원한 선택 또는 부르심을 확증해 줍니다. 이것도 어떤 나무냐 할 때 쩨데크צדק라는 나무, '의' 라고 하는 딱딱한 나무로 심으셔서 열매를 약속한 것입니다. 심는 이가 다르고 물주는 이가 다르지만 자라게 하시는 건 하나님이십니다. 즉 새로운 피조물로서 임금님이신 하나님의 영광을 나타내도록 하신다는 말씀입니다.

하나님께서 심으신 자는 바로 안정된 삶을 보장받습니다. 세상에 어떤 것으로도 안정된 자유를 구가할 수 없습니다. 마태복음 11장 28절에서 30절에 있는 말씀이 그것입니다. "수고하고 무거운 짐진 자들아 다 내게로 오라!" 이건 십자가를 져 본 사람이 깨달을 수 있는 말씀입니다. 적게는 율법을 행해 보려다 그 가운데 강탈당해서 처참하게 쓰러진 사람에게 들려주시는 복음의 말씀입니다. 그런 자에게 그리스도께서 자신의 멍에, 쉬운 멍에를 매준다고 말씀하셨습니다.

그리스도께서 종의 모습을 보이시면서 그 길을 걸어가신 것처럼, 사도 바울이 '나는 날마다 죽는다' 고 한 것은 대단히 힘찬 말씀입니다. 죽는다는 건 십자가를 의미합니다. 거기 덧붙여 갈라디아 교회들에 보낸 편지에서 바울은 '내 몸에 예수의 흔적을 가졌노라' 고 합니다.

그 길을 걸어왔던 자서전적인 고백 가운데 고린도전서 9장 4절에서 6절을 보면 세 가지 권한을 포기했다는 말씀이 나옵니다. 어떤 것을 포기했냐 할 때 '내가 게바와 같이 아내를 데리고 다닐 권이 없겠느냐' 혼인과 그에 따른 생활 전체를 포기했습니다. 그리고 먹는 문제에 대한 권한도 포기합니다. 그 다음에 일할 권한, 다시 말하면 일해서 뭔가 이득을 얻는 이런 것들도 포기했다고 합니다.

적어도 복음 가운데 자유를 누리는 사람으로서 모든 자에게 종노릇하려다 보니까, 자기의 모든 뜻과 계획은 다 날려버립니다. 이거 쉬운 문제 같습니까? 이런 것들을 당해 봐야 하고 이런 것들을 철저하게 생을 통해서 겪어나갈 때, 그 사람이야말로 모든 사람에게 종노릇하는 '나는 날마다 죽는다' 는 고백을 하게 됩니다. 그게 바로 참된 자유인입니다.

이러한 자유로운 사람으로서 처세관에 대한 것이 빌립보서 4장 11절부터 13절에 나옵니다. '내가 궁핍함으로 말하는 게 아니다 어떤 형편이든지 내가 자족하기를 배웠다 내가 비천에 처할 줄도 알고 풍부에 처할 줄도 알아 모든 일에 배부르고 배고픔과 풍부와 궁핍에도 일체의 비결을 배웠노라 내게 능력주시는 자 안에서 내가 모든 것을 할 수 있다.' 자유자이기 때문에 이 말을 합니다. 순복음파는 이 말씀을 자기네 전매특허같이 왜곡해서 쓰기도 합니다.

이거랑 걸맞는 표현이 고린도후서 4장 7절에서 12절까지 나옵니다. 사방 우겨쌈을 당해도 굴하지 않겠다는 얘기입니다. 바로 자유를 맛보고 있는 사람입니다. 이러한 것에 대하여 성경에서 경고하는 것 중에서, 자유를 남용하거나 오용하는 것에 대해 가르친 것이 있습니다. 갈라디아서 5장 13절은 남용한 경우입니다. '자유를 위한 부르심으로 육체의 기회를 삼지 말고 오직 사랑으로 서로 종노릇하라.'

베드로전서 2장 6절에는 '자유로 악을 가리우는 데 쓰지 말고 하나님의 종과 같이 하라.' 여기 악을 가리운다는 말은 오용하는 것입니다. 다른 말로 하면 실족케 하는 일들이 발생할까 염려하라는 얘기입니다. 자신이 실족하든 다른 사람이 실족하든.

자유는 양심의 권세

그래서 다른 데 보면 "이 자유함이 약한 자에게 거치는 것이 되지 않도록." 여기서 말씀하는 자유함은 엘류쎄리아 *ελευθερια*가 아니고, 엑쑤시아 *εξουσια* 즉 '권세' 라는 말입니다. 한글개역성경이 엑쑤시아를 '권세' 로 번역하지 않고 '자유' 로 번역한 것은 애석한 감이 있습니다.

이 자유야말로 힘 중의 힘입니다. 딴 게 힘이 아닙니다. 세상에도 자유가 힘이라고 사람들이 말할 정도인데, 그렇게 자유를 누리는 신령한 자를 세상이 감당할 수 없습니다. '약한 자의 양심을 상하게 하는 게 그리스도께 죄를 짓는 거다.' 이것을 볼 때 자유는 늘 양심을 상대해서 하나님께서 나타내도록 하십니다. 내가 강자를 자처한다면 약자로 여기는 사람의 양심을 함부로 거치게 하지 마십시오.

그러면 아까도 말했지만 먹을 것 '내가 고기 먹어서 딴 형제, 약한 형제가 실족된다면 내가 영원히 고기를 먹지 않겠다.' 바울은 고기도 많이 안 먹었을 겁니다. 적어도 복음을 아는 사람입니다! 결혼 못하면 어떻습니까. 안 하면 그만입니다. 왜? 다른 약한 형제를 위해서 말입니다. 직업? 돈 많이 버는 직업이 문제가 아니고, 다른 약한 형제가 실족하면 어떡합니까. 세상 사람이 피하는 직업을 내가 하면 됩니다.

이런 말씀을 해 주십니다. '이기기를 다투는 자마다 모든 일에 절제한다.' 이건 자유를 아는 사람만이 할 수 있습니다. 그 말씀에 뒤이어 복음을 전파한 후에 자기 자신이 혹시 버림이 될까 두려워하는, 따라서 제 자신을 쳐서 복종시킨다는 말씀이 나옵니다.

자유와 드림

자유의 개념은, 예배 가운데 연보 또는 재물이라는 구약의 표현에 의해서도 그 개념을 엿볼 수 있습니다. 고린도후서 8장에서 후한 연보의 '후하다'는 말씀이 영어 성경엔 '자유'라는 말로 번역된 하플로테스 *απλωτης* 인데, 자유가 함의하는 성품에 넉넉함, 후함이 있습니다. 인색한 건 자유를 모르는 사람입니다!

제물을 자유의 개념으로 쓴 것 중에 자원제가 있습니다. 구약에 보면 제사 중에 스스로 알아서 지내는 제사입니다. 시편 119편 108절에 보면 입의 낙헌제란 말을 합니다. 제물을 드리기 전에 입술을 드린다 즉, 찬송의 제사를 드린다는 말씀입니다.

호세아서 14장 2절을 보더라도, 입술로 수송아지를 대신해서 주께 드리겠다는 말씀이 있습니다. 시편 69편 30절, 31절에도 노래로 하나님의 이름을 찬송하는 것이 황소를 드리는 것보다 여호와를 더욱 기쁘게 한다는 고백이 있고, 히브리서 13장 15절에서는 이것을 찬미의 제사라고 했는데, 이처럼 자유는 하나님께 드림에도 깊이 관여돼 있습니다.

하지만 이러한 것을 틈타는 일들이, 에덴에서도 자유를 엿보는 사탄의 궤계가 있었듯이, 늘 있음을 주의해야 합니다. 특히 실족케 하는 것과 내가 실족을 당할 수 있다는 것을 경계하면서, 가만히 들어온 거짓 형제로 말미암아 자유 아닌 것을 자유인 것같이 속이게 하는 이상한 일들을 경계하면서 나가야 합니다.

기도

하나님 아버지여! 우리에게 모든 것을 넉넉하게 약속하셨고 현실적으로 알맞게 주신 것을 감사하옵나이다. 저희에게 감당하지 못할 은혜와 그것으로 말미암은 역사에 참여하도록 갖가지 참여를 허락해 주신 것을 감사하옵니다. 주여! 이러한 것들을 우리를 위해 악용하지 않도록 하시며, 이웃을 향해 거룩한 건덕을 세우는 데 기여하도록 하시옵소서.

신, 불신을 막론하여 하나님의 형상으로 지음받은 세상의 모든 사람을 향해 거룩한 사랑을 강력하게 나타내도록 하시며, 정죄하는 악한 습성에 빠지지 않도록 해 주옵소서. 그리스도를 위해 모든 것을 버린 자답게 늘 초연한 자세로 환란가운데 십자가를 묵묵히 걸머지고, 하늘의 큰 위로와 기쁨을, 감사를 간직하면서 나가도록 하시옵소서.

이러한 자유를 호소하며 맛보고자 하는 사람들이 이 세상에 널려 있사오니 주여, 그들을 향해 그 가난한 백성들을 향해 좋은소식을 알리는 일에 더욱 노력하도록 저희를 강력한 장성의 신자들로 만들어 주시옵소서. 우리의 분수를 살펴 넘어가지 않도록 하시며, 알맞게 저희 앞에 있는 모든 일들에 대해 심혈을 기울이며 올바로 나가도록 하시옵소서.

구주 예수 그리스도의 이름으로 기도 드리옵나이다. 아멘.

10강

다스림

로마서 5:17

17 한 사람의 범죄를 인하여 사망이 그 한 사람으로 말미암아 왕노릇하였은즉 더욱 은혜와 의의
선물을 넘치게 받는 자들이 한 분 예수 그리스도로 말미암아 생명 안에서 왕노릇하리로다

복음과 선포 〈1〉 _ 10강

다스림

로마서 5장 17절

그리스도와 더불어 왕노릇함

좋은소식과 관련해서, 하나님께서 그리스도와 더불어 우리에게 다스리게 하신다, 왕노릇하게 하신다는 말씀을 생각해 보겠습니다.

믿음살이는 복음계시 안에서 먼저 하나님을 배워 알아가는 것과 더불어 그분의 뜻을 따르는, 복종이 밀접하게 관련해서 나타납니다. 소요리문답을 보더라도 이 두 가지로 되어 있습니다. 서른여덟 번째 문제까지는 하나님에 대해서 알아야 할 바를 기록했고, 그 뒷 부분부터는 어떻게 하나님을 복종할 것인가 하는 가르침이 우리가 고백하는 신앙고백에도 적혀 있습니다.

복음 가운데서 다스린다는 것은 유별난 것이 아니고 하루하루 살아가는 가운데 나타내는 것입니다. 따라서 복음 가운데 있는 삶의 특성에 대해서 성경에 많은 비유로 가르칩니다. 특히 바울이 가르친 몇 가지 표현들을 볼 때 “그리스도 예수의 좋은 군사다” 하는 말씀, “경기하는 자”에 대한 비유, “수고하는 농부” 또는 “의의 병기” 이런 여러 가지는 다 각각 가르치는 바가 있습니다.

그런 만큼 다스린다는 것이 광범위하고, 한마디로 그리스도와 더불어 왕노릇한다는 말씀으로 표현되어 있을지라도, 하나하나를 알아가려면 많은 시간이 필요합니다. 이러한 통치는 그리스도와 더불어 우리가 십자가에 죽었고 그리스도의 다시 사심에 참여한 바가 된 사람들이기 때문에, 적어도 그리스도의 나라에서 그분과 함께 왕노릇하는 겁니다. 이 다음에 훗날 천당이나 가서, 영광의 나라에 가서나 통치한다는 것이 아니고, 이땅 위에 있는 것이 그리스도의 나라이기 때문에 이땅 위에서 통치해 나갑니다.

다스리도록 한 하나님께서 우리에게 주신 권세는 첫 아담을 볼 때 매우 뛰어난 것으로 장식해 주십니다. 즉 하나님의 형상으로 지어주셔서 만물을 지배하도록 하셨고 그러한 명령을 주셨습니다. 그런데 죄를 범함으로 모든 은사들을 다 박탈당하고 거룩한 일에 대한 기능을 상실해 버리고 말았습니다.

그러한 것을 두째 아담이신 그리스도로 우리에게 회복해 주셨기 때문에, 그리스도 안에서 하나님께서는 아담에게 명령하신 것을 그대로 동일하게 우리에게 명령하십니다. 그래서 우리가 살아가는 것이 큰 의미가 있고 이땅 위에서 다스리는 것이 얼마나 귀한 것인가를 잊을 수 없습니다.

처음 창조부터 시작해서 범죄했는데도 하나님의 작정 가운데 재창조에 이르기까지 동일한 명령을 사람들에게, 그리스도 안에서 구속받은 사람들에게 명령하십니다. 아담이 타락하기 전에 만물을 지배하도록 여러 가지 은사들로 장식해 주셨습니다. 적어도 짐승만이 아니고 하늘의 새부터 초목과 바다에 있는 것에 이르기까지 다 감당할 정도의 은사인데 이것은 상상할 수 없는 대단한 것이었습니다. 특별히 두째 아담으로 오셔서 공생애 사역을 거치시고 부활하셔서 지금은 하늘에서 천지의 권세를 가지고 다스리시는 예수님을 상정해 볼지라도, 에덴에서 아담의 권세는 대단한 것이었습니다.

하나님께서 아담에게 복을 베푸셨는데, 특히 이 복은 어떤 의미로 하바를 만나기 전에, 특별하게 아담을 상대해서 적어도 아담 또는 아담의 후예들과 어떠한 관계하에서, 다스리는 일들을 통해 하나님의 영광이 나타나도록, 하나님의 나라가 이루어지도록 하시나 알리시기를 하나님께서 기뻐하셨습니다.

천국복음과 율법의 성취

복음서에서 복음과 관련된 묘사 중에 '천국복음'이라는 말씀이 있습니다. 또한 율법의 성취와 관련하여 그리스도는 사도들이 복음을 전해 나가는데 있어서 율법과 복음의 관계를 밀접하게 설명해 주십니다. 주님께서 가르치신 마태복음 5장에서 7장에 있는 산상보훈은 어떤 면에서 구약전체가 말하는 율법으로서, 복음을 그리스도께서 어떻게 해석해 나간 것인가를 보여주는 대단한 가르침입니다.

주님은 거기에 머무르지 않고, 하늘에 오르신 후 그리스도의 신을 보내 사도들을 통하여 '교회'라는 말씀을 사용하셔서, 산상보훈에서 가르치신 바 예수님께서 해석하신 천국복음을 어떻게 이땅 위에 더욱 구체적으로 나타내야 할 것인지를 해석하게 하셨습니다. 그렇게 해석한 계시가 서신서들입니다.

그런 만큼 구약은 구약대로, 예수님의 생애 가운데서 가르치신 것은 그 나름대로, 서신은 서신대로 각각 독특한 면이 있습니다. 이것을 잘 살피면 처음 아담에게 명하신 만물을 다스린다는 것이 어떤 것인가 올바로 알게 됩니다. 그런 것에서 이탈하면 다스린다는 것을 핑계삼아 엉터리 같은 신앙생활을 할 수밖에 없습니다.

혼인을 통한 언약의 실현

다스리는 일들을 더욱 분명히 해 나가게 하시려고, 또한 점진적으로 작은 것부터 큰 것에 이르기까지 세밀한 관심을 보이시려고, 하나님께서는 한 가정을 세우시는 것부터 출발하십니다. 이 혼인의 법을 주실 때, 아담을 상대해서 먼저 거룩한 언약계시를 하신 후에 하바를 만들어 다스림의 일들에 가담하도록 하셨습니다. 이 혼인이라는 하나님께서 세우신 질서는, 하나님의 영원한 작정 가운데 있는 그분의 나라, 영광의 나라를 영원토록 나타내시기 위해 거룩한 사업에 참여하도록 세우신 제도입니다.

범죄하기 전에, 생육하고 번성해서 땅에 충만하라고 하신 예언의 말씀이 있습니다. 아담과 하와 두 사람에게 주신 말씀입니다. 그러나 이것은 아담과 하와 당시에 완성될 수 없는 것입니다. 왜? 생육하고 번성해서 땅에 충만하려면 에덴이라는 좁은 제한된 장소에서 두 사람만으로는 하나님의 영원한 작정이 이루어질 수 없습니다.

물론 이것은 하나님의 신비 속에 감추인 것이기 때문에 하나님께서 정하신 기간이라든가 그 의미를 낱낱이 다 알 수 없지만, 결과적으로 볼 때 이것을 첫 사람들이 혼인 가운데서 잘 알았어야 되는데도 하나님을 만홀히 여긴 결과 끔찍한 일이 발생한 것입니다.

에제르עזר, '도움'을 통해서 더욱 분명한 천국 건설을 위해 만물을 다스리도록 하셨음에도, 하나님에 대한 무지가 더욱 쌓여만 갔고 마침내 배은망덕의 상태로 전락하고 말았습니다. 두 부부간에 맞아서 재미있게 살았는지는 모르겠으나 거룩한 명령을 거역했단 말입니다. 자기네끼리 즐기라고 혼인을 하게 해 주신 겁니까? 하나님의 일을 하는 가운데 즐거움이 자연스럽게 생기는 것입니다.

하나님께서는 먼저 아담에게 생명의 법칙을 세우셨습니다. '선과 악을 아는 나무다' 또한 '생명들의 나무다' 하는 계시를 통해서 말입니다. 더욱 높은 위치로 성장해서 하나님과 더불어 마침내 영광의 사귐이라는 궁극의 목표를 향해 더욱 알아가도록 계시해 주셨는데, 혼인과 더불어 이것을 가볍게 여긴 것입니다. 그 혼인부터 타락까지 그 기간은 하나님께서 정하신 시간이기에 확실히 알 수 없습니다. 이런 식으로 제대로 하나님께서 준비시켜 주셨음에도 망각해 버렸습니다.

그런데도 범죄 이후에 복음의 점진적인 계시가 역사적인 큰 사건들과 더불어 계속 전파되는 가운데 이 혼인제도를 존속하게 해 주신 것은, 하나님께서 첫 사람에게 명하신 것을 이루시려고 지금까지 두신 것입니다. 인간들이 잘나서 자기네가 결혼하여 애들 낳고 자손 만대 길이 빛나게 살게 돼 있는 것이 아니고, 하나님께서 강력한 통치자이심을 그의 백성된 교회를 통하여 그 정하신 역사의 날까지 나타내도록 혼인이 있는 것입니다.

그런 만큼 불신자에게 이런 것이 일반은혜로 주어지게 될지라도, 믿는 사람들에게는 적어도 아담에게 바라시던 것 이상의 준엄한 요소가 배어 있습니다. 어떤 면에서는 특별은혜에 속한 것으로 여겨야 합니다. 세상 사람들의 수준에서 그와 같은 생각 가운데 살아보고자 한다는 건 더러움에 속한 일입니다.

깨끗하게 씻겨진 사람이라면 과연 근본 동기부터가 다릅니다. 또한 목적이 분명하게 돼 있기 때문에 출발부터 빗나갈 수 없습니다. 그러나 만약 악한 후손들을 낳게 된다면, 그 사람들이 하나님 나라의 백성답게 다스리는 사람이 아니고 사탄의 밥이 돼서 악한 병기로 쓰여집니다.

혼인과 환란

이러한 일반론에 대해서 솔로몬이 회개의 고백을 하는 가운데, 전도서 4장 9절에서 12절에 보면 "둘이 하나보다 낫다 삼겹줄이 끊어지지 않는다"는 말씀으로 일반은총에서 혼자 가는 것보다 둘이 가는 게 더 합당하다는 말씀을 적었고, 또한 잠언에 보면 "아내는 여호와께로서 말미암는 분복이다" 하는 말씀을 통해서, 적어도 아내의 위치로 하나님께서 지어주셨다면 이것이 만만치 않은 하나님의 복임을 알아야 합니다.

하지만 여자로 태어났다고 전부 여호와께로 말미암은 분복이 될 수 없습니다. 하나님께 속한 자라야 그러한 거룩한 칭호를 받습니다. 그렇지 않고서야 이세벨 같은 악한 여자가 될 수밖에 없습니다. 신약의 가르침에도 구약같이 혼인에 관련된 문제를 가르침에서, 특히 사망 권세가 역사한다는 말씀을 누누이 해 줍니다. 왜? 에덴에서 범죄하기 전에 하나님께서 세우신 가정을 통한 롸다רדה '다스림' 에 대한 사명을 흑암의 권세가 그냥 두지 않기 때문입니다.

정상적으로 가정이 세워지고 성장해 나가는 것을 막기 위해서 남자를 꼬시든가 부인을 꼬시려는 올무를 이모저모로 계속해서 놓는 일들이 횡행할 수밖에 없습니다. 믿는 사람이건 안 믿는 사람이건 이 세상에 사는 동안 혼인으로 말미암은 환란을 면할 수 있는 사람은 없습니다. 적어도 우리 속에 정욕이 없는 사람은 없습니다. 그런 것을 사탄이 이용해서 부부관계 가운데 또한 그 가정 가운데 무질서가 나타나는 것에 대해 하나님께서는 선지자들과 사도들의 입술을 통해 강력하게 경고하십니다.

적어도 일반적으로 생각해 볼 때 아이낳고 키우는 전반적인 것이 환란입니다. 또 남자들이 코에 땀방울이 맺히는 노동 그것도 환란이라고 말씀합니다. 그러다가 흙으로 만들었으니 먼지로 돌아가게 됩니다. 인간적으로는 아무것도 아닙니다. 참된 거룩한 목적을 알고 하나님의 주신 은사로 만물을 다스리는 한쪽을 감당하면서 나가는 가정이 아니면 아무 것도 아닙니다.

가정에 과연 좋은소식들이 넘치고 있습니까? 세상에 속한 것으로 좋은소식을 삼을 수 있겠는가를 늘 자문자답하면서 살아가야 합니다. 사람은 절대로 약합니다. 남자도 약하지만 남자보다 여자는 더 약합니다. 세상의 이모저모가 있으면 기쁨이 넘치는 표정들을 하고, 다른 사람한테 뒤지고 좋지 않은 상태로 전락되면 얼굴이 우거지상이 되는 게 인간들의 모습입니다.

첫째 아담은 하나님의 은혜로 세워졌던 그 가정을 그릇된 다스림으로 말미암아 하나님의 왕권까지 찬탈하려 하게 된 것입니다. 넘봤습니다. '이거 먹을 수 있어요, 이거 맛이 괜찮아요', '그래 한번 먹어보자', 끝장납니다. 간단한 행위입니다. 그러나 그 행위는 하나님께서 통치하심을 완전히 아예 발로 문질러버린 사건입니다. 상상할 수 없습니다. 겉으로 볼 땐 크게 문제가 될 것같지 않은 사건입니다. 그런 일들이 오늘날 하나님의 교회에도 늘 나타납니다.

언약성취와 다스림의 삶

그런데 좋은소식이, 다스림이 본격적으로 나타나기 시작한 것은 아무래도 아브라함을 부르신 데서 찾아봐야 합니다. 아브라함의 생애를 하나의 모델로 놓고 살펴보면, 점진적으로 강력하게 그 '다스림'을 가나안 지역에서 펼치도록 하신 것을 볼 수 있습니다.

12장과 17장을 비교해 볼지라도 아브람이 아브라함이 되면서 폭넓은 언약을 덧붙여 하나님께서 계시해 주신 것을 봅니다. 그 다스림이 겉으로 볼 땐 가나안 땅에서는 이렇다 할 세상적인 권세가 없었습니다. 이리 바람불면 이리 끌려가고, 저리 바람불면 저리 끌려가고 또 자기 부인을 팔아먹기도 하고, 이런 것이 겉으로 볼 땐, 이 사람이 어떻게 믿음으로 가나안에서 통치했나? 도무지 이해가 안 되지만, 성경은 그러한 생애가 다스림의 생애라고 증거합니다!

그것을 이어받아 창세기 27장 39절에 보면 동일한 약속이지만, 이삭이 야곱에게 복음을 베푸는 장면이 나옵니다. 복음의 진수가 계승되고 발전하는 면모를 볼 수 있습니다. 하나님의 백성으로 말미암아 만물이, 천하 만민이 복을 받는 것이 명백합니다. 다스린다고 해서 꼭 믿는 사람들이, 하나님의 교회가 세상을 향해 독자적으로 나선다는 것이 아니고, 하나님께서 정하신 법칙이 있고 각자의 모든 피조물들이 정한 위치에서 하나님을 찬송하게 돼 있기에 다스림을 행사하는 것입니다.

이런 것을 생각해 볼 때 족장들의 생애는 과연 평탄한 생애입니까? 겉으로 볼 때 말입니다. 흔히 배움이 있어야 믿음살이가 제대로 되지 않겠느냐, 돈좀 있어야 어떻게 연보도 해보고 뭔가 믿는 사람 행세를 해보지 않겠는가, 하는 여러 가지 내적, 외적인 세상조건들을 자꾸 말하지만 그렇지 않습니다.

이네들의 믿음의 행진은 어떠했습니까? 구약과 신약에서 족장들에 대해서 많이 말을 합니다. 아브라함의 하나님, 이삭의 하나님, 야곱의 하나님이라는데 대단한 칭호입니다. 이네들의 생애는 창세기 3장 15절에 하나님께서 말씀하신 소위 원시복음, 그것을 계속하여 하나님께서 성취시키는 예표적인 사건 가운데 살았습니다.

예수 그리스도와 사탄의 싸움에 대한 일들이, 그리스도께서 이땅에 오시기 전부터 계속 하나님의 백성들을 통해 이땅에서 발생했습니다. 이런 왕권을 행사하는 일을 갖지 않았다면 큰 곤경의 생활을 이 사람들이 해나갈 필요가 없습니다. 세상이 얼마나 살기 좋습니까? 그러나 하나님께서 주신 은사와 그 권세로 다스리는 가운데 쟁투하는 모습들을 보십시오.

하늘들에 거하는 자들의 통치와 찬송

히브리서 11장을 한번 봅시다. 우리가 잘 아는 내용입니다. 11장 32절부터 "내가 무슨 말을 더 하리요 기드온 바락 삼손 입다와 다윗과 사무엘과 선지자의 일을 말하려면 내게 시간이 부족하리로다." 그 뒤에 쭉 보고, 그 다음 36절부터 "어떤 이들은 희롱과 채찍질뿐 아니라 결박과

옥에 갇히는 시험도 받았으며 돌로 치는 것과 톱으로 켜는 것과 시험과 칼에 죽는 것을 당하고 양과 염소의 가죽을 입고 유리하여 궁핍과 환란과 학대를 받았으니 이런 사람은 세상이 감당치 못하도다 저희가 광야와 산중과 암혈과 토굴에 유리하였느니라." 이런 삶입니다.

맨날 도망만 다닌 것 같은데 언제 복음의 권세를 발휘했습니까? 그러나 그네들이 그러한 일을 했으니까 이만큼 복음이 유지돼 있고 하나님의 교회가 마침내 세상 가운데 창궐하게 된 것입니다. 이러한 사람들의 거룩한 역사가 없이 지금부터 2,000년 전 이땅에 그리스도께서 강림하셨겠습니까? 아닙니다. 이런 사람들의 생애는, 적어도 그 열매는 하나님의 의라든가 등등 여러 가지 속성을 품은 것이지만, 신령한 노래 또는 소위 표현해 보면 참된 복음으로 말미암은 노래를 늘 드린 삶입니다.

출애굽기 15장 6절 이하에 보면 모든 여호와의 군대에게 하나님께서 모세를 통해 노래를 계시하십니다. 사무엘하 22, 23장을 보면 다비드 임금이 노래하는 것이 나옵니다. 마리아의 노래도 마찬가지입니다. 요한계시록에 있는 노래들이 전부 하늘에 거하는 자다운 다스림을 어떻게 땅에 거하는 자들과 쟁투 가운데서 큰 승리를 맛보고 하나님께 노래했던가를 가르칩니다. 다스려보지 않은 사람은 찬송이 나오지 않습니다. 어림도 없습니다. 입방아만 찧는 것에 불과합니다.

모든 다스림은 결국 여호와께서 행하시는 것입니다. 사람이 자기가 해서 노래하면 그건 자기를 찬송하는 것입니다. 자기 힘으로 했으니까. 그러나 이들은 하나님께서 복음의 능력으로 말미암은 은사를 주셨기 때문에 그런 것으로 행사해서 노래하도록 된 것입니다. 그런 만큼 이러한 결과들을 하나님께서 받으십니다. 찬송 한번 제대로 못 드린다면 그것을 어떻게 그리스도에 속한 지체라고 말할 수 있겠습니까?

복음의 제사장나라

바울의 표현중에 로마서에서 한 것이지만 "복음의 제사장이다" 이런 말씀도 씁니다. 신구약을 꿰어 과감하게 표현한 것인데, 적어도 이땅 위에서 그리스도와 함께 천 년 동안 왕노릇한다는 은혜의 왕국 백성인 것을 천명하는 말씀도 됩니다. 요한계시록 22장을 볼 때 영광의 나라에서 왕노릇하는 모습이 어떤 것인가에 대해 사도 요한이 기쁨으로 환희에 차서 부르는 노래에서도 엿볼 수 있습니다.

이러한 좋은소식, 복음의 역사 원칙은 구약에 대표적으로 출애굽기 14장 13, 14절에 있는 말씀입니다. "여호와께서 너희를 위해서 싸우시리니 너희는 가만히 있어라 여호와께서 행하시는 구원이나 봐라." 바로 이게 복음입니다! 복음으로 말미암아 더욱 강력하게 세울 하나님의 나라임을 표현해 줍니다.

율법이라는 형식으로 가르쳤을지라도, 이렇게 하라 그러면 복받는다 이렇게 하지 말아라 하는 말씀이 겉으로 볼 땐 율법 같지만, 그것에 대해 하나님께서 어떻게 행할 것을 분명히 가르친 원칙은, 복음으로 충분히 설명을 해 주신 겁니다.

출애굽을 통한 구속 사건 이후 하나님께서는 그의 백성을 제사장의 나라로 삼으셨고 거룩한 백성이라는 칭호를 허락하셔서, 하나님의 나라가 어떤 것이고 복음을 통해서 백성들이 어떠한 모습이 될 것인가를 여러 가지에 걸쳐 가르칩니다.

이러한 행사를 바라본 이방인들이 하는 말이 "이 큰 나라 사람은 과연 지혜와 지식이 있는 백성이로구나" 이러한 고백을 하게 됩니다. 복음이 이런 것입니다. 그런데 복음이라고 해서 자기 멋대로 사는 것은 세상 사람들 보기에도 꼴깝하는 겁니다. 위엄, 웅장함을, 우리가 비록 세상적인 여러 가지 약점과 장애를 지니고 있을지라도, 이것을 나타내도록 돼 있습니다.

복음으로 다스림의 능력

비록 껍데기는 질그릇이지만 그 속에 보배를 담고 있습니다. 심히 큰 능력이 역사한다고 바울은 말합니다. 복음의 다스림은, 따라서 여러 가지 말로 묘사합니다. 씨름 또는 싸움, 군대, 병기 이런 격렬한 말씀으로 나옵니다. 복음서에서는 율법에 대해 능력있게 해석하는 분으로 예수님을 계시하고, 표적으로서 이적의 능력을 베푸시는 분으로 묘사합니다.

이런 것은 구약에서는 유래를 찾아볼 수 없는 탁월한 행위로 예수님께서 보이신 것입니다. 물론 엘리야가 있고 엘리사가 있고 많은 이적들이 구약에 듬뿍 담겨 있을지라도, 예수님의 약 3년간 공생애 사역에서 나타낸 그 큰 통치의 능력을 따라올 수 없습니다. 그걸 다 기록하면 이 땅에 둘 데가 부족하다고 말씀합니다. 오늘날 우리는 복음서에 적혀있는 것도 다 정돈 못하고 죽을 판인데 말입니다.

예수님께서 말씀하시기를 참된 기도를 할 때, 또한 참된 복음 가운데 잠겨 있을 때 "우리가 그리스도보다 더 큰 능력을 행한다 또한 그의 나라가 이루어진다"고 하셨습니다. 이런 말씀을 통해서, 훗날 그리스도께서 영광을 입으신 다음에 이땅에 세워질 교회로 말미암은 하늘나라의 영광이 어떤 것이겠는가를 분명히 말씀하신 것이고, 그 교회에 속한 사명이 어느 정도인가 말씀한 것입니다.

예수께서 다시 살아나셔서 주와 그리스도가 되심으로 천지의 권세를 받으셨고, 그것으로 말미암아 그분께서 능력있는 은혜의 나라를 다스리기 시작한 지도 벌써 오래 지났습니다. 물론 역사적으로 현저한 것은 그리스도께서 부활하신 다음이지만 역사적으로 볼 때 그 이전부터, 창조 때부터 그분의 능력있는 나라는 계속해서 이땅 위에 계시돼 왔던 것입니다. 이제는 이러한 다스리는 이들이 어떤 사람이냐 할 때 "은혜와 의의 선물을 넘치게 붙잡고 있는 자들이다." 오늘 본문 17절에서 말씀합니다.

적어도 다스림과 관련된 은혜 또는 의의 선물이 어떤 것이며, 그것이 넘친다는 표현 즉, 그러한 다스림으로 말미암는 신약의 나라, 교회의 흥왕이 어떤지를 분명히 보여 주십니다. 또한 영원한 생명 가운데서 각자에게 은사를 허락하셔서 왕노릇하도록 하십니다. 그냥 "왕노릇하라" 이런 말만을 하시는 것은 아니고, 여러 요소, 여러 방면에 걸쳐 세상을 다스려야 되기 때문에 어떤 한 사람에게 모든 전권을 맡기진 않습니다. 또 어느 한 교회에게 모든 걸 맡기질 않습니다. 이런 것을 생각해 볼 때 복음은 광활한 것입니다.

한 지역교회, 한 시대에 속해서 성경 조금 아는 것으로 큰 복음의 전체를 다 받은 양 방방 뜨고, 더이상 다른 해석이나 깨달음은 없는 양 팔팔 뛰는 사람은 이단의 가능성이 농후한 사람들입니다. 옛글을, 고전적인 거룩한 가르침들을 살핀다 할지라도 자연히 목이 움츠러들 수밖에 없는데, 얼마나 무식하면, 얼마나 게으르면 조금 깨달은 것으로 자기 혼자 맘판인 양 설쳐대는 것입니까.

복음의 능력과 마귀의 궤계

디모데전서 6장 12절을 보면 "믿음의 선한 싸움을 싸우라 영생을 취하라 이를 위해 네가 부르심을 입었다" 하는 말씀, 여기에서 싸움과 영생의 문제를 동일하게 가르칩니다. 바울의 전투적인 고백 가운데 한 부분을 보면 "복음을 인해서 죄인과 같이 매이는 데까지 고난을 받았다" 고 고백합니다. 또 바울은 고백하기를, 아그립바 왕 앞에서 한 것입니다. "이렇게 얽매인 것 외에는 나랑같이 되기를 바란다"고 과감하게 복음을 전파했습니다.

바울은 겉보기에 구질구질한 상황입니다. 입을 것을 제대로 입었겠습니까? 면도를 했겠습니까? 죄인의 신세인데, 그런데도 '나랑같이 되기를 바란다' 고 했습니다. 왕이면 당시 막강한 권세자입니다. 그러나 그게 무슨 얼어죽을 권세입니까? 복음의 능력 외에 능가하는 게 없습니다. 이렇게 자신만만하게 육신의 연약으로 말미암은 쇠사슬을 피하지는 못할지라도, 이렇게 죄인으로 얽매이는 데까지 나갔습니다.

"우리의 씨름은 혈과 육에 대한 것이 아니다." 적어도 우리 씨름의 상대는 마귀의 궤계입니다. 하늘에 있는 악한 영들, 공중 권세를 잡은 자입니다. 그런데서 다스림이 재미있지 조그만 것, 시시콜콜한 것 다 찾아다니면서 하는 게 아닙니다. 어떤 사람이 잘못해서 제사 음식을 먹었습니다. 이걸 잘못됐다고 계속 손가락질하고 뒤에서 쑤근쑤근거리고. 어떤 사람이 조금 거짓말 했다고 껍데기만 가지고 들쑥날쑥... 이렇게 할 필요가 없습니다.

우리 싸움은 혈과 육에 대한 것이 아니라고 한 말씀을 다른 데서 해석하기를 "육체 안에서 걷고 있지만 육체대로 싸우질 않고 싸우는 무기는 육체에 속한 게 아니고 하나님 앞에서 견고한 진을 파하는 강력이다." 뒤나토스*δυνατος*라는 말을 씁니다.

견고한 진, 우리 상대가 얼마나 강력한 진지를 구축하고 있습니까? 우리가 잘 알지만 여리고 성은 대단히 견고한 성이었습니다. 그러나 쭉 하루 한 바퀴씩 돌고, 마지막 날 일곱째 날에는 일곱 바퀴 돌자 와르르 무너져버렸습니다. 이게 바로 복음의 능력입니다. 여기 보니 우리 상대는 견고한 진이라고 했습니다. 도무지 혈육의 권세 가지곤 불가능합니다. 이런 것이 도처에, 아니 나도 모르는 사이에 우리 마음을 장악하지는 않았는지 늘 살펴야 합니다.

이를 위해 여러 가지 준비 즉, 하나님의 전신 갑주를 말씀합니다. 성령의 검이 됐건 의의 흉배가 됐건 믿음의 방패가 됐건, 그 가운데 평화의 복음의 신발을 신는 문제도 말씀합니다. 이처럼 속사람에 있는 새로운 생명은 날마다 새로움을 입어가는 가운데서 거룩한 병기로 쓰여지는 것이 당연합니다. 싸움은 거룩한 전투이니 말입니다.

아까도 말씀드렸지만 보배를, '복음의 능력, 통치할 수 있는 것' 을 질그릇에 가졌는데 왜 그러냐 하면 "능력의 심히 큰 것이 하나님께 있는 것을 알리도록"입니다. 어디서 자랑 같은 게 나오겠습니까. 우리의 신세는 질그릇에 불과합니다. 역사적으로 볼지라도 에덴에서 출발한 복음의 능력이 마침내 지금은 세계를 창궐하게 장악했습니다. 흔한 비유지만 로마제국은 칼로 잠시 지구의 귀대기를 다스렸는지 모르겠지만, 그리스도께서는 사랑과 평화의 복음으로 늘 정복사업을 완성해 오셨습니다.

이런 것을 제대로 행사하려면 하나님의 말씀을 받을 때 사람의 말로 받아서 되는 문제가 아니고 하나님의 말씀으로 받아야 합니다. 하나님의 말씀으로 받는다는 것은, 받을 때 믿음과 화합이 된다는 말입니다. 그리스도를 믿는 자 속에서 이 말씀이 역사합니다.

다스림과 건덕

히브리서 4장 1, 2절은 경고합니다. 광야교회 백성들이 왜 멸망했는가? 가나안의 안식에 왜 들어가지 못했는가? 복음의 말씀이 유익되지 못했기 때문입니다. 베드로는 '영광과 덕으로써 불러내신 하나님을 알도록 신기한 능력으로 생명과 경건에 속한 모든 것을 주셨다' 고 가르칩니다. 그런 만큼 주 예수 그리스도를 알아가는 데 게으름에 빠진다거나 그로 말미암아 열매 없는 자가 될 수 없습니다.

다스리면 다스린 만큼 뭔가 그 결과인 역사가 있습니다. 죄의 결과도 흔적이 남는 법입니다. 따라서 이것은 하나님 나라의 성격을 담는 좋은 소식이기 때문에 은혜와 능력이 넘칠 수밖에 없고 영원할 수밖에 없습니다. 그 가운데 하나님의 전능하심과 전권적인 은혜가 작렬하고, 복음으로 말미암아 펼쳐지는 강력한 세계는 적어도 영원한 나라를 지향합니다.

보배를 담은 아무 것도 아닌 질그릇을 묘사하는데, 잠언 마지막 장에는 "고운 것도 거짓되고 아름다운 것도 헛되다." 욥이 기록한 것도 보십시오. "하루살이에 눌려 죽을 인생 같다." 이것 외에도 여러 가지 표현들이 많습니다. "너희는 인생을 의지하지 말라 그의 숨결은 코에 있나니 숫자에 칠 값어치도 없다." 인생이 무엇입니까? 그거 아무 것도 아닙니다.

따라서 바울은 고백합니다. '내몸에 사탄의 가시가 있어서 세 번이나 간구했다, 도망치다가 구루마인지 소쿠리인지 타고 성벽을 내려왔다.' 자기가 창피한 걸 자랑합니다. '그리스도의 은혜로운 능력은 약한 데서 온전해진다.' 이건 하나님의 말씀입니다. 세 번씩이나 주께 기도하는 가운데 들려주시는 음성은 "내 은혜로운 능력은 약한 데서 완전해지는 거다." 말은 쉬운 것 같은데 이것을 경험하지 못한 사람은 이 맛을 알 수 없습니다.

자기도 모르는 사이에, 내가 이만큼 됐으니 내 뜻대로 한번 해 봐야겠다. 그러다 믿음도 자기 맘대로 된 것같이 고집부리고 자기 멋대로 행하게 되어 있습니다. 참으로 불쌍합니다. 분명히 그 능력이 있는데, 그것이 복음의 말씀 가운데 있는데. 그리스도를 위해서 약한 것들을 자랑하는 바울을 보십시오. 능욕이라든가 궁핍 핍박 곤란 이런 것들을 기뻐했다고 말씀하고 있습니다. 적어도 하나님의 일꾼의 직책을 받았다고 확신하는 사람이라면 이런 것이 있는 것이 마땅합니다.

능력 궁핍 핍박 곤란, 이것을 간단하게 요약해서 적은 것인지는 모르지만 그 과정에 포함되어 있는 현실의 생활, 삶은 상상을 못합니다. 우리는 너무나 사치스럽게 살고 있지 않나 하는 깊은 참회가 있어야 합니다. 복음을 알고 있다면 말입니다. 고린도후서 4장 10절에 보면 "우리가 항상 예수 죽은 것을 몸에 짊어짐은 예수의 생명도 우리 몸에 나타내려고 우리 산 자가 항상 예수를 위해 죽음에 넘기움은 예수의 생명이 우리 죽을 육체에 나타나도록 하기 위함이다" 하는 말씀을 합니다. 한마디로 말하면 다스림을 행함에 큰 건덕 중 한 가지는 "이기기를 다투는 자마다 모든 것을 절제한다" 이것 하나입니다. 근신을 뺀 경건은 없습니다. 자기 맘대로 하고 뭐가 되겠습니까?

히브리서 10장 32절에서 35절까지 읽고 마치겠습니다. 히브리서 10장 32절 "전날에 너희가 빛을 받은 후에 고난의 큰 싸움에 참은 것을 생각하라 혹 비방과 환란으로써 사람에게 구경거리가 되고 혹 이런 형편에 있는 자들로 사귀는 자 되었으니 너희가 갇힌 자를 동정하고 너희 산업을 빼앗기는 것도 기쁘게 당한 것은 더 낫고 영구한 산업이 있는 줄 앎이라 그러므로 너희 담대함을 버리지 말라 이것이 큰 상을 얻느니라."

기도

하나님 아버지, 저희에게 너무나 엄청난 선물을 베푸셨으며, 저희의 소행머리를 볼 때에는 당장 저주받아 마땅함에도 하나님께서는 약속하신 대로, 작정하신 대로 저희들을 선민으로 여겨 주시기에 매일같이 여러 가지 복락을 누리도록 하시니 감사하옵나이다. 저희에게 큰 특권을, 권세를 허락하셔서 하나님의 아들로서 그리스도와 더불어 왕노릇하는 삶을 누리도록 하셨사옵나이다.

이렇게 왕노릇함에 있어서 부족함이 없도록 온갖 것으로 장식하시며, 어떻게 하면 넘어질세라 하나님께서 분초마다 시험하시며 거룩한 말씀으로 저희들을 양육하시옵니다. 그러하신 하나님 앞에서 저희가 경건의 능력을 나타내지 못함에도 하나님의 나라가 이땅에 든든히 서가고, 피로 값주고 사신 하나님의 교회들이 오늘날에도 거룩한 복음진리를 계승해서 전진해 나가게 하시오니, 주여, 저희의 직무유기와 하나님 앞에 게으름을 통회하옵나이다.

주여, 더욱 저희에게 긍휼을 베푸셔서 왕의 권세와 위엄을 잃지 않도록 하시며, 거룩한 신의 성품을 분명히 삶 가운데서 드러내도록 하시사, 저희가 얼마나 큰 법이 있는 나라의 백성인가를 명백하게 나타내도록 하시옵소서. 따라서 뭇 심령들을 향해 어떤 형편에 처해 있는 심령이든지 상관하지 않고, 저희에게 주신 은사와 분복을 좇아 거룩한 능력이 얼마나 큰 것인지를 나타내며 나가도록 하시옵소서.

주님의 권능있는 나라가, 은혜있는 나라가 저희를 통해서 이 교회로 말미암아 나타날수록, 저희가 얼마나 연약하고 무능한 자인지를 절감하고 교만 가운데 빠지지 않도록 하시옵소서. 저희의 처한 형편 가운데서 약한 것을 자랑하는, 약한 데서 하나님께서 크게 쓰신다는 고백이 절로 나오도록 하사, 더욱 하나님을 향하여 결과를 바라보고 거룩한 능력있는 찬송을 드리게 하옵소서. 그럼으로써 그것을 하나님께서 흡족히 받게 하시며, 저희를 더욱 강력하게 다독거릴 수 있는 은혜있는 수단들로 써주시기를 바라옵나이다.

구주 예수 그리스도의 이름으로 기도 드리옵나이다. 아멘.

11강

경건

디모데 전서 3:14-16

14 내가 속히 네게 가기를 바라면서 이것을 네게 쓰는 것은
15 만일 내가 지체하면 너로 하나님의 집에서 어떻게 돌이켜야 할 것을 알게 하려 함이니 이 집
은 살아계신 하나님의 교회요 진리의 기둥과 터이니라
16 고백해오건대 크도다 경건의 비밀이여 그는 육신으로 나타난 바 되시고 영으로 의롭다 하심
을 입으시고 천사들에게 보이시고 만국에서 전파되시고 세상에서 믿은 바 되시고 영광 가운
데서 올리우셨음이니라

복음과 선포 〈1〉 _ 11강

경건

디모데전서 3장 14-16절

경건의 비밀과 마지막 때

좋은소식에 대해서 계속 생각해 보겠습니다. 오늘은 경건과 관련해서 복음이 가르쳐 주는 바를 살펴보려고 합니다.

본문을 읽었을 때 15절에서 하나님의 집에서 어떻게 행하여야 할 것, 여기 '행하여야 한다'는 말을 '돌이킨다'라는 말로 읽었고, 그 뒤에 16절 "크도다 경건의 비밀이여 그렇지 않다 하는 이 없도다" 여기 '그렇지 않다'에 대해서 '고백'이라는 말씀을 썼습니다. 고백해오고 있는 경건에 속한 비밀이 크다고 바울이 증언하는 장면입니다.

신인이신 예수 그리스도께서 낮은 위치, 높은 위치에서 각각 어떻게 자신을 계시하시면서, 하나님 집에 속한 백성들을 통해 어떠한 일을 나타내도록 하셨는지 여섯 가지 동사를 써서 그것을 수식하는 구문으로 기록했습니다. 여기 16절은 이처럼 멋지고도 강력하게 경건에 관련한 것, 복음의 비밀이 어떤 것인가 쉬우면서도 확실하게 가르쳐주는 본문입니다.

새로운 때의 도래와 더불어 하나님께서는 율법 외에 의를 계시하셨다고 로마서에서 바울은 증거합니다. 다시 말하면 복음으로 말미암아 펼쳐지는 새로운 시대에 걸맞는 의로움은, 마지막 때라는 것을 전격으로 가르치는 의미를 담고 하나님께서 계시하시는 것입니다. 이 마지막 때라는 개념을 범죄하기 전에 원리상 첫 사람에게도 있었던 것으로 봐야 하지만, 전격적인 것은 범죄한 이후에 하나님께서 아담을 상대로 복음 계시를 전파하시면서 비롯했습니다.

구약보다는 신약에서, 성경 계시가 종결된 이후 오늘날에는 마지막을 더욱 절감하며 살아가도록 돼 있습니다. 그런 의미에서 복음은 세상 끝날까지 하나님께서 택한 백성들을 구원해내는 것만 문제가 아니고, 그 백성들을 통해서 어떻게 마지막 시대를 장식하게 할 것인가를 늘 근본으로 담고 있습니다.

왕왕 이런 것을 치워버리고 자기 한 몸 구원받은 것으로 잘난 체하고 뻰뻰스럽게 살아가는 거짓된 신자들이 많다 보니 복음이 자꾸만 변질되고, 대다수 주류인 양 많은 사람들이 하는 썩어빠진 습성으로 신앙생활을 해나가려고 하다 보니 마지막 때에 대한 의식이 없습니다. 예수님의 재림에 대한 것이 왜곡되기 십상이고 그걸 어떻게 잘 알아서 참된 소망 가운데 복음의 능력을 과시하는 일들이 얼마나 어려운 때인지 모르겠습니다.

이러한 시대적인 감각에 대해서 바울의 글을 몇 군데 살펴보면, 로마서 5장 6절에 "우리가 아직 연약할 때 기약대로 그리스도께서 불경건한 자들을 위해서 죽으셨다"는 말씀에서 대속의 도리를 '기약대로' 라는 말씀을 썼고, 그것에 관련해서 우리가 바로 '연약하다' 는 말씀, 다른 말로 말하면 '불경건한 자' 라는 말씀을 썼습니다. 그리고 로마서 4장 5절에 "일을 하지 않을지라도 불경건한 자들을 위해서 칭의를 선언하시는 이는 바로 우리에게 주신 믿음을 보시고 의로 여기셨다"는 말씀을 합니다.

이것을 볼 때 복음의 의는, 다른 말로 말하면 참된 경건은 우리가 어떤 것을 해서 그것이 인정되지 않습니다. 적어도 칭의를 전제로 경건을 이야기하지, 칭의가 무엇인지를 확실하게 잡지 못한 사람은 그릇된 것들로 자기가 어떻게 뭐 좀 해서 '사람을 상대하는 이런 것이 경건이 아닌가, 신령한 것이 아닌가, 이것이야말로 복음의 행위가 아닌가' 하는 잘못된 데로 빠질 수 있습니다.

구원 이후에 적어도 두렵고 떨림으로 구원을 이룰 것을 명령하신 말씀이 있고, 다른 사람에게 복음을 전파할지라도 자신을 쳐서 복종시킴으로, 혹시 그리스도에게서 떨어지는 자가 되지 않을 것을 간곡히 구하는 것이 바울의 심정입니다.

마지막 때 양상과 경건

유다서에 "단번에 주신 믿음의 도리를 위해서 힘써 싸워라"고 말씀합니다. 이것은 다른 말로 하면 경건을 이런 식으로도 표현할 수 있습니다. 왜 그러냐 할 때, 하나님의 교회에는 늘 가만히 들어온 불경건한 자들의 역사가 있기 때문입니다. 그런 자들이 슬쩍 들어서서 하나님의 은혜를 색욕거리로 바꾸는 수가 있고, 홀로 주재가 되시는 예수 그리스도를 부인하게 하는, 주가 아니라는 거짓된 가르침을 설파하기 때문에 그렇습니다. 꼭 성경의 도리로 그런 것만 행사하는 것이 아니고, 실생활 가운데서 단번에 주신 믿음의 도를 망가뜨리는 일들이 평생을 통해서 나타날 수 있습니다.

꼭 성경 말씀만 완벽하게 해서 교리에 어긋나지 않고 성경에 있는 말만 한다고 해서 그 사람은 정통이다 그렇게 말할 수 없습니다. 복음을 잘못 알게 되면 생활을 개차반같이 하고 그것이 구원의 신앙인 양, 하나님의 주권이니 하나님의 선택이니 입바른 소리 하지만, 그렇게 하고도 버림받을 자가 한둘이겠습니까? 복음을 계시하시면서 마지막 때를 따라 하나님이 행하시는 심판입니다. 적어도 그런 장엄한 역사를 두고 복음은 늘 계시됩니다.

말세에 고통하는 때가 이를 때 나타나는 증상은 여러 가지로 나옵니다. 한번 찾아보면, 디모데후서 3장 1절에, 여기서 말세도 복음계시와 관련하는 것으로, 다시 말해서 경건의 삶이 어떤 것인가를 알리려고 쓰는 표현으로 나옵니다. "사람들은 자기를 사랑하며 돈을 사랑하며" 이건 꼭 수반합니다. 불경건한 자들은 돈에 대해서 해결할 능력이 없습니다.

"자긍하며 교만하며 훼방하며 부모를 거역하며 감사치 아니하며 거룩하지 아니하며 무정하며 원통함을 풀지 아니하며 참소하며 절제하지 못하며 사람의 선한 것을 좋아 아니하며 배반하여 팔며 조급하며 자고하며 쾌락 사랑하기를 하나님을 사랑하는 것보다 더하며..." 여기 모든 것을 다 쓴다면 밤새 얘기해도 한도 끝도 없을 겁니다.

그 뒤 5절에 "경건의 모양들은 있으나 경건의 능력은 부인하는 자니 이같은 자들에서 너는 돌아서라." 여기 재미있는 건 모양은 '복수' 입니다. 그리고 경건의 능력은 헤 뒤나미스 *ἡ δυναμις* '단수' 입니다. 이런 자들에게서 돌아설 것을 말세에 고통하는 때에 취할 자세로 말씀하십니다. 따라서 "경건하게 살고자 하는 자는 핍박을 받는다." 동일 문맥 가운데 쭉 보면 있습니다. 뒤에 보니 12절에 나옵니다. 왜? 이러한 사상을 가진 자들이 성도들을 그냥 두지 않고 핍박합니다. 아주 매서운 것들이 될 겁니다.

로마서 13장 11절에서 14절을 보면 이 시기를 마땅히 알 것을 말씀합니다. "이제는 자다가 깰 때가 되었구나 너희들의 구원이 처음 믿을 때보다 더 가깝다"고 말씀합니다. 그러면 어떡해야 될까? "예수 그리스도로 옷 입고." 이런 것들이 로마서에 나오는데, 로마서를 복음을 갈파하는 서신으로 전제할 때 13장에 있는 말씀은 가장 핵심적인 말씀입니다. 잘 알지만 난봉꾼 어거스틴도 이 부분에서 깨져 하나님의 교회에 큰 초석을 까는 도구로 하나님이 쓰신 것입니다.

좋은소식은 하나님의 심판을 경고하는, 또한 심판이 이미 임한 것과 더불어 늘 나타납니다. 요한복음 3장 18절에 "믿는 자는 심판을 받지 않고 구원받은" 것을 말씀하고, 그 다음 "하나님의 독생자의 이름을 믿지 않는 자는 벌써 심판에 이르렀느니라." 끝장났다는 얘기입니다. 여기서 하나님의 독생자의 이름이 복음입니다. 베드로는 베드로전서 4장 18절에 말씀하기를 "하나님의 집에서 심판을 시작할 때가 됐구나." 여기서도 마지막 때에 대한 긴장을 고조시키는 표현을 합니다. 그당시 정치적인 여건을 하나님께서 쓰셔서 말씀합니다. "의인이 겨우 구원을 얻을진대 불경건한 자들과 죄인이 어찌 서겠는가" 하는 말씀입니다.

"불의로 진리를 막는 이들의 모든 불경건과 불의에 대해서 하나님께서 하늘로부터 진노를 나타내셨다"고 로마서 1장 18절 이하에 쭉 나옵니다. 어떤 것이 불경건과 불의의 모습들인지를 다 잘 아는 말씀이기에 더이상 설명의 여지가 없습니다.

육에 속한 자를 심판하심

하나님의 진노의 계시에 대한 대표적인 것이 베드로후서 2장 5절에서 8절, 유다서 14절 15절에서 보면, 노아 당시에 하나님께서 마불(מבול=홍수)로 심판하신 사실, 그리고 롯 당시 쓰돔과 아모라 성을 유황불로 쓸어버린 사건, 또한 하나님과 동행했던 에녹 당시의 모습이 나옵니다. 어떤 모습이 불경건한 것이었습니까? 그 가운데서 롯이라든가 에녹 또한 노아는 얼마나 많은 핍박을 견디었겠습니까?

그러한 이모저모에 대한 해석은 성경에 많은 부분에서 가르치니까 저마다 연구해 보시면, 하나님의 진노가 왜 나타났으며 그 가운데 참된 경건한 사람들의 모습은 어느 정도였고, 그 수는 견주어 볼 때 어느 정도였던가? 알게 됩니다.

그러한 시대에만, 그게 대표적인 시대였기 때문에 그때만 경건한 자들이 조금밖에 없었습니까? 아닙니다. 마지막 때에 보통 사람들은 "자기의 경건치 않은 정욕대로 행하고 기롱하는 자들이 있을 것"을 성경은 분명히 예언합니다. 그런 자들의 모습을 몇 가지 말하는데 '당을 짓는다' 수군수군해서 자꾸 헷갈리게 합니다. 자파를 형성한다는 얘기입니다. 그다음 '육에 속한 자, 프쉬히코스 *ψυχικος*' 이건 믿음이 없는 자입니다. 육신적으로 전부 판단하는 것들입니다. 그다음 '신이 없는 이' 프뉴마 *πνευμα*가 없다는 말입니다. 물론 여기 프뉴마는 성령님을 말합니다.

아까 디모데후서 3장 1절 이하에 나타난 여러 가지 양상들을 이런 종류의 사람들이 행사하는 겁니다. 마지막 때 이런 일들이 있다는데 지금이 마지막 때입니다! 예수님이 오실 때도 마지막 때요, 선지자들이 이스라엘 국가의 멸망을 선포한 당시도 마지막 때입니다. 그럼 혹시 우리 교회엔 이러한 세력이 없습니까? 우리 주변에 이런 것들이 없는가 살펴야 합니다. '나는 불경건하다' 그런 말을 하면서 누가 이런 악한 일에 가담하는 사람이 있겠습니까?

디모데후서 2장 16절 앞뒤로 보면 말다툼을 불경건으로 나가는 대단히 중요한 요소로 말합니다. 이러한 것들을 그만 두고 "진리의 말씀을 옳게 분변하고, 자신을 하나님 앞에 드리기를 힘쓰라"고 14, 15절에서 말씀한 다음에 "망령되고 허탄한 말을 버려라." 이런 것들이 불경건으로 점점 나가는데 그 모습이 독한 창질이 썩어져가는 것 같습니다. 글쎄 지금 같으면 이런 악병같은 게 썩어져 나가는 피고름의 냄새를 상징하는 것들입니다.

경건에 이르는 연습

여기 망령되고 허탄한 말은 다시 말하면 불경건한 우상적인 말입니다. 이런 것들이 다 진리에 대한 분별력이라든가 하나님께 자신을 드리기 힘쓰지 않는 자들에게서 나오는 당연한 것들입니다. 왜 이렇게 하나님의 교회에서 헛된 소리들이 있습니까? 그건 잘못된 겁니다. 동일한 말씀들이 다른 부분에 보면 "망령되고 허탄한 신화를 버려라" 같은 말입니다. "오직 경건에 이르기를 연습해라" 여기 연습한다는 말은 체육관, 김나지움Gymnasium이라는 뜻입니다.

진짜 체육인들이 면류관 때문에 얼마나 열심히 운동 연습을 하겠습니까? 그런 것을 빗대서 바울은 경건에 대한 연습을 그렇게 하라고 합니다. 그러면서 "육체의 연습은 유익이 적다"고 말하는데, 거기서 육신은 소마티케*σωματικη*로서 겉사람에게 있는 것, 껍데기 살에 속한 걸 말합니다. 그런 것에 대한 훈련은 아무 것도 아닙니다. 그러나 경건은 모든 것에 유익하고 금생과 내생에 약속이 있다고 그랬습니다. 모든 것에 유익하다고 했습니다.

그렇다면 경건은 어떤 거고, 연습한다는 것은 어떻게 해야 될 것인지 이것을 알아야 당연합니다. 지금까지 쭉 말씀했듯이 마지막 때라는 의식과 복음이 선포된다면 하나님의 심판이 함께 계시되는데, 그것을 받은 사람의 처한 환경은 기롱하는 자들 투성이입니다. 그런데서 복음이 나타나지, 모든 것이 완벽하게 구비된 그것이 어찌 복음이라고 할 것이 있습니까? 그런 상태라면 천당입니다.

베드로전서 4장 1절에서 5절까지 보면 "이방인의 뜻을 좇아서 행해온 것이 지난 날로 족하다"고 말씀합니다. 이미 구원받은 사람들을 향해 하시는 말씀입니다. "그리스도께서 육체의 고난을 받으셨기 때문에 이젠 오직 하나님의 뜻을 좇아서 육체의 남은 때를 살도록 하기 위함이라"고 말씀합니다.

그런데 우리들의 믿음의 행사는 어떤지 모르겠습니다. 처음 구원받을 땐 전혀 아무 것도 눈앞에 안 보이는 것 같았지만, 세월이 지나고 살기 편하다 보니 이것저것 옛것이 꿈틀꿈틀거립니다. 그건 아저녁에 틀렸습니다. 점점 나이들수록 욕심이 커지고 혼자 있을 때보다 가정을 가졌을 때 점점 앞길이 얼마나 큰 믿음을 요구하는 세상에 살고 있습니까? 그리스도께서 그렇게 자기 멋대로 살라고 육체의 고난을 치르셨습니까? 그렇다면 그 복음은 잘못된 복음입니다.

신의 성품에 참여한 자

디모데전서 6장 3절에서 12절까지를 쭉 보면 여러 가지 말씀이 나옵니다. "경건에 관한 교훈에 착념하지 않으면" 다시 말하면 경건에 대해서 무식한 가운데 있으면 "마음이 썩어빠진다"고 했습니다. 진리를 잃어버리고 경건을 이익의 재료로 생각하는 다툼에 빠질 것을 경고합니다. 겉으로야 종교적인 열정이 있고 제도를 지키는 것 같고 딴 사람한테 개혁신앙 같게 보일지 모르지만 마음이 썩어빠져 있습니다! 대단히 무서운 말씀입니다. 경건에 관한 교훈에 착념하지 못하게 하는 악한 세력의 유혹이 있기 때문에 그렇습니다.

적어도 그분께서 신비한 능력으로 경건에 속한 모든 것을 주셨다고 성경은 말씀합니다. 다 주셨습니다. 쉽게 말하면 신구약성경입니다. 또한 역사적인 신앙고백입니다. 적극적으로는 우리 속에 내주해 계시는 성령 하나님입니다. 더 이상 뭘 바라고 어떻게 해서 우리가 살아가겠다는 겁니까? 어떤 인간이 우리를 지배할 자가 있습니까? 세상의 어떠한 제도, 어떤 카리스마를 가진 인간이라 할지라도 이땅에서 우리를 경건하게 이끌 자가 누구입니까? 그렇기 때문에 '신의 성품에 참여한 자'라고 크게 칭찬한 말씀도 있습니다.

믿음에 덕을, 덕에 지식을 쭉 가면서 경건에 형제우애를, 형제우애에 사랑을 공급하라, 그러면서 "주 예수 그리스도를 알기에 게으르지 말고 열매 없는 자가 되지 않기를" 분명히 말씀합니다. 거기 여러 가지 덕목 하나하나가 꼭 순서대로 되는 것은 아닐지라도 경건을 덕목 가운데 집어넣었습니다.

이 경건을 쉽게 해석한다면 하나님을 무서워하는 겁니다. 천둥칠 때 당장 맞아 죽을 것 같은 두려움을 느끼는 정도가 아닙니다. 한문으로 경외한다는 말씀을 씁니다. 전도서 12장 마지막 부분에, 이것저것 세상 재미 다 본 전도자가 하는 말이 "이제 모든 것을 다 들었으니 하나님을 무서워하고 하나님의 명령을 지켜라 선악간에 심판이 있다."

부하려고 하는 자들이 돈을 사랑하다가 일만 악의 뿌리에 걸려 넘어져서 왔다갔다합니다. 성경은 말씀합니다. 바울이 한 말씀인데 "빈손으로 왔다 빈손으로 간다"고 했습니다. 이게 유치한 교훈입니까? 그런데 신자들이 이런 것을 자꾸 망각하면서 삽니다. 이걸 깊이 귀담아 들으셔야 합니다.

이런 것들을 극복해 나가지 못하면서, 자기의 결핍을 인정하지 않고 교묘하게 땜질해 나가면서, 겉으로는 예수님을 찾는다고 하지만 그것은 거짓입니다. 하나님을 두려워하는 것이 가장 현저하게 나타나는 것은 하나님 앞에 제사하는 것, 경배하는 것입니다.

경건의 영역

성경을 찾아보면 고넬료에 대한 기록이 사도행전 10장에 쭉 나옵니다. 그 사람은 의인이고 하나님을 경건하게 섬기는 사람이었습니다. 하나님을 예배할 뿐만 아니라 구제와 기도에도 뛰어난 사람이라고 했습니다. 여기서 경건은 기도라는 중보적인 수단뿐만 아니고 구제에도 나타납니다. 이것을 볼 때 경건은 사회 전반에 확대돼서 나타내야 할 것을 가르칩니다.

경건이라는 말은 몇 가지로 나오는데 일반적으로 그릇된 이방 종교의 전통에서도 경건이라는 말을 씁니다. 유대교에 깊이 빠진 자들이라든가 또는 이방 종교에 빠진 자들도 경건한 자들이 있습니다. 그런 자들이 사도들을 핍박하는 것이 사도행전에 많이 나옵니다. 다른 말로 하면 공경한다는 말씀으로도 번역됩니다.

사람들에겐 종교성이 다 있기에 조금 뭔가 종교성이 그럴싸하게 나타난 사람을 보고 보통 경건하다고 합니다. 요한 세바스찬 바하 할 때 거기 '세바스찬' 이란 말도 경건하다는 뜻입니다. 왕년에 포르투갈의 축구스타 에우제비오가 있는데 그 이름도 경건하다는 뜻을 가지고 있습니다. 카톨릭이건 신교건 어떤 종교적인 전통 가운데 그런 이름들을 썼씁니다.

경건의 계시와 빗나간 모습

이사야서 29장 13절에 보면 그 당시 이스라엘이 멸망당하는 상황을 예언하는 말씀 가운데 "이 백성이 입술로는 하나님을 존경하나 마음은 하나님에게서 멀다" 대단한 표현입니다. 그 현저한 예를 "사람의 계명으로 교훈 삼아서 가르치고 헛되이 경배한다"고 했습니다. 그러니 "마당만 밟을 뿐"이고 기도하는 손을 든다 하지만 "손에 피가 가득했다"고 말씀하셨습니다. 대단히 무섭습니다. 우리에게도 혹시 없지 않은지 잘 살피면서 나가야 합니다.

적어도 계시의 성격상 경건에 관한 도리를 기록하는데 구약보다는 신약, 신약에서도 복음서엔 별로 직접적인 언사가 안 나오고, 사도행전에 조금 나오고 가장 집중적으로 나오는 것은 목회서신이라는 디모데전후서, 디도서를 비롯한 서신서에 경건에 대한 강력한 교훈들이 나옵니다.

예를 들어 경건의 상태에 대해서 저마다 이구동성으로 말하는 것이 대한민국의 교회이지만, 성경에는 분명히 가르침이 있습니다. 열심으로 새벽마다 좇아 나가면 '그 사람 경건하다' 고 하지만 그런 게 경건하다고 합니까? 예를 들어서 혼인생활 하는 것보다 독신이 경건한 것으로 착각합니다. 또는 땀과 먼지투성이 일터에 있는 것보다 고요한 기도원에 처박혀 있는 게 경건한 것으로 생각합니다.

성경에 대한 지식 또는 일반은총에 대한 지식을 섭취하는 것보다는 무식한 상태에서 그저 '믿습니다' 하는 게 경건한 것으로 여기는 형편입니다. 동기를 포함한 과정을 중시하는 것보다 결과만을 경건으로 압니다. 자기 신앙이 어떤지 모르고 좌우간 신자랑 결혼하려고 애쓰는 불신자들부터 해서, 신자연 하면서 교묘하게 결과 집착주의자들이 얼마나 많습니까? 끝없는 도전에 대한 전투적인 자세보다 무사안일로 적당히 넘어가려고 하는 것을, 고요한 중에 하나님을 경건히 섬기는 것으로 악용하는 가짜들이 얼마나 많습니까?

과연 우리 마음 가운데 여기는 상태는 어떤 것인가 잘 한번 살펴봅시다. 아브라함 카위퍼Abraham Kuyper가 간단히 쓴 글 가운데 '경건의 연습' 이라고 한글로 번역된 것을 한번 읽어보십시오. 간단한 글이기 때문에 경건에 대한 모든 것이 설명돼 있는 것은 아니지만 순한 글입니다.

율법에 대한 오해

그릇된 것들은 한마디로 말하면 율법이라는 거룩한 영원한 법에 대한 오해에서 비롯돼서, 심지어 하나님의 주권에 대한 가르침까지 왜곡하게 됩니다. 쉬운 말로 "하나님께서 하게 하신다"는 말입니다. 물론 성경에 그런 의미의 말씀이 많이 있습니다. '하게 하셔야 한다' 이런 식으로 해서 말장난 내지는 언어 최면술에 빠뜨려 복음을 이상하게 하는 수가 있습니다.

그러면 사람이 기계적이냐 하면, 그런 건 아니다 유기적이다. 그러면 유기적이면 어떻게 하는 거냐? 우리나라는 계속 이런 말장난하는 이들이 많습니다. 늘 하는 말이지만 교회 바깥의 단체들이 다 그런 부류들입니다. 재침례파들은 거의 다라고 해도 과언이 아닐 정도입니다.

처음 사람들의 범죄와 그 죄의 결과를 통해서 전반적인 성격을 잘 알면, 하나님께서 사람을 처음 지으셨을 때 하나님의 형상으로 지은 이유가 뭔가? 이런 것에 대해서 범죄하기 전에 주신 창세기 1, 2장을 깊이 숙고하고 숙고한다면, 많은 것들을 깨닫게 됩니다. 거듭난 상태에서 신구약으로 공부하는 사람들이라야 합니다. 적어도 그 나라의 백성으로 하나님께서 지으셨는데 그런 만큼 율법을 모든 삶에 걸쳐서 영원한 원칙으로 작용하도록 주셨습니다. 어떤 시대든지 절대의 표준으로서 가치가 늘 있습니다.

죄의 오염으로 어찌할 수 없는 형편에 있는 사람들 중에서, 하나님께서 자신의 형상을 회복시켜 분명히 갈 길을 알리시고 더욱 의지하며 모든 것을 바치면서 나가도록, 쉽게 말하면 성화 과정에서 성령님의 역사를 의지하고 나가도록 하십니다. 자칫 이것을 잘못 생각하면 결정론자가 됩니다. 말은 그럴싸하게 정통교리에 있는 말 몇 마디 잡아다 쓰는지 모르지만, 더러움에 꽉 찬 삶을 하는 수가 많습니다.

형상의 회복과 개혁

이런 사람들한테는 학문도 성립이 안 되고 삶도 자기들 멋대로 살아가도록 돼 있습니다. 복음에 대한 긴장, 적어도 마지막 때 경건에 이르기를 어떻게 힘써야 될 것인가 의식하지 못하다 보니, 이러한 잘못에 빠질 수 있음을 주의하면서 복음 가운데 자유를 계속 유지해 나가야 합니다. 에베소서 4장 22절에서 24절이랑, 골로새서 3장 5절에서 10절에 보면 이것을 잘 가르쳐 줍니다. 처음 창조가 어떻게 회복되는가, 새로움을 입은 새사람은 어떻게 나가야 될 것인가에 대해서 강력하게 말씀합니다.

로마서 12장 1절 이하에는 "너희의 몸을 하나님이 기뻐하시는 거룩한 산 제사로 드려라 이것이 너희가 드릴 영적 예배다" 하는 말씀을 하셨습니다. 그렇기 때문에 "이 세대를 본받지 말아라 오직 마음, 여기 누스 νους '마음'을 새롭게 함으로, 그 다음 변화를 받고, 그 다음 하나님의 선하시고 온전한 뜻이 무엇인지 분별하라"고 말씀하셨습니다. 그런 가운데서 경건이 뭐고 예배가 뭐고 이웃에 대한 사랑은 어떻게 행사하는 것이 나오는 법입니다. 이런 것에 대한 이렇다 할 장성함도 없이, 다시 말하면 개혁이 매순간 단행됨이 없이 어떻게 경건한 삶이 나옵니까? 그건 거짓말입니다. 속아넘어가지 마십시오.

마태복음 15장에 손씻고 밥 먹는 장로들의 유전이 나옵니다. 그당시 바리새인들과 서기관들이 예수님을 걸고넘어지는 장면입니다. 그때 주님께서 말씀하시기를 '경건이 어떤 것이냐'고 할 때 음식을 가지고, 깨끗한 거니 더러운 거니 손을 씻고 먹어야 깨끗하니 하는 이런 것이 문제가 아니고 마음이라는 것을 지적했습니다. '바로 너희들이야말로 위선자들이다' 왜? 마음속에서 악한 것이 나옴으로 사람을 더럽게 한다고 말씀하십니다. 악한 생각 간음 살인 훼방 이러한 등등의 것들이 바로 마음속에서 나온다고 하셨습니다. 그러면서도 겉으로 예수님의 제자들이 손 닦지 않고 밥 먹는다고 입을 가지고 어쩌고저쩌고 딴죽겁니다.

장로들의 유전 그런 것을 깨부수는 것이 바로 경건한 행위입니다. 이 사람 저 사람 안 다치고 슬슬 나가는 것이 경건의 능력입니까? 아닙니다. 사람들이 얼마나 교활합니까. 세상의 온갖 제도는 물론이고 교회의 제도라 할지라도 계속 새롭게 뜯어고치면서 나가야 합니다. 그런 것이 얼마나 어려운 때인지 모르겠습니다.

십자가의 원수들과 신령한 사람

크게 덩어리들이 야합해서 거기에 박수 보내지 않으면 이상한 눈치로 바라보는 때입니다. 예수님의 생애 가운데서 이러한 자들이 거짓과 외식, 위선에 가득차 거짓된 경건을 가장해서 얼마나 십자가의 원수들로 행했습니까? 그리스도의 구속 사역으로 말미암은 거룩한 행사들을 적극적으로 막음으로 하나님을 대적한 자들입니다. 그런 의미에서 역사적인 예수 그리스도에 대해서, 예수님을 그리스도로 아는 것에 대해서 잘 받을 필요가 있습니다.

말로 예수, 예수 찾는다고 해서 그 사람이 다 정통은 아닙니다. 그중에는 가짜들도 많고 그 말을 많이 사용합니다. 예수 그리스도의 인성에만 강조해서, 행위로 예수님의 생애 가운데 아름답게 보이는 것 같은 모양을 본따 한번 흉내내보려고 하는 가짜들이 많습니다. 그런 건 신비주의적인 종교 열성가들입니다!

적어도 그리스도께서 신으로서 하시는 성령님의 역사를 의지해서 모든 것들을 그분께 드리고 그분의 가르침을 받아서 장성함으로 프뉴마티코스*πνευματικος* '신령한 사람' 으로서 자세를 더욱 드러내는 것이 바로 경건한 자입니다. 다른 말로 의인입니다. 무조건 예수, 예수라는 이름을 써먹는다고 해서 너무나 마음 좋게 진짜로 여기지 마십시오.

옛날에 합동신학교가 어떤 교회에 있었을 때 그 교회 목사들은 칼뱅을 까고 개혁교회를 까는 설교를 공공연히 했습니다. 그런 친구들이 어떻게 경건합니까? 그런데 그것에 대해서 신학교 교수들은 아무런 소리하는 자들이 없었습니다. 건물을 빌려 쓰기에 한풀 꺾여서 그랬는지 말입니다. 설교 중에 꼭 예수 자가 나와야 한답니다. 그러면 구약성경을 짤라 팽개쳐야 합니다.

본문에서 바울이 말하듯이, 여섯 개의 동사를 사용해서, 나타내셨다부터 영광 가운데 취하심 받았다, 이런 하나하나를 칭해서 여섯 가지로 요약한 것은 경건과 복음이 어떠한 관계가 있는가를 현저하게 가르칩니다. 적어도 하나님의 집에서 돌이킬 것을 가르치면서 말입니다. 그리스도에 대한 무지, 성령 하나님의 일하심에 대한 거역에서 불경건과 불의함이 발생합니다.

속칭 신학적으로 볼 때 율법주의 또는 복음주의, 신비주의 이런 등등의 교리를 주장하는 자들은 색욕거리로 복음을 왜곡한 것입니다. 그런 만큼 세상의 온갖 제도 가운데서 벗어난 사람이 없고, 교회의 제도를 떠나서 정상적으로 경건의 능력을 발휘할 수 없다면, 늘 개혁의 자세를 기억하면서 나가야 합니다. 그런데도 고정 관념에 꽉 잡혀서 말입니다. 자기 뜻대로 자기 계획한 대로 관철하려고 하는 것부터 시작해서, 썩어빠진 아집 또는 보수파라고 해서 이런 것들은 전부 세상의 행복에 꽉 찌들어있는 사람들입니다. 어떤 핑계가 거기에 나타날 수 없습니다.

말씀과 더불어 일하시는 성령님

디도서 2장 11절에서 13절을 읽어 보십시오. 세상에 대해서 어떠한 자세로 살 것을 바울이 디도한테 강력하게 당부하고 있는가를. 세상에 속한 모든 것들이라는 것이 경건에 대한 원인이 된다거나 또는 경건의 어떠한 부분에 효과를 줄 수 없습니다! 밥을 많이 먹는 것보다 밥 먹지 않고 금식하면 조금 더 경건해집니까? 하나님께서 이끄시는 적절한 금식이라야 경건과 관련됩니다.

오직 말씀과 더불어 역사하시는 성령님으로 믿음이 계속 장성해야 합니다. 적어도 그리스도의 비하 가운데서 삶이라는 것, 구속의 역사를 이루시기 위한 생애 전편에 걸쳐서 가르쳐 주는 말씀 하나하나가, 한마디로 말하면 경건의 모델입니다. 경건의 절정을 보여줍니다. 물론 비하의 상태에서만 보여주신 것은 아니지만 말입니다. 한마디로 말하면 가난한 삶이라고 성경은 말씀합니다.

그리스도의 생애를 어떤 복음주의자들같이 율법을 성취하는 정도로만 십자가의 죽음을 해석하는 것으로 만족할 수 없습니다. 그분이 가르쳐 주신 마태복음의 산상수훈만 살펴보더라도 얼마나 높은 경건을 가르치는 말씀입니까? 그런데 율법과 복음으로 딱 나누어서 성경을 해석하는 사람들은 맨 그런 것밖에 안 보입니다.

경건은 한마디로 말하면 구별입니다. 구별에 대한 겁니다. 이것을 본문 말씀에서 경건에 속한 비밀로 묘사한 것을 볼 때, 이것은 세상 사람들한테 있는 것이 아니고 하나님께 택함 받은 사람들에게만 허락된 각별한 것입니다. 사도들이 그런 사람들이었음을 디도서 1장 1절에서 바울이 말합니다. 어두움으로부터 구별되는 것부터 해서 블리알에게서도 구별해주고 불의와 불신자로부터, 온갖 썩어빠진 것으로부터 분명하게 구별해내는 것이 바로 경건입니다. 그런 만큼 일반은혜의 여러 가지 것들에 대해서 잘 살펴나가는 데에서 경건이 능력있게 발휘될 수 있습니다.

자연법칙 또는 상식적인 일들에 대해서는 적당히 여기고 성경 말씀이나 공부해 보겠다고, 그렇다고 경건해질 것 같습니까? 안 됩니다. 지적인 신앙이 혹시 될지 모르지만 그것은 구원과 상관이 없습니다. 성경을 공부하지 말란 것이 아닙니다. 그러니 그리스도로 말미암은 영원한 속죄 사역에 대한 의미랑 각자가 매일같이 범하는 자범죄의 관계를 잘 헤아려야 합니다. 그렇지 않으면 율법폐기론자로 전락하거나 신앙지상주의자가 돼서, 아까 말씀드린 그런 큰 극단의 잘못을 범할 수 있습니다. 개인은 물론이고 부부생활 나아가 주종간에 이루어지는 사회생활 전반에 이르러서 경건이 나타나도록 해야 됩니다. 물론 이것은 거룩한 사랑에서 비롯됩니다.

데살로니가전서 4장 3절에서 8절을 읽어보십시오. 3절 "하나님의 뜻은 이것이니 너희의 거룩함이다" 경건에 대한 해석입니다. "곧 음란을 버리고 각각 거룩함과 존귀함으로 자기의 아내 취할 줄 알고." 아내 취하는 것도 경건하게 취하라고, 이건 법적으로 내 남편이니까 멋대로 이방인같이 하나님 모르는 식의 색욕을 좇지 말라고 했습니다.

불신 혼인은 아저녁에 글러먹은 것입니다. 경건이 두 가지가 아니고 하나인데 하나님이 한 분이듯이. 그렇지 않으면 이방인의 색욕거리 그런 가정이 되지 않을 수 없습니다. 왜? 성경 말씀은 영원불변한 진리의 말씀입니다.

야고보서 5장 1절에서 6절을 보면 부한 것 때문에 속아넘어가서 불경건한 주인이 일꾼의 품삯을 쓱싹합니다. 그 원망소리, 원한의 소리를 하나님께서 들으신다고 했습니다. 그 주인을 끝장내겠다고 했습니다. 불경건한 결과입니다. 하루 품삯은 그대로 딱딱 처리해 주라고 구약 레위기 법에서도 분명히 말씀합니다.

그리고 디모데전서 2장 2절 이하에 보면 귀한 말씀이 나옵니다. 위정자들에 대한 중보기도를 하라고 말씀합니다. 왜? 경건하고 단정한 중에 하나님을 편안히 섬길 수 있도록입니다. 형제들에 대한 중보기도만이 아니라 하나님께서 세우신 세력에 대한 중보기도도 대단히 중요한 경건의 한 가지 행사란 말입니다. 그런데 기도회에서 노정권 물러가라 또 빨갱이 김일성 물러가라 그런 한심한 기도를 중보기도에 넣는다는 건 하나님을 어떻게 만드는 겁니까? 대단히 잘못된 죄악을 저지르는 겁니다.

경건과 역사적 신앙고백 계승

역사적인 신앙고백의 흐름 위에 굳건히 서서 영원하며 동일하게 계속 이어져 내려오는 목적과 사명 가운데서 경건은 나타납니다. 그 가운데 바른 인격을 구비하면서 거룩한 사회에 속해서, 여기 거룩한 사회는 하나님의 교회, 하나님의 통치하시는 나라입니다. 거기 속해 있는 자들만 경건이 가능합니다. 석가나 공자는 다 거지발싸개 같은 것들입니다. 인간적으로 끄덕일 만한 좋은 소리를 많이 했을지라도 그건 다 불경건입니다. 종말이 매우 더럽습니다. 한심스럽습니다.

"그리스도 예수의 사람들은 그 정과 욕심을 십자가에 못박았다"고 말씀하셨습니다. 그러면 다른 욕심을, 정욕을 품을 구석이 어디 있습니까? 예수님과 한번 함께 죽고 함께 다시 부활했으면 그걸로 끝난 것입니다. 성경 말씀에 있으면 그대로 가면 되는 거고 금하면 그만두면 됩니다. 이렇게 쉬운 길, 좋은 길이 있는데. 범사가 잘 됨과 같이 영혼이 잘 되기를 바란다고 사도 요한이 은혜로운 말씀을 해 주시듯이 말입니다. 그런데 왜 이렇게 신앙생활이 어렵습니까? 경건으로 말미암은 핍박을 피하려니까 어렵습니다. 당장은 잘 풀릴지 모르겠지만.

여호와께서 구하시는 제물은 상한 심령이라고 말씀하셨습니다. 우리의 몸을 성전 삼고 거하시는 성령 하나님을 꿈에도 잊어서는 안 됩니다. 그렇기 때문에 몸과 마음을 하나님께 거룩히 구별해서 드리는 것에서부터 경건이 있습니다. 몸과 마음을 드린다는 원칙도 모르면 무슨 경건입니까? 곰곰이 잘 한번 생각해 보십시오. 어떤 일이 됐든지간에 하나님께 온전히 드려서 하나님의 재가가 떨어지고 하나님께서, 영원하신 분께서 받으셔서 영원히 기억하실 만한 그런 일이 아니라면 그건 다 잘못입니다. 그건 불경건한 더러움으로 전락할 수밖에 없습니다.

세상의 빛과 땅의 소금

에베소서 5장 1절 이하에 보면 "음행과 온갖 더러운 것과 탐욕은, 이거 다 불경건한 것에 대한 표현입니다. 너희 가운데서 그 이름이라도 부르지 말라!" 그 이름이라도 부르지 말라고 했습니다. 비슷한 말씀이 데살로니가 전서 5장 22절에 나옵니다 "악은 모든 모양이라도 버려라" 두말할 필요가 없습니다. 우리가 아직 모르기 때문에 좋은 소린지 나쁜 소린지 좋은 모양인지 이것이 구분이 안 되는 것뿐이지 성경엔 다 있습니다. 그러면 가르쳐 주면 지키면 되는 것입니다.

하나님이 꿈에 나타나서 음성 들려주어야 고칩니까? 아닙니다. 예배 가운데 하나님께서 경고하시면 그걸 듣고 나가면 됩니다. 부모가 그런 걸 가르칠 수 있습니까? 대통령이 가르칩니까? 아닙니다. 하나님께서 세우신 계시의 기관들을 통해서 그런 일들을 과거에도 했고 지금도 해 옵니다. 그런데 이상하게, 듣는 사람들이 많지 않습니다. 자기 잘나서 멋대로 살다 가니 말입니다. 이런 것이 성도의 마땅한 바라고 힘주어서 바울은 말합니다.

그런 더러운 것 일컫는 이름 부르지도 말 것을, 누추한 말이나 어리석은 말 희롱의 말 이런 것 하는 게 마땅하지 않다. 돌이켜서 오히려 감사하는 말을 하라고 했습니다. 그 뒤에 쭉 이어보면 빛의 열매는 어떤 것이다. 착함과 의로움과 진실함이다. 이런 것을 바라시는 것입니다. 산상보훈에 있는 말씀과 똑같습니다. 너희들은 세상의 빛이다. 소금이다. 이건 다른 말로 하면 경건하게 살라는 말입니다.

히브리서 3장 13절, 14절에 "오직 오늘이라 일컫는 동안에 날마다 서로 권면해서 너희 가운데 누구든지 죄의 유혹으로 강퍅하게 됨을 면하고 우리가 시작할 때 확신한 것을 끝까지 견고히 잡으면 그리스도와 함께 참여한 자가 되리라." 설명할 필요가 없는 말씀입니다. 우리 중에 강퍅한 사람이 있습니까? 그러면 고치면 됩니다. 처음 시작한 게 분명하다고 확신했으면 그대로 나가면 됩니다. 뭐가 어렵습니까?

야고보서 1장 26절, 27절에서는 경건이라는 단어를 유세베이아 *ευσεβεια*대신 쓰레스코스 *θρησκος*라고 딱 한 번밖에 안 나오는 말을 썼는데 한글개역성경에선 '경건' 으로 똑같이 번역했습니다. 경건이 어떤 거냐 하는 말씀이 나옵니다. 디모데전서 5장 4절에 보면 과부에 대한 공통적인 것이 있습니다. "정결하고 더러움이 없는 경건은 하나님께서 받으실 만한 것이다. 가난한 자 고아 과부를 공대하고 그 다음에 세속에 물들지 않는 거"라고 그랬습니다.

마지막으로 성경 두 군데 읽고 마치겠습니다. 디도서 2장 11절에 "모든 사람에게 구원을 주시는 하나님의 은혜가 나타나 우리를 양육하시되 경건치 않은 것과 이 세상 정욕을 다 버리고 근신함과 의로움과 경건함으로 이 세상에 살고 복스러운 소망과 우리의 크신 하나님 구주 예수 그리스도의 영광이 나타나심을 기다리게 하셨으니." 그다음 베드로후서 3장 10절부터 13절 보겠습니다 "그러나 주의 날이 도적같이 오리니" 처음에 말씀드린 말세에 대한 것을 여기 시사하는 겁니다. "그 날에는 하늘이 큰 소리로 떠나가고 체질이 뜨거운 불에 풀어지고 땅과 그 중에 있는 모든 일이 드러나리로다 이 모든 것이 이렇게 풀어지리니 너희가 어떠한 사람이 되어야 마땅하뇨 거룩한 행실과 경건함으로 하나님의 날이 임하기를 바라보고 간절히 사모하라 그 날에 하늘이 불에 타서 체질이 뜨거운 불에 녹아지려니와 우리는 그의 약속대로 의에 거하는 바 새 하늘과 새 땅을 바라보도다."

기도

하나님 아버지여, 오늘도 우리를 불쌍히 여기시기 위해서 거룩한 기도의 자리로 이끄셨사옵고, 성령님께서 말씀하시사 저희의 더러움을 씻으신 은혜를 감사하옵나이다. 아버지여, 더욱 저희들이 믿은 지 세월이 많이 지나고 있는데, 주의 진리의 말씀에 굳건히 서서 세속과 죄와 더불어 피나는 투쟁속에서 이기는 개가를 주께 드려야 됨에도 매일같이 실패하는 일들이 많이 있사옵나이다.

사람들이 정욕으로 말미암아 돈에 미쳐 돌아가는 현대사회입니다. 주여, 저희를 불쌍히 여기셔서 세상이 어떠할지라도 어떠한 핍박을 가할지라도 저희의 신분이 어떠한 것을 알게 하시며 저희가 살고 있는 곳이 어디인지를 알게 하셔서, 하나님의 자녀다운 의연함을 잃지 않도록 하시며 앞에 막막한 장애라고 여겨지는 것이 있을지라도 당당하게 그리스도의 군병다운 자세를 취하도록 하시옵소서.

오직 성령 하나님을 의지하게 하사 저희의 몸과 마음과 전 생애와 모든 계획을 다 주 앞에 드리는 참된 신자로서의 생활을 누리며 나가도록 하시옵소서. 어떠한 세상의 공격 앞에 두려움이 발생하지 않도록 하시며 하나님을 사랑하는 사랑으로 모든 것을 정복하며 다스려 나가도록 하시옵소서. 주여, 저희로 하여금 거룩한 경건의 열매인 성령님의 열매가 충만한 생을 살아 나가도록 하시기를 바라옵고, 세상을 향해서도 강력하게 경건의 능력을 과시하도록 하시옵소서.

구주 예수 그리스도의 이름으로 기도 드리옵나이다. 아멘.

12강

지식

빌립보서 3:7-9

7 그러나 무엇이든지 내게 유익하던 것을 내가 그리스도를 위하여 다 해로 여길뿐 더러
8 또한 모든 것을 해로 여김은 내 주 예수 그리스도를 아는 지식이 가장 고상함을 인함이라 내
가 그를 위하여 모든 것을 잃어버리고 배설물로 여김은 그리스도를 얻고
9 그 안에서 발견되려 함이니 내가 가진 의는 율법에서 난 것이 아니요 오직 그리스도를 믿음으
로 말미암은 것이니 곧 믿음으로 하나님께로서 난 의라

복음과 선포 〈1〉 _ 12강

지식

빌립보서 3장 7-9절

참된 지식과 선행의 능력

지식이 점점 증가하는 것과 관련해서 복음에 대해 살펴 보겠습니다. 복음은 그리스도의 권능의 나라와 밀접한 관련을 갖기 때문에, 적어도 성경에 대한 지식은 물론이려니와 성경에 대한 참된 지식을 구비한다면 세상 모든 것에 대해 알고자 하는 심정이 생기게 되고, 모든 것을 우리가 직접 체험은 못할지라도 넉넉한 판단에 이를 만큼 복음은 우리들에게 명령합니다.

그래서 바울이 말한 바가 있지만 복음을 능력으로 전파했다는 말중에, 하나님의 나라는 말에 있지 않고 능력에 있다고 갈파했습니다. 그런 만큼 모든 힘은 헛된 종교적인 열망에서 외적으로 발생하는 것으로 판단되는 게 아닙니다. 오직 참된 지식만이 특별한 계시로 말미암은 것이든, 일반은총에 속한 것으로 말미암은 것이든, 그것을 다 망라해서 능력과 관련하여 성경은 알려줍니다.

선을 행할 만한 능력이 모든 사람에게는 영원히 결핍돼 있습니다. 그렇기 때문에 하나님의 진노 앞에 늘 서 있음을 부인할 수 없습니다. 이것을 인식하지 못하니까 마음에서 구원의 즐거움을 상실하는 것이요, 매일같이 좋은소식을 하나님께서 귀에 들려주시고 마음에 들려주시건만 이것에 대해서 별로 반응이 없습니다.

그런 만큼 하나님께서 우리를 지으신 목적을 표현해 볼 때 선을 행하도록 우리를 새롭게 지으셨다고 말씀하고 있듯이, 늘 현실 가운데서 우리 자신의 전적인 무능함을 체험하지 않고서는 좋은소식에 대한 기대를 갖지 못합니다. 들어도 그만 안 들어도 그만, 예수님의 십자가는 여기저기 건물마다 십자가 탑에 널려 있으니까, 마음이 무뎌져 있는 것이 현대 신자들이 아닌가 합니다. 매우 유감스러운 일이고 안타까운 일입니다.

복음과 일반계시의 관계

성경 말씀은 구원에 이르는 지혜가 있다고 말씀합니다. 거기서 지혜는 꼭 성경 말씀을 이론적으로 체계있게 아는 것을 말하는 것이 아닙니다. 삶의 행진 가운데 모든 방면에 걸쳐 확고하게 나아가도록 하는 것이 바로 성경이 가르치는 것입니다. 그렇기 때문에 가르치는 것과 배우는 것은 늘 기본이며 급선무입니다. 하나님께서는 복음의 계시를 일반계시의 옷으로 꾸며 나타내셨기 때문에, 일반은총의 모든 영역에 대해 점점 알아가는 것이 바로 참된 복음을 알고 있는 사람이고 그릇된 복음 가운데 빠지지 않게 됩니다.

그런 만큼 성경에 나타나지만 참된 복음으로부터 자꾸만 이탈시키기 위한 다른 복음의 여지가 늘 발생합니다. 죄가 없었던 에덴 동산에서부터 다른 복음의 역사가 사탄으로 말미암아 발생합니다. 그후에 모든 아담의 후손들에게는 더 많은 다른 복음의 유혹의 가능성이 있습니다.

일반계시 자체가 불완전하기에, 다른 복음의 양상이 교회역사에서 볼지라도 초대교회 당시엔 영지주의를 비롯해서, 종교개혁기에는 재세례파, 오늘날에도 정통을 가장한 거짓된 복음들이 얼마나 난무하는지 모릅니다. 물론 보면 이들이 백 프로 틀리진 않습니다.

하나님에 대한 지식은 꼭 성경에 대한 것 또는 구원론에만 머무는 문제가 아닙니다. 하나님께서 세상에 세워 두신 온갖 법칙에까지 하나님에 대한 앎으로 어거할 만한 힘을 가지고 있지 않으면, 옛사람의 구습에서 벗어날 수 없습니다. 복음의 초보 정도에 머물면서 다 된 것처럼 여기게 될 때 개혁은 기대할 수 없고, 세상을 닮아가다 보니까 그릇된 방식에 자꾸만 빠져들어갈 수밖에 없습니다.

복음은 계속적인 성장, 끝없는 전투를 통한 참된 지식에 도달하는 것을 늘 요구하지, 구원 받았으니 됐다 해서 그 자리에 머물러 있게 돼 있지 않습니다. 많은 사람들이 소위 칼뱅의 가르침을 따르다가 다 곁길로 샌 건 뭐냐 하면 다다를 목적을 생각하니 못나가겠다는 겁니다. 그러니 교회역사를 볼 때 그럴싸하게 처음에 나가다가 도중하차한 사람이 한둘이 아닙니다.

적어도 이 지식은 인격이 포함돼서 나타나는데 사람들이 게을러서 놀기 좋아하는 이 현대 사회에서는 더더구나 이것을 따르기가 어렵습니다. 모든 것이 자동화가 됐는데 뭐를 생각하고 무슨 공부할 게 있습니까? 적당히 돈으로 다 처리하면 끝나는 것으로 생각합니다. 성경은 분명히 여호와를 두려워하는 것이 모든 지식의 머리라고 말씀합니다.

호세아 선지자의 글을 보면 이스라엘의 멸망을 내다보면서 혹독하게 책망한 말씀 가운데 '내 백성이 지식이 없어 망한다'고 단언합니다. 그 사람들이 당시 화려한 종교적인 제의에 참석하지 않았습니까? 율법을 낭독하는 사람들이 없었습니까? 그러나 호세아를 통한 하나님의 진단은 지식이 없어 망한다는 것입니다.

그러면 당시 세상만사가 완전히 중단되는 사회였습니까? 아닙니다. 그런 사람들을 향해서 힘써 여호와를 알아라 하나님께서는 번제보다 하나님 아는 것을 바라신다는 말씀을 선포했지만 결국은 망하고 말았습니다. 말씀을 듣지 않았습니다. 그 후손들은 율법주의라는 타이틀로 예수님을 잡아죽이는 데까지 나갔을 뿐입니다.

첫 타락과 무지

지식은 야다ידע, '안다'는 말씀에서 나온 건 잘 압니다. 디아트דעת라는 말입니다. 에덴의 한 동산에서부터 하나님께서는 나무를 상징적인 도구로 세우셔서 선악을 지식하는 나무, 생명들의 나무 이렇게 하셔서 첫 사람들을 공부하도록 하셨습니다. 아담과 하와의 타락은 많은 양상 가운데 한가지가 참된 지식 작업에 결정적인 문제가 있었습니다.

물론 그 사람들이 하나님에 대한 지식이 전혀 결여된 것은 아니었겠으나 그릇된 지식 작업의 결과로 스스로 적극적으로 잘못에 빠져들고 말았습니다. 뱀과 같이 놀아난 것입니다. 세상의 일반적인 지식으로 절대자이신 감히 침범할 수 없는 하나님의 경영에까지 넘나든 것입니다. 이건 그릇됐습니다.

이런 디아트가 신약에 오면 그노시스γνωσις입니다. 물론 동일한 의미를 가지고 헬라말로 쓴 거지만, 구약의 표현이 훨씬 더 구체적이고 포괄적으로 안다는 지식을 가르칩니다. 예를 들어 남녀간에 어우르는 일 그런 면까지도 안다는 뜻으로, 지식은 하나님에 대한 성경의 도리만, 구원에 관련된 문제만 말하는 것이 아니고 생활 전반에 대해 말하는 것이 지식입니다. 하나님의 속성을 보더라도 말입니다.

출애굽과 신국건설 위한 율법

구약에서 출애굽 후에 이스라엘 백성들에게 율법을 주십니다. 율법에 대한 지식을 가르치고 배우는 것을 명한 것이, 토라תורה에 보면 너무나 많이 나옵니다. 율법에 대한 지식도 광야교회를 위해 하나님께서 복음을 바탕으로 깔고 허락하신 계시입니다. 출애굽이라는 죄의 세력으로부터 얽매임을 전제로 하고 십계명을 필두로 해서 많은 가르침을 주셨습니다.

이것을 볼 때 당시에 현실의 터를 하나님께서는 전제하시고 좋은소식으로서 율법의 가르침이 들려지기를 바라신 것입니다. 마침내 율법이 담고 있는 바 하나님 나라의 궁극적인 열매에 당도하도록 그들을 뽑아내셨습니다. 또한 당시 가나안 땅에 그릇된 일반 지식으로 더러운 문화가 꽃핍니다. 이것을 볼 때 충돌하는 지식체계를 가지고 가나안 땅에 들어갈 하나님의 백성들이 당할 고난은 불을 보듯이 빤한 것입니다. 하나님을 아는데 왜 고난이 있습니까? 특히 욥기서에 보면 친구들과 고난에 대한 많은 변론을 하고 심지어 하나님한테까지 욥은 말합니다. 그런 만큼 율법에 대한 지식도 중요합니다.

율법의 목적과 형상의 회복

율법을 주신 목적이 신명기의 가르침을 보면 광야 40년을 통과하는 동안 하나님께서 훈련하시기 위해 시험하신 것이라고 분명히 말씀합니다. 결국 하나님의 뜻을 점진적으로 계속 배워서 이땅에 하나님 나라를 이루도록, 하나님의 뜻에 복종하도록 율법을 가르치고 배우도록 명령하신 것을 알 수 있습니다.

사람을 하나님의 형상으로 지으셨을 때 진리와 의로움과 거룩함으로 지으셨다고 신약에서 증거합니다. 물론 하나님의 형상이 세 가지 요소로 정의되는 것은 아닙니다. 따라서 마침내 하나님의 영광에 이르도록 그러한 목적으로 하나님께서 새롭게 우리를 지으셨습니다. 언약이라든가 또는 명령의 형식을 통해 계속해서 하나님의 가르침에 대해 배울 것을 요구하십니다. 그런 만큼 하나님께서 우리와 더불어 사귐 가운데 나타내시는 속성 중에서 지식이나 지혜도 가만히 살펴볼 때 대단히 놀라운 것입니다.

알면 그만큼 하나님을 알고 하나님을 사랑하게 되는 것은 당연합니다. 성경만 아는 사람이랑, 성경을 근간으로 해서 세상 모든 지식을 깊이 실전적으로 아는 사람이랑 하나님을 사랑하는 건 천양지차입니다. 성경만 알아서는 하나님을 사랑할 수 없습니다. 그런 법이 없습니다. 그것은 진공상태에서 살 수 있다는 속임 가운데 빠져있는 사람이나 그런 소리를 할 수 있습니다. 그러니까 정욕으로 인해 세상에서 썩어질 것을 피해서 신적인 속성들의 사귐들 가운데 이르도록 하나님께서는 요구하시는 것이고, 따라서 그렇게 되기 위해서는 그리스도를 알기에 게을러서는 안 되고 마침내 의의 열매가 가득하도록 사랑하는 것이 마땅합니다.

탁월한 지식과 세상지식

본문에 볼 때도 사도 바울의 개인적인 변증의 글이지만 두 지식의 비교가 강력한 필치로 나옵니다. 7절 말씀보다는 8절에 보면 한글개역성경은 뉘앙스를 살리기 어렵습니다. 그러니까 7절 뒤에 "뿐더러 또한" 이걸 세게 읽어줘야 합니다. 그런데 "뿐더러"가 7절 쪽에 쏠려있기 때문에 조금 차이가 있지만. 7절에 있는 말을 8절에서 더욱 강력하게 해줍니다. 그다음 8절을 뒤에 쭉 가면서 설명합니다. "주 예수 그리스도 안에서 지식이 가장 고상하다"는 말씀은 다른 말로 하면 뛰어나다는 말입니다. '탁월하다' 인데 '가장 고상하다' 고 한 것은 잘못된 번역입니다.

반면에 바울이 획득한 지식이 있습니다. 7절에서 획득했다는 말씀 이것을 7절에서는 해, 손해라고 할까 해꼬지하는 것인데, 이것을 8절에서는 똥들 이런 말씀으로 또다시 다른 말로 엮어내고 있습니다. 적어도 획득이라고 했을 때 한가지 예를 들어보더라도 가말리엘 문하 최고의 학부에서 대단히 공부한 사람입니다. 이것을 획득했다고 말합니다. 이것을 획득하기까지 절제된 생활과 피나는 노력을 겪어보지 못한 사람은 상상 못합니다. 이것을 한마디로 똥으로 여겨 버렸습니다. 이런 지식의 내용이 상당히 많은데, 그리스도 안에 있는 탁월함에 대한 지식은 단수로 나옵니다.

그다음 9절에 가서 이것을 의와 관련짓습니다. 그러니까 율법에 대해선 이것은 의랑 상관이 없고 그리스도와 하나님에 속한 믿음이라고 씁니다. 여기 믿음은 다른 말로 하면 복음과 똑같은 말입니다. 그런 만큼 이젠 우리가 새사람을 입었기 때문에 지식에까지 새롭게 하심을 받았습니다. 적어도 복음을 접하고 하나님 말씀에 재미가 붙기 시작하는 사람, 깨달음이 확확 오는 사람은 세상 만물에 대한 시각이 달라지기 때문에 알고자 하는 마음에 불붙지 않을 수 없습니다.

그러한 과정이 끊임없이 계속되지 않는 사람은 개혁신앙의 소유자가 아닙니다. 극심한 타락을 맛보게 돼 있습니다. 광야 백성들이 어떻게 됐습니까? 둘 빼놓고는 약속의 땅에 못 들어갔습니다. 복음은 적당히 믿고 세상에서 볼 재미 다 보는 것이 아니고 매우 무섭습니다. 물론 사람의 힘으로 전혀 감당할 수 없습니다.

그리스도의 중보직과 가르침

그리스도의 삼중직 가운데서 선지자직은 한마디로 말하면 하나님의 뜻을 대변해서 백성들한테 가르치는 직분입니다. 구약성경에 볼 때 라마드למד라는 동사는 두 가지 뜻을 담고 있습니다. 가르친다는 뜻과 배운다는 뜻을 담는데, 이것을 피엘꼴 강조형 동사로 쓸 때는 가르친다는 뜻이 됩니다. 가르치는 거나 배우는 것은 같은 말입니다.

이사야서 50장 4절에 보면 학자의 혀, 학자의 귀라는 언급이 나오는데 거기 학자라는 말이 라마드의 강조 수동꼴에서 온 명사형입니다. '리무드' 라는 말씀인데, '가르침 받은 사람' 이렇게 됩니다. 그런데 학자 그러면 조금 고상하게 보이는데 구약의 한글번역이 잘못됐습니다. 학자 그러면 서민들을 깔보는 말입니다. 가르침 받은 건데 무슨 얼어죽을 학자입니까? 가르치고 배우라고 하나님께서는 아담에게도 그 직분을 주셨습니다. 아담이 자기 아내에게 일단 선지자입니다. 이러한 전통을 좇아서 하나님께서는 모든 아버지들에게 이러한 권세를 위임하셨습니다.

토라를 주시면서 아버지에게 그 자녀를 가르치라고 간절하게 당부한 것은 대단합니다. 조금이나마 정말로 복음신앙이 있고 구원의 확신이 있는 사람이라면, 자녀에 대해서 또는 넓은 의미로 후대에 자라나는 세대들에 대해서 모른 체 할 수 없게 됩니다. 이건 ABC문제인데 이것을 거들떠보지 않고서 무슨 가정생활을 하겠다고 합니까? 한심스러운 겁니다.

성경기록자의 됨됨이

하나님께서 계시기관들로 쓴 사람을 대표로 말하면, 구약은 선지자들이고 신약은 사도들입니다. 이 모든 사람들이 복음 가운데서 개개인들의 지식 가운데 끊임없이 진보한 절정의 내용들을, 개개인의 삶 가운데서 증험한 것들을 기록하고 전파했는데 바로 신구약 성경으로 우리에게 전달된 것입니다! 대단히 놀라운 겁니다.

성경을 가만히 보십시오. 성경기록 완성 후에 수많은 교부나 그 많은 개혁자들을 들어써서 성경을 계속 해석하게 합니다. 그런데도 성경은 완전히 해명이 안 됩니다. 이걸 보면 성경이 처음에 구원받은 다음에 읽을 때 성경이 쏙쏙 깨달아진다는 건 초보적인 얘기이고, 더 깊이 들어갈수록 성경은 광범위한 요구를 담고 있습니다.

인문, 사회, 자연과학 이런 정도가 문제가 아니고 인생전반을 논하게 돼있습니다. 이게 복음이 요구하는 지식의 증가입니다. 사역자가 됐건 또는 일반 신자가 됐건 늘 기본틀을 확고하게 먼저 일단 갖춰놓은 다음에, 그러니까 복음 신앙으로 확고하게 해놓은 다음에, 일을 해 나가면서 계속해서 배워나가도록 하나님께서는 요구하십니다.

그런데 모든 것 다 세상 포기하고 신학교 가면 인생이 새로와집니까? 아닙니다. 일을 해 나가는 가운데 부단히 공부하게 돼 있습니다. 난 이왕 이렇게 해서 이 길이니까, 난 이 길로 해서 어떻게 돈이나 왕창 벌어서 봉사하면 되지 않겠나, 그런 문제가 아닙니다.

만물을 충만케 하시는 자의 충만이 그리스도 안에 있다면, 욕심부려서 그리스도 안에 있는 은혜를 내가 혼자 다 받아보겠다고 하는 심사에서 출발되는 것은 아닐지라도, 생각이 넓어지게 됩니다. 그러려면 게을러서 되겠습니까? 세상에 욕심있는 사람이 게으르게 돼 있는데 헛된 우상 숭배자로 전락합니다. 이것을 크게 마음에 담아두어야 합니다.

다양한 불러내심 가운데서 오랜 기간동안 여러 사람들을 하나님께서 세우셨음에도 신구약을 읽어보십시오. 놀라운 일관된 체계로 진리가 서술돼있습니다. 이런 책이 없습니다. 일반적인 의미에서 체계라고 말한 것이지만 말입니다. 그런 만큼 신구약 성경의 가르침이 피차간에 거리감이라든가 근본적인 차이가 없습니다. 신약은 복음이고 구약은 율법이다, 그런 가르침이 어디 있습니까? 이런 말은 이단으로 전락되기 딱 알맞은 거짓된 발상에 지나지 않습니다! 하나만 알면 큰일납니다!

권능의 왕국과 개혁교회

바울은 말합니다. '배우고 확신한 일에 거하라 누구한테 배운 것을 알아라' 굉장히 포괄적인 말씀으로 디모데에게 명령합니다. 고린도전서 15장 1, 2절을 보더라도 복음으로 확증을 더욱 얻어가도록 사도 바울은 고린도 교회에 적어도 기록상 두 차례 이상 편지를 보냅니다. 복음은 한 번 전파로 끝나는 문제가 아닙니다. 율법이 내포하는 바 하나님 나라의 원칙이 복음 안에서 이뤄지도록 하는 것입니다.

그리스도께서 오신 목적도 마찬가지입니다. 그분의 우주적인 왕권을, 성부로부터 받은 천지의 대권을 교회를 통해서 그의 백성들로 말미암아 세상 가운데 행사하도록 하는 것이, 바로 그분의 권능의 왕국이라고 신학적으로 말합니다. 오늘날 가장 힘있는 좋은소식은 개혁신학에 입각한 개혁교회에서만 구현될 수 있습니다. 다른 데는 없습니다. 비슷하게 흉내낼 수야 있겠지만. 길은 두 길이 아니기에 이 길밖에는 없습니다.

그러니 처음에 들어올 때는 쉬운 것 같지만 그 안에 들어서게 되면 어렵고도 엄청난 체계입니다. 계속 자기를 버리고 가야 되는데 그게 인력으로 되는 문제가 아닙니다. 하나님께서 하십니다. 칼뱅 이후 아브라함 카위퍼의 영역주권 같은 건 대단합니다. 칼뱅만이 아니고 벌써 신구약에서 선지자들, 사도들이 초석을 깔아놓은 것을 때가 되니까 하나님께서 그런 사람들을 들어써서 세상 가운데 진리를 해명하도록 하고, 실제 삶 가운데서 드러내도록 한 것입니다.

칼뱅주의에 대한 오해

하나님에 대한 지식의 전반적인 증가로 말미암아 하나님 백성의 사회참여는 필연적입니다. 이건 너무나 상식입니다. 새로운 세계에 들어선 사람이라면 마땅히 할 일을 하려면 하나님께서 창조하신 것부터 시작해서 똑바로 배워나가야 합니다. 거기서 한 걸음 더 나아가 일반 사리의 법칙부터 전체를 망라해 나가야 되기 때문에, 어떤 것 하나 등한히 여길 것이 없습니다. 머리카락 하나까지 하나님의 섭리 가운데 있는데 어떤 것 하나라도 하나님의 눈길을 떠나 숨을 데가 없습니다. 어림도 없습니다.

신학상 복음에 대한 여러 가지 해석들이 있습니다. 근본주의나 신비주의 같은 사람들은 대개 보면 무식주의자들입니다. 게으른 사람들입니다. 그리고 진보주의적인 신학을 가르치는 사람은 겉으로는 지식을 강조하는지는 모르지만 가설 위에서 자신들의 지식을 논하기 때문에 그릇됐습니다. 하지만 개혁파신학은 성경을, 복음을 바탕 삼고 그 위에서 계속하여 일반지식에 이르기까지 추구해 나가는 가르침입니다.

그렇기 때문에 왕왕 개혁신학의 진수를 맛보지 못하는 소위 세미 칼뱅주의자들, 소위 경건주의자들이 너무 주지주의쪽으로 사변적으로 흐르지 않느냐, 그릇된 파에 속한 사람들이 17세기 또는 그 이후 얼마 동안에 신조들이 양산되어 조직신학적인 논의가 많이 된 때, 칼뱅주의 신학에 대해서 신조주의라고 꼬집는 친구들도 있지만, 어림도 없습니다.

여기서 지식은 전인격의 발로, 이건 기본 상식으로 전제하고 말하는 의미에서 지식을 말합니다. 믿음의 요소 가운데 지적인 요소를 성경에서 읽어보면 알지만 매우 강조합니다. 아까도 본 거지만 호세아가 지식이 없으면 망한다고 한 말도 그런 것입니다. 포괄적인 얘기입니다.

요한복음 17장 3절에 보면 "영생은 유일하신 참 하나님과 그의 보내신 자 예수 그리스도를 아는 것이라"고 말씀합니다. 거기서도 '안다'는 말씀을 영원한 생명과 관련짓고 있습니다. 기도에서도 율법을 듣지 않으면 그 기도는 가증하다는 말씀이 있습니다. 중언부언 냅다 기도만 하는 것이 문제가 아닙니다. 좌우간 그런 식으로 기도하게 되면 필경 이교주의로 전락하지 않을 수 없습니다. 요즘 대개 교회들은 이교주의적인 기도입니다. 하나님의 율법에 대한 이해가 없습니다. 이교주의입니다.

바울의 기도 내용 가운데 지혜와 계시의 영을 주시기를 구하는 것, 그렇게 해서 하나님 알기를 강렬하게 구하는 것이 에베소서에 나오지 않습니까? 하나님의 뜻을 알게 해 달라는 기도가 어떤 면에서 가장 기본적입니다. 하나님의 지혜를 받아야 그 다음 뭐를 할 수 있지, 하나님의 지혜를 안 받으면 필경 가만히 있지 않고, 세상지혜로 정욕적이요 사탄적이요 귀신적인 충동을 받아 거기에 쌈박질, 시기, 분쟁밖에는 나타날 게 없습니다. 그건 하나님의 생명에서 떠나 있는 이방인들의 삶을 경영하는 정도의 지혜밖에는 없습니다.

성령님의 사역과 전체를 바침

그렇기 때문에 우리는 성령님의 역사를 의지할 수밖에 없습니다. 그분께서 그리스도의 말씀을 깨닫게 하시고 기억나게 하시고 진리 가운데로 이끄시기 위해서 교회 가운데 강림하셨습니다. 그렇기 때문에 적어도 복음에 들어선 후에 분명한 성숙을 계속하려면 먼저 몸과 마음 전체를 하나님께 드리는 자세가 있어야 합니다. 그것 없이는 지식이 제대로 마음에 들어올 수 없습니다. 거기에 수반해서 몸과 마음과 힘과 목숨과 뜻과 성품을 다해서 하나님을 사랑하는 것과 아울러, 현실적으로는 그리스도를 좇는 일들이 늘 있어야 합니다. 그러한 가운데 지식이 얼마나 절실히 필요한가를 더욱 느낍니다.

이런 것을 하지 않다 보니까 알아도 그만 몰라도 그만, 오늘 하루 세끼 먹고 살았구나, 그게 교회입니까? 아닙니다, 그렇게 돼서는. 그건 자기 자신이 뭔가 자랑할 만한 게 있다, 할 만한 게 있다, 다시 말하면 좋은소식을 별로 들을 필요가 없다는 반증입니다. 우리가 비록 연약에 둘러싸여 있기 때문에 모든 영역에 걸쳐서 전문적인 지식을 얻지 못할지라도, 신령한 사람으로서 올바른 분별력 다시 말하면 선악을 가려내는데 더욱 나설 수 있는 강자로 성숙해야 합니다.

그런 것을 하지 못하면 정치적인 의무를 지는 데도 어떤 사람들한테 투표할 것인가 기권할 것인가, 이런 자기 정치적인 식견을 발휘할 수 없습니다. 몇몇 사람들이 하는 말장난 그림장난에 홀딱 빠져서 아무 것도 안 됩니다. 한국의 현실은 개혁적으로 나가지 않고 보수 다시 말하면 점점 썩은 웅덩이로 나갑니다. 매우 무서운 시대입니다. 교회도 거기에 다 녹아들어가는 때입니다.

복음의 진보라는 말씀을 빌립보서 1장 12절에서 바울이 합니다. 그 뒤 25절에 보면 믿음의 진보라는 말씀은 동일한 말씀입니다. 그래서 전심전력해서 모든 이에게 나타낼 것을 명하고 있습니다. 여기 전심전력이라고 번역돼 있습니다. 왜? 업신여김을 당하지 않도록입니다. 어떤 면에서든지 이것을 꼭 마음에 담고 있어야 합니다.

왜 우리가 등신같이 사기 당할 수 있습니까? 안 됩니다. 알아야 합니다. 그러려면 배워야 합니다. 그런데 배움이란 게 책상머리에 앉아 책만 본다고 되는 것으로 완성이 아닙니다. 현실에서 부딪쳐 전투적인 가운데 임하지 않고서는 안 됩니다. 우리가 직접이건 간접이건 많은 지식을, 경험적인 지식을 섭취하는 것이 마땅합니다.

그리스도의 양성에 대한 지식을 배움

히브리서 5장 12절에서 14절을 보면 구약의 율법을 복음과 관련해서 특히 기독론, 구원론으로 서술해 나가는 과정에서, 그 편지를 쓴 기자가 자라지 못한 교회를 혹독하게 책망하는 것이 나옵니다. 마땅히 이제 선생이 될 만한데 아직까지도 그리스도 도의 초보 가운데 머물러 있다고 책망하는 말입니다.

고린도전서 13장에 사랑의 이모저모 계시를 말씀하지만 여전히 어린아이 신세라면 아직도 그 갈길이 멀고 멉니다. 누가복음 2장 12절에 보면 예수 그리스도께서 "지혜와 키가 자라가면서 하나님과 사람에게 사랑스러워 가셨다"고 했습니다. 예수님이니까 그렇겠지요 라고 단언하면 그릇된 것입니다. 적어도 이는 예수님의 인성을 두고 한 얘기입니다. 신성은 두째치고라도. 신성은 더이상 자랄 것도 없겠지만 말입니다. 하나님과 사람에게 사랑스러워 갔다고 했습니다.

이러한 신령한 능력, 지식으로 말미암는 능력은 결국 그리스도의 신성과 인성에 대해서 잘 알아가는 게 늘 기본을 이룹니다. 그리스도로 말미암은 능력을 힘입어 이땅 위에서 능력있는 그분의 나라의 백성다운 자태를 보이게 되는 것입니다. 정치 경제 사회 문화 전반에 걸쳐서 말입니다.

물론 모든 것이 그리스도께서 하나님께 드릴 만한 은혜의 왕국과는 물론 차이가 있을지라도 하나님의 교회, 하나님의 백성들을 위해서 천하 만물과 모든 질서가 돕는 역할을 하는 것이기 때문에, 이것을 가만히 앉아서 감이 입에 떨어지기를 바라는 것이 아니고, 그걸 정복해 나가야 합니다. 물론 그 가운데 무서운 악과 더러움이 늘 상존해 있기 때문에 분별력이 요망됩니다.

요즘 교사와 신학생의 상태

그리스도를 아는 지식에서 자라나야만 하고 범사에, 즉 모든 일에 그리스도에게까지 자랄 것을 성경은 명령합니다. 특히 에베소서에 보면, 계시의 기관을 통해서 성도들을 온전케 하기 위한 봉사의 일을 하도록 하고 마침내 그리스도의 몸을 세우도록 하는 거라고 말씀하셨습니다.

바른 교회 또한 바른 목사가 없는 시대에는 무지와 야만이 득실거릴 수밖에 없습니다. 지금 대한민국같이 말입니다. 수만의 교직자가 있고 수천 명씩 각종 신학교에서 쏟아져 나온다고 하지만 대부분 무식주의입니다. 사사기 상황을 보십시오. 각자 자기가 임금이다, 자기 뜻에 좋은 대로 개판친 것이 그때입니다. 한 300년 이상 말입니다. 그러니 그런 사회에서 일반은총의 여러 지식을 제대로 사용할 수 없는 상태에 있습니다. 쓰긴 쓰지만 그 결과는 비참하고 그 영향은 매우 무섭습니다. 요즘이 그런 때입니다.

한마디로 말하면 하나님께서 주신 일반지식을 거룩한 나라를 위해서 제대로 쓰지 못하게 될 때, 하나님보다 높아지려고 한 아담의 죄악과 다를 것이 없습니다. 아담의 죄도 하나님께서 놀랍게 자신의 형상으로 지으셨고 큰 은사를 주셨건만 자기 멋대로 자만 떨다가 걸려 넘어진 겁니다. 뱀에 대한 지식을 제대로 갖지 못한 것 때문에 뱀에게 넘어갔습니다.

이렇게 잘 먹고 잘 살고 각종 학교가 풍성하게 된 때인데 왜 싸움이 끊이질 않습니까? 꼭 주먹으로 딴 사람을 쳐야 싸움입니까? 고등사기부터 해서 각종 불법들이 얼마나 많습니까? 알지 못하기 때문에 그렇습니다. 교회 자체로 볼 때도 비록 복음에 들어섰다 할지라도 계속해서 앞으로 나아가지 못하기 때문에 그렇습니다.

마지막 때에 미혹의 영이 역사해서 거짓된 가르침을 유포할 것을 성경은 누누이 경고하고 있습니다. 거짓 선생, 거짓 사도, 거짓 선지자, 거짓 그리스도가 나타내는 영향력이 매우 강합니다. 갈라디아서에서 바울이 "다른 복음을 전하는 자는 천사라도 저주를 받을지어다" 이런 말이 나온 당시의 상황을 한 번 상상해 보십시오. 그때만 그런 말이 필요해서 하나님은 성경을 쓰게 하셨습니까? 아닙니다. 귀신의 가르침이 먹는 문제부터 혼인 문제에 이르기까지 초대교회 때 강력하게 속임이 역사한 것을 성경에서 압니다.

천지는 분별할 줄 알면서 때를 모른다고 예수님께서 혹독하게 책망하신 것도 있습니다. 적어도 천지를 분별할 정도의 세상지식은 상당한 것입니다. 하지만 그릇됐습니다. 오늘은 여기 가서 어떻게 이익을 보고, 내일은 저리 가서 어떻게 하겠다 하는 어리석은 부자에 대한 비유의 가르침에서 볼 수 있는 것처럼, 사람들이 거짓된 지식으로 참된 성장을 못하는 가운데서 세상방식을 좇아 세상과 하나님을 동시에 한번 섬겨보려고, 그런 것이 복음신앙입니까? 그렇지 않습니다. 버려진 이들에게 세상 신이 역사해서 복음의 광채를 비춰받지 못하도록 한다고 고린도후서 4장에서 말씀합니다. 돈을 사랑하는 게 모든 악의 뿌리지라고 합니다. 특히 오늘날 경제구조에 대한 똑바른 이해가 있어야 합니다.

부패한 지식 산업

요즘 보통 사람들은 다 지식을 추구합니다. 목적은 뭐냐 할 때 많은 미사여구들을 갖다 붙이지만 결국은 돈벌이입니다. 중학교, 중학교 다음 고등학교, 고등학교 다음 대학교, 대학교 다음 대학원, 대학원 다음 박사, 박사 다음에는 어떻게 정권 한번 잡아보려고 아우성입니다. 이런 식으로 지식을 추구하니 마음은 그만두고 그런 지식으로는 몸 하나 제대로 거룩하게 단장할 수 없습니다.

또 고등사기꾼들은 바로 다른 사람 아닌 선생들 아닙니까? 또 학위라고 그러나요 졸업장에 완전히 미쳐 돌아가는 것이 오늘날입니다. 최근에 가만히 신문광고 보니까 학사학위 취득하게 하겠다고 교묘하게 이 정부에서 사람들의 무마책으로 허락합니다. 그러니 그걸 또 구미에 맞추려고 여러 출판사에서 교묘하게 정부랑 결탁하여 정보 뽑아서 슬슬 팔아먹습니다. 이거 다 그릇된 지식 추구입니다.

한국의 신학교수들도 대부분 보면 아무나 데리고 소꿉장난 노는 격입니다. 대개의 경우 거의 학문에서, 지식에서 기본기가 결여돼 있습니다. 그러니 결과는 타락을 양산할 수밖에 없습니다. 그들의 그릇된 영향으로 말미암아 다른 복음이 난무하는 시대를 만들고 말았습니다. 자라지도 않고 있으면서 자란 것처럼 착각합니다. 여러 그릇된 세상에 썩어빠진 사조들에 물들어, 선 줄로 생각하지만 넘어져 있는 것입니다.

특별히 모든 강단, 교회의 강단에서 하나님 말씀이라고 외치는 열심쟁이들은 말씀이 꿀 같다고 아우성칠지 모르지만, 진위에 대한 정상적인 판단 능력이 대부분 상실되어 있습니다. 강단에서 자기에게 듣기 좋은 소리하면 열심내고, 조금 듣기 싫은 소리하면 나가버리고 난장판입니다!

거룩한 환란과 참된 지식

디모데후서 4장 1절 이하에 쭉 보십시오. 거기에 때가 이르리니 사람이 바른 교회는 좇지 않고 귀가 가려워서 사욕을 좇을 스승을 많이 두고 좇고 진리에서 돌이켜 허탄한 얘기나 좋아한다고 예언합니다. 거기서 권면하기를 “모든 일에 근신하고 고난을 받으라”고 말씀합니다. 전도인의 일을 하고 직무에 충성을 다 할 것을. 시편 119편 71절에 보면 “고난당함으로 말미암아 그것이 내게 유익이 됐다. 그것 때문에 주의 율례를 배우게 됐다”고 고백합니다.

아까도 말씀드린 거지만 환란 가운데 참된 지식의 증가가 있습니다. 그런데 요즘처럼 편하게 공부해서 뭐가 되겠습니까? 그건 그릇된 지식입니다. 아들이시라도 고난으로 순종을 배웠다고 성경이 말씀할 정도인데. 성경기록이 마감된 오늘날에는 더욱 분명한 분별력을 하나님께서 요구하고 바라십니다. 그런 만큼 과연 내가 신령한 것을 분별할 만한 신령한 사람, 프뉴마티코스 *πνευματικος*에 속했는지를 잘 한번 살펴봐야 합니다.

마귀의 강력한 진지를 파괴하는 것은 의의 병기로서 복음 가운데 늘 성장을 견지해가는 가운데서만 가능합니다. 다른 것을 가지고 어떻게 마귀의 진지를 격파해 나갈 수 있습니까? 지식에 넘치는 그리스도의 사랑을 알아 길이라든가 깊이라든가 넓이, 높이에 해당하는 하나님 사랑의 충만함에 더욱 이르는 것이 마땅합니다.

기도

하나님 아버지여, 유기적인 영감으로 복음의 도리들을 저희에게 선물로 허락하심을 감사합니다. 계시의 성격을 잃지 않도록 하시며 초자연적인 계시라고 해서 일반계시를 간과하지 않도록 하옵소서. 거룩한 도리가 일주일 속에 다 완성된 것이 아니고, 모든 시대의 교회에 속한 하나님의 백성들을 상대로 각자에게 계획해 두신 길을 걷는 가운데 체현해 낼 도리로 말씀을 주신 것을 생각해 볼 때에, 저희가 하나님 말씀을 알았고 깨달았다 할지라도 그 가운데 얼마나 아직도 미진한 것이 발견되는지 세월이 지나간 다음에야 깨달을 뿐이옵나이다.

하나님이여, 저희에게 은혜를 베푸셔서 세상 사람들에게 만물의 지배권을 맡기는 듯한 포기하는 무책임을 벗어나, 어떻게든지 적극적으로 저희들이 만물의 대표자임을 늘 마음 가운데 확신시켜 주옵소서. 그리하여 세상 여타 지식의 운영에 대해서도 충분히 증진이 있게 하시며, 더욱 복음의 깊은 은혜와 진리의 말씀을 깨달음으로, 거룩한 능력 가운데서 세상을 감당해 나가도록 하시옵소서. 그러한 일에 결여가 될 때에 필경 사탄의 속임과 거짓된 가르침에 빠져 저희 인생을 망치게 될까 두렵사옵나이다.

이러한 길을 가는 사람들이 심히 적고 또한 이 길을 간다 해도 하나님의 요구가 저희들 힘으로는 이룰 수 없이 높은 위치에 있기에, 하나님께 모든 것을 전폭 맡기고 성령님의 충만한 역사를 따라서 가르침을 받아 나가지 아니하고선 감당할 수 없사옵나이다. 주여, 저희 선진들도 이 길을 간 허다한 구름같이 둘러싼 증인들이 있사오니, 저희에게 힘을 주셔서 더욱 예수 그리스도를 바라볼 수 있는 은혜를 베푸시옵소서. 또한 더욱 복음의 도리 가운데 굳건히 서서 합당한 생활을 하는지, 세상을 향해 분명한 판별력을 가질 수 있도록 우리 몸을 거룩한 산 제사를 드리고 있는지, 늘 돌아보도록 하시옵소서.

저희 교회를 불쌍히 보시옵소서. 그 동안에 이 길을 걸어가다 빗나간 사람들은 한결같이 진보에 결여가 있었던 사람들임을 알게 되옵나이다. 주여, 저희를 불쌍히 여기시고 같이 가는 저희는 물론이고 하나님께서 같이 가도록 하실 앞으로의 형제들에게도 은혜를 베푸셔서, 하나님께서 정하신 목적지를 향해 이탈함이 없이 더욱 거룩한 전진을 힘써 싸워 나가도록 하시옵소서. 저희의 진보와 성장을 모든 사람들에게 나타내도록 하시옵소서.

구주 예수 그리스도의 이름으로 기도 드리옵나이다. 아멘.

13강

복음전파

이사야 52:7-10

7 좋은소식을 가져오며 평화를 공포하며 복된 좋은소식을 가져오며 구원을 공포하며 시온을 향
하여 이르기를 네 하나님이 통치하신다 하는 자의 산을 넘는 발이 어찌 그리 아름다운고
8 너의 파숫군들의 소리로다 그들이 소리를 높여 일제히 노래하니 이는 여호와께서 시온으로
돌아오실 때에 그들의 눈이 마주 봄이로다
9 너 예루살렘의 황폐한 곳들아 기쁜 소리를 발하여 함께 노래할찌어다 이는 여호와께서 그 백
성을 위로하셨고 예루살렘을 구속하셨음이라
10 여호와께서 열방의 목전에서 그 거룩한 팔을 나타내셨으므로 모든 땅 끝까지도 우리 하나님
의 구원을 보았도다

복음과 선포 〈1〉 _ 13강

복음전파

이사야 52장 7-10절

계시기관과 복음전파

복음에 대한 것을 복음전파랑 결부해서 생각해 보겠습니다. 소위 흔한 말로 복음전한다는 것입니다. 오늘 읽은 본문의 말씀은 하나님에 대한 심판을 예언하다가 40장 이후부터는 하나님께서 어떠한 구원을 행하실 것인가 말하는 부분 가운데, 신약에서 바울 또는 예수님께서 복음을 전할 당시에 성취된 이사야의 예언을 한 부분 읽은 것입니다.

구원을 행하심에 하나님께서 힘이 무한히 많으실지라도 세우신 계시기관들 또는 사역자들을 통해서 구원하시는 일들을, 좋은소식을 전파하시는 일들을 계속 하게 하신다는 것을 중시해야 합니다. 하나님께서는 계시로서 구원과 심판을 계속 선포해 오십니다.

예를 들어서 아담이 범죄한 다음에도 첫 사람들에게 소위 원시복음이라고 해서 전파하는 가운데 한편 심판을 선언하신 바가 있습니다. 그후 많은 세월이 지나서 노아 당시에도 노아를 의의 전파자라는 말씀으로 신약에서 노아를 증거하는 데서도, 노아는 전파자였다는 것을 알려줍니다. 그다음 훨씬 후에 들어서서 요나도 전도자로서 신약에서 분명히 그리스도께서 인정하십니다. 니느웨 전도를 통한 이방인의 구원을 당시 선지자들 중에 특히 일찍이 선지자 활동을 한 사람 중에 한 명이 요나라고 할 때 대단히 획기적이었습니다.

물론 난해한 선지서 중 하나이지만 요나가 전파한 것도 복음이었습니다. 요나랑 노아가 있었던 당시 실정을 잘 살피면서, 하나님의 계시를 받는 것과 계시를 받은 사람에게 과연 하나님께서 복음을 어떻게 전파하도록 하시나, 그것을 통해서 하나님께서 어떠한 심판을 알리시는지 중시해야 합니다. 사람이 보기에는 미련한 것 같은 방식일지라도 하나님께서는 귀한 역사를 계속해서 베풀어오신 것을 오늘날이라도 중요하게 여겨야 합니다.

복음전파와 신국의 열매

좋은소식의 바른 내용을 전파하게 됨으로 하나님 나라의 열매는 맺어집니다. 그러나 요즘에 보통 개교회주의 또는 개인의 생각에서 전도를 생각하고 구원을 좁게만 여기기 때문에, 하나님 나라의 열매는, 특히 복음전파한다는 사람의 의식 가운데 매우 빈약합니다. 칼뱅주의 신학에서 논하기 이전에, 하나님께서는 자신의 모든 일들을 예정 가운데서 경륜을 펼치시는 것을 신구약이 다 동일하게 증거합니다. 이것을 통해서 볼 때 전도, 복음전파도 하나님께서 시작하실 뿐만 아니라 하나님께서 사역자들을 만들어 보내신다는 것을 알 수 있습니다.

누가복음 16장에 나옵니다. "율법과 선지자는 세례 요한까지다. 그 후부터는 하나님 나라의 복음이 전파된다"는 획기적인 말씀입니다. 물론 구약에서도 하나님께서 다스리시는 그분의 나라가 없었던 것은 아니지만, 세례 요한이 구약과 신약을 연결한 후에 그리스도께서 복음을 전파한 핵심은 하나님 나라에 관한 복음입니다. 그런 만큼 구약에서 복음에 대한 도리를 가르친 것보다는 신약에서 훨씬 생생하고 매우 강력하고 구체적으로 전파합니다.

신약에서 보면 복음전하는 것 특별히 사도들이 전하는 것이 워낙 탁월했기 때문에 그당시 구교, 즉 유대교는 아직까지 메시아의 도래를 바라보고 꿈을 꾸는 사람들조차도 사도행전 19장 13절을 보면 어떤 유대인들은 사도들이 전도한 것을 흉내낸 것도 있었습니다. 참으로 어처구니 없습니다. 흉내는 한번 해보는 것이 아니고 하나님을 시험하는 방편으로, 바울이 이런 식으로 전파한다더라 하는 시험을 한 것입니다. 특히 능력을 시험했습니다. 악귀를 쫓아내는 흉내를 내면서.

마찬가지로 예수님께서도 이땅에서 전도를 하실 때 가르치심과 표적을 곁들여 복음을 전했습니다. 이것은 오늘날 교회에서 흉내내려고 하는 것보다도, 가르침과 표적 가운데서 신적인 권위를 사도들로 하여금 많은 사람들에게 듣고 보게 함으로써, 예수님께서 오신 목적을 성취하시길 기뻐하셨기 때문에 복음전파 가운데 능력 행하는 일들이 발생한 것입니다.

나타난 결과에 대해서 많은 반응들이 있었습니다. 어떤 사람은 깜짝 놀라기도 하고 어리둥절하기도 하고 별별 많은 결과들이 야기됐습니다. 이만큼 전도를 통해서 예수님께서는 스스로 어떤 분이심을 계시하시고, 전도의 본질이 어떤 것인지 깊이 생각하게 한 것입니다. 이것을 알지 못하니 전도를 못하고 또한 잘못 아니까 전도를 잘못하게 됩니다.

바른 복음전파의 필요성

오늘날 복음을 전하는 문제가 잘못되어 있음을 깊이 반성하고, 성경말씀에서 가르치신 것을 하나라도 빠짐없이 철저하게 깨달아 나가는 자세가 있어야 합니다. 그리스도께서 전도를 행하신 계시행위는 구약에서 약속한 것을 성취하는 것으로서 좋은소식을 전하신 것입니다. 다른 말로 하면, 구약에서 예언한 바 하나님 나라의 하나님께서 임금님으로 다스리신다는 것이 예수님 당시에 임해 있음을 강조하신 가르침들이 많이 있습니다. 물론 뒤에 사도들도 동일한 것을 가르칩니다.

반면에 요즘 사람들이 전도하는 것은 기껏해야 죽어 천당, 현세적인 것을 말해 봤자 세상 사람들이 꿈꾸는 세상에 대한, 사람에 관한 것을 전파하는 정도입니다. 다시 말하면 하나님 나라의 미래면이라고 할까, 물론 그건 하나님 나라에 대한 성격도 모르는 것들이지만, 앞으로 이루어질 의미에서만 전도하는 잘못된 것이 팽배해 있습니다. 그런 만큼 우리 각자의 현주소는 어떤 정도인지 과연 그들의 수준에도 못 미치는지 한번 냉정하게 살펴봐야 합니다.

제자들이나 우리들까지라도 선지자들과 임금들이 듣기를 또한 보기를 원했던 그분을 이미 다 본 것이나 마찬가지이고 그분께서 이룩하신 나라에 참여하고 있습니다. 그런 만큼 복된 자인 것을 알아야 되는데, 복을 홀로 누리기나 하고 그리스도와 더불어 고난받기를 피한다면 좋은 소식으로서 받는 것인지 어떻게 증명되겠습니까? 좋은소식인지 아닌지 몰라서 방황하는 썩어져가는 뭇 심령들 가운데서 하나님의 택한 사람들이 있을 텐데, 과연 그 사람들에 대한 사랑하는 심정, 하나님을 사랑하는 데서 비롯되는 심정들이 없어서야, 어떻게 우리가 성경을 본다 할 수 있으며 그리스도를 좇는다 할 수 있습니까?

복음전파의 양면성

그런데도 성경 말씀에서는 인위적인 전도를 늘 견제하려고, 믿음은 모든 자들의 것이 아니다 하는 가르침이 있고, 다른 데서는 하나님께서는 다수를 기뻐하시지 않는다는 어려운 말씀을 하셨습니다. 이런 말씀도 개혁신학의 예정론을 잘못 알면 이 말씀으로 언어 최면에 걸려 몸들이 뻣뻣해집니다. 자기가 하나님이라도 된 양 '이렇게 하면 안 되겠지, 저렇게 하면 안 되겠지' 판단합니다. 하지만 그런 식으로 성경은 가르치질 않습니다. 좁은 소견으로 전락할 가능성이 있습니다.

그리스도께서 행하신 3년의 복음전파 사역을 보더라도 처음에는 이스라엘의 잃어버린 양에게로 간다는 가르침이었지만, 나중에 보면 주로 3분의 2이상을 갈릴리 이방 지역에서 복음 전한 사역하신 것을 중시해야 합니다. 물론 그리스도께서도 그런 가운데 자신이 행하신 이적이라든가, 많은 사람들에게 귀한 놀라운 가르침들을 전파하시면서, 하나님의 경륜과 하나님께 순종하시려고 자기가 베푼 계시를 감출 것을, 선포하지 말 것을 여러 차례 명하신 적이 있습니다.

이것을 살펴보더라도 사사건건 무조건 전도지상주의로 성경을 해석하고 그런 식으로 교인을 확대하는 것은 그릇된 겁니다. 예수님조차도 성부님의 뜻에 순응하셔서 자신이 행하신 복음을 전파하지 말도록 여러 차례에 걸쳐 경고하신 것입니다.

복음전파와 고난

디도서 1장 3절에 보면, 하나님께서는 자기 때에 자기 말씀을 전도로 나타내신다고 말씀합니다. 대단히 놀라운 말씀입니다. 선지자들이 예수 그리스도께서 해받으실 것을 미리 전도했습니다. 이 낱말은 헬라말에 잘 안 나오는 말입니다. 프로*προ*를 앞에 붙여서 케뤼세인*κηρυσσειν*에 합친 합성동사입니다. 미리 전도했습니다. 이건 요즘 전도하는 사람들이 간과하는 말씀 중에 한 가지입니다.

선지서들을 가만히 읽어보면, 과연 이렇게 미리 전도함으로 말미암아 그 당시 어떤 판단들을 받으면서 살았겠습니까? 우리가 잘 알지만 이사야 같은 사람은 3년 동안 벌거벗고 전도했습니다. 완전히 벗었는지 겉옷만 벗었는지 모르겠으나 하여간에 벗고서 3년간 전도했다는 말은 큰 고난과 멸시입니다. 반면에 신약에서도 동일하게 말씀합니다. 십자가에 못박히신 예수를 전도하니까 유대인에게는 거리끼는 것으로 나타나고, 이방인에게는 미련하게 보였다고 바울은 증거합니다.

그러니 소위 죽은 정통에게도 손가락질 당하고, 또 하나님을 두려워하지 않는 자들에게는 합리적인 것도 아니고 무슨 죽은 사람이 살아나나 하는 이런 비난을 들었단 말입니다. 과연 우리도 이런 전도를 하고 있습니까?

이것을 볼 때 선지자들이나 사도들이 당한 고난은 그리스도의 고난을 예표하고 그 고난을 걸머지고 걸어간 삶입니다. 이만큼 좋은소식을 전도하는 것이 얼마나 어렵고 어떤 시대든지 비현실적으로 받아들여지는가 하는 겁니다. 예수님께서 말씀하신 것 중에 마가복음 8장에 있는 말씀이지만 온 세상을 얻고도 자기 목숨을 잃으면 무엇이 유익한가? 다른 말로 하면 천하보다 한 영혼이 중요하다는 의미입니다.

좋은소식의 값어치랑 좋은소식이 내포하는 하늘나라의 큰 복, 영광스러움을 맛본 사람이라면, 그리고 그리스도의 향기를 맡아본 사람이라면 이걸 어떻게 혼자 마음속에 간직하겠습니까? 아직 그것을 모르니까 그렇습니다. 예수님께서 그릇된 전파를 하고 있었던 당시 서기관들과 바리새인들을 향해서 화있을찐저 라고 질타하셨습니다.

복음전파자의 자세

한번 찾아봅시다. 마태복음 23장 15절입니다. "화있을찐저 외식하는 서기관과 바리새인들이여 너희는 교인 하나를 얻기 위하여 바다와 육지를 두루 다니다가 생기면 너희보다 배나 더 지옥자식이 되게 하는도다." 이러니 어렵고도 놀라운 말씀입니다. 이 말씀을 바울이 기억했는지, 모든 것을 포기하고 전파한 바울이 고백하는 것 중에 다른 사람한테 복음을 전한 다음에 자신이 도리어 버림이 될까 몸을 쳐서 복종시킨다고 했습니다.

이건 전도해 보지 않은 사람은 깨달을 수 없는 말씀입니다. 전도함으로 당한 말할 수 없는 시련의 역사가 없는 사람은 깨달을 수 없는 말씀입니다. 값없이 전했고, 자기에게 주신 모든 자유의 권세를 다 사용하지 않으면서 전파했음에도 자기 자신을 쳐서 복종했다고 했습니다.

이 세상은 자기 지혜로 하나님을 알지 못하기 때문에 하나님께서는 전도라는 사람들 보기에 미련한 방편을 사용하셔서 믿는 사람을 구원하시기를 기뻐하시는 것이 어제나 오늘이나 마찬가지입니다. 로마서 10장 14절을 보더라도 동일하게 나옵니다. 전하는 사람이 없으면 어떻게 듣습니까. 듣지 못하고서야 어떻게 믿음이 있으며, 믿지 못하고서야 어떻게 하나님의 부르심을 알 수 있고, 마침내 구원을 어떻게 알 수 있습니까?

고린도전서 2장 1절에서 5절에 보면 바울이 전도한 방식을 알려줍니다. 말과 지혜의 아름다운 것으로 하지 않고 성령의 나타남과 능력으로 했습니다. 이것도 중시해야 합니다. 성령님에 관한 것입니다. 성령의 나타남과 능력으로 했던 바울이 고린도전서 9장에 보면, 전하지 않으면 자신에게 화가 있을 것이다 하는 엄청난 고백까지 합니다. 이러한 고백은 함부로 아무나 흉내를 낼 수 없습니다! 이건 사도권을 가진 이방인의 사도의 입장에서 말할 수 있었던 것입니다. 그런데 폼좀 잡느라고 이런 말씀을 하면서 열렬하게 전도만 최고라는 것으로 부르짖는 열심쟁이들의 사고방식은 위험합니다.

바울의 고백은 그리스도께서 고백한 것에서 본딴 겁니다. '내가 예루살렘에 가서 고난받아야 되겠다' 는 말씀을 예수님께서 적어도 몇 차례 하신 것이 복음서에 나옵니다. 바울도 동일한 심정으로 있었습니다. 바울은 훗날 고백하기를 자기가 그리스도의 심장으로 복음을 전파한다고 고백하는 부분이 있습니다. 다른 사람에게 누를 끼치면서 전도하지 않기 위해 밤낮으로 일했고, 거의 막바지에 최후의 서신이라 일컬어지는 디모데후서 4장에 보면, 때를 얻든지 못 얻든지 말씀을 전파하라, 이 전파하는 데 힘을 쓸 것을 권면하고 있습니다.

계시의 속성과 전도방식의 차이

이것을 쭉 살펴볼 때, 구약시대나 또는 예수님 당시나, 그리스도의 가르침을 이어받은 사도들 당시나 전반적인 것을 종합해 보면 복음이 계시되는 때를 잘 알아야 합니다. 지금은 구약식으로 전도할 수 없습니다. 또한 사도들 당시같이 그런 식으로 전도하는 때가 아닙니다. 다른 말로 하면 구속역사에 대해서 바른 깨달음이 있어야 하고, 그렇게 되기 위해서는 분명한 믿음의 고백 가운데서 적어도 교회관 또는 종말론을 바로 수립해야만 오늘이라는 때에 대해서 명석하게 알아나갈 수 있습니다.

가만히 앉아서 되는 문제가 아니고, 깊이 진리를 숙고하고 그리스도와 더불어 좋은소식을 전파하는 가운데 고난을 겪는 경지까지 장성하지 아니하고서는 어림도 없습니다. 우리를 사로잡고 있는 부패성, 죄악의 세력이 얼마나 무시무시합니까? 요즘 보면 이방종교에서 하는 정도의 차원에서 포교하는 것을 전도라고 생각하는 극심한 타락이 있습니다. 그러니 불교도 찬불가를 만드는 판국이고 원불교도 교회 비슷한 조직을 갖추고 있습니다.

세상이 흉내낼 정도가 하나님께서 계시하신 전도의 내용이며 전도의 형식입니까? 참으로 한심한 일입니다! 한마디로 하면 사람 본위의 방법에 지나지 않습니다. 인위주의 표본이 70년대부터 극심하게 나돌기 시작하는 소위 복음화라는 말입니다. 전국 복음화, 한국 복음화, 통일 또는 80년대 들어서 나오는 제자화라는 말씀 등등 여러 가지에 또 최근에 히트치는 찬양으로 전도한다고 합니다. 이미 전국으로 확산됐습니다.

복음전파의 목적과 그릇된 전파

사도행전 1장 6절에서 8절을 보면 제자들이 질문합니다. 부활하신 그리스도 앞에서, "이스라엘 나라를 회복하실 때가 이때입니까?" 그릇된 질문입니다. 그때 그리스도께서 말씀하시기를 성령님의 강림을 말씀하십니다. 강림하시면 땅 끝까지 이르러 증인으로서 전도한다고 말씀합니다. 좋은소식을 전하는 것은 성령님께서 세워나가시는 나라 또는 새로운 교회를 세우기 위한 것입니다. 이것으로 제대로 전도하는 건지 아니면 그릇되게 전도하는 건지 분명히 결단납니다.

그런데 비복음적인 유치한 사람들이 그렇게 열렬하게 합니다. 자기의 모든 것 다 내팽개쳐가면서, 심지어 이단자들은 더 열렬합니다. 그런데 우리는 왜 바른 복음이라고 하면서 어떻게 이런 일에 직접적으로 증거를 하거나 또는 사회 속에 깊이 녹아들어가서 분명한 행진을 해야 하는데, 왜 이렇다 할 것이 나타나지 않습니까? 그건 분명히 믿음으로 행치 않는 죄악이 있습니다. 그렇지 않고서야 왜 사람을 두려워합니까?

하나님께서 지으신 사람들에게, 하나님의 예정을 의지한다면, 왜 적극적으로 사랑하는 표시를 못합니까? 그런 면에서 우리 교회는 큰 병이 있지 않나 하는 생각이 듭니다. 병이 있는 건지 아니면 아직 좋은소식으로서 강력하게 마음을 장악받지 못하는 건지. 성령님에 대해서 모르고 그분의 가르침을 제대로 받지 못하면 그 결과는 뻔합니다.

고린도후서 11장을 보면 알지만 거짓 중매쟁이들이 많이 나옵니다. 다른 예수, 다른 복음을 전파하는 자들의 됨됨이가 어느 정도인가. 반면에 바울은 자기를 빗대서 고백한 것이지만 적어도 바르게 전파하는 사람의 삶의 자세가 어떤 것인가 쫙 나와 있습니다. 읽어보십시오. 바울이 미친 사람입니까? 바보 병신 같아서 그런 식으로 살았는가 말입니다.

우리는 너무나 많이 껍데기를 색칠하는 나라에 있다보니 물이 들지 않았나 한번 깊이 반성해 봐야 합니다. 그래서 그런지 요즘 사회구원 또는 개인구원으로부터 해서 지상에 유토피아를 건설하는 것을 목적으로 삼든지 아니면 현세의 축복으로 전도를 삼습니다. 물질 문제, 건강 문제, 소원 성취하는 것을 빌미로 각종 전도지며 방송 매체들이 말입니다.

한심스럽습니다.

얼마전 신문 사설 보니까 이 신문조차도 한심스럽게 타락한 전도에 대한 것을 설파했습니다. 통합측에서는 얼마 전까지 쭉 여성에 대해 목사와 장로 안수하는 것을 성경적으로 금지해 왔습니다. 잘하고 있었습니다. 그런데도 가장 공정하다는 그쪽 신문을 보니 공적인 신문인지 한심스럽습니다. 사설에서 적어도 종교적인 면이 그렇습니다. 여성 해방신학을 운운하면서 언론에서까지 성경 진리에 근거하지 않고서 교회를 파괴시키는 사설을 썼습니다.

적어도 한 십여 년 전에 ○○일보라든가 다른 신문에서는 교회의 정화에 대해서 말할 때 조심스럽고도 분명한 실증을 들어서 피상적인 거라도 표현을 했는데, ○○신문에서 다룬 참으로 한심한 글귀를 보고 언론도 우리가 조심하면서 비판적으로 보지 않으면 안 되겠습니다. 물론 전부터 특히 기독교에 대해서 그릇된 논조를 계속 펼쳐오지만, 사설조차 그렇게 한심스러운 것을 유포한 것은 엄청난 일로 받아들여집니다. 소위 진보적인 것을 표방했는지는 모르나, 신문으로서 참된 개혁을 이 사회에 던져주는데, 신앙 방면에는 한계가 있다는 것을 나타낸 것입니다.

복음의 내용을 그대로 전파하면 고난이 따름

우리가 알고 있는 복음의 내용이 현실적으로 또는 영적으로 적어도 하나님께서 어떠한 것을 요구하시는지를 잘 알아야 합니다. 그리스도께서 오신 목적을 바로 깨달을 때 좋은소식을 유감없이 힘대로 알릴 수 있습니다. 이것을 생각해 볼 때 복음의 가르침은 결코 이 세상 가운데서 많은 사람들한테 총애를 산다거나 박수를 받을 수 없습니다. 밥 먹고 할 일이 없어 욕을 먹겠습니까? 복음이 강건하니까 복음에 합당한 생활을 하다보니까 이런 일이 있습니다. 분명히 하십시오.

좌우간 자기까지라도 원수입니다. 가까운 혈육이 얼마나 맹렬한 원수 짓들을 하는지, 그런 것을 생각하지 않고서 혈육이다 또는 가깝다는 것으로 사탄이 얼마나 많이 이용하는 줄 아십니까? 틀린 건 틀린 거고 원칙은 분명히 얘기해야 합니다. 얻어터질 땐 터지더라도. 또 주님을 의지하면 그것도 넉넉히 감당합니다. 먼저 겁내고 뒤를 돌아보려니까 자꾸만 넘어집니다.

아까도 처음에 말씀드린 거지만 좋은소식을 전한 사람들, 선지자들이건 사도들이건 가장 좋은 것을 전했는데, 이상하게 가장 나쁜 고통들을 겪었습니다. 참 아이러니합니다.

갈라디아서 5장 11절에 보면 바울이 이런 말을 합니다. 할례를 전했으면 핍박을 면했을 거라고. 할례라면 당시에 지금식으로 말하면 보통 교회들이 하는 행사대로 전하는 것을 말합니다. 이것을 볼 때 아까도 나온 거지만 바르게 복음을 전하면 양면의 공격이 늘 있습니다. 그때만 그랬겠습니까? 지금도 마찬가지입니다.

바울은 연이어서 같은 갈라디아 교회들에게 이런 말씀을 씁니다. 해산의 수고를 한다고 그랬습니다. 이미 구원받은 사람들을 향해서 계속적으로 복음을 전파하는 차원에서 나온 말입니다. 계속해서 바울이 성장하지 않았다면, 영혼들에 대한 교회에 대한 깊은 사랑이 없다면, 해산의 수고를 베풀 수 없습니다. 힘 없으면 애낳을 수 있습니까? 못 낳습니다.

예레미야서 20장 8절 9절이랑 욥기서 32장 18절에서 22절을 보면 예레미야랑 엘리후가 얼마나 하나님의 말씀 복음으로 충만했던가. 이걸 전하지 않으면 마음이 답답해서 타는 것 같아 견딜 수 없다는 말을 했습니다. 예레미야는 같은 선지자한테 다른 복음이라고 얻어터진 사람입니다. "너 지금 미친 거구나, 지금이 평안할 때인데 무슨 나라가 망한다고 그러냐."

아모스 8장 11절에서 13절을 보면 젊은 남녀들이 동서남북으로 다니면서 복음을 찾는다고 했습니다. 하나님 말씀이 없는 영적 기갈 때문에. 그러나 찾지 못한다고 했습니다. 아모스 당시는 겉으로 얼마나 살기 좋은 때였습니까? 하지만 하나님 말씀이 없다고 했습니다.

오늘 본 이사야서 말씀을 보더라도 살기 좋고 평안한 때입니다. 평안한 때 이사야를 통해서 하나님의 심판을 예언하고 뒷부분에서는 포로로 끌려갔다가 다시 하나님께서 구원하신다고 합니다. 10절에서는 이방인들까지도 구원하신다는 강력한 하나님의 힘을 말씀합니다.

재미있는 것은 10절에서 한글개역성경은 번역을 잘 살리지 못했지만, 하나님께서 거룩한 팔을 걷어붙이고 좌우간 건지는 겁니다. 나타낸다는 말은 팔을 드러낸다는 말입니다. 이러니 그 선지자들이 미쳤다는 소리를 들을 법도 하고 애꿎게 핍박을 받았습니다. '아니 이렇게 살기 좋은데 무슨 나라가 망한다는 그런 소리 하냐.' 이렇게 미리 전도하는 사람들은 도무지 핍박을 면할 수 없습니다.

오늘날은 어떻습니까? 미리 전도한다는 의미로 복음을 전한다면 욕지거리 듣기 딱 알맞은 때입니다. 아무 것도 우리 힘으로 할 수 있는 것이 없음을 절감해야 합니다. 아무리 형편이 잘 풀리고 좋은 위치로 전진하는 중일지라도 어떤 일순간도 아무 것도 아님을 절실히 고백하지 않는 한, 복음을 전파하고픈 심정이 생길 수 없습니다.

예언에 담긴 성탄의 뜻

종말에 대한 예고와 포로로 끌려갔다가 다시 하나님께서 회복하실 것을 전파하는 일들을 오늘 하나님께서 우리에게도 명령하십니다. 마태복음 28장에서도 세상 끝날까지 함께 있을 테니 가르치고 세례를 주라는 소위 지상명령이라고 널리 알려진 말씀이 있습니다. 포로 상태에 있던 백성에게 어찌 보면 여호와께서 통치하지 않으신다는 생각이 팽배했었는지 모르나, 마침내 하나님께서는 역사적인 의미가 담긴 통치를 시작하신다는 것으로 강력하게 말씀합니다.

7절에 보면 시온은 교회입니다. 하나님을 믿는 백성들에게 큰 위로와 소망을 던져주는 말입니다. 앞에 나오지만 샬롬שלום과 예슈아ישע에는 평안과 구원이라는 말씀이 담겨 있습니다. 바울도 이 본문을 인용해서 이방인의 구원을 갈파했습니다.

다른 것으로는 좋은소식을 전파할 수도 없습니다. 좋은소식의 내용은 다른 것이 아니고 평화와 구원, 그 평화를 다른 말로 뒤에 9절에서 볼 때 위로와 구속으로 거듭해서 반복적으로 설명합니다. 여호와께서 임금님으로 현현하셔서 하나님의 백성들이 구원의 은혜를 입게 된다. 다시 말하면 죄로부터, 노예로부터 자유를 선포하고 심지어 이방인들을 위해서도 원수들을 박살내기 위해서 거룩한 팔을 걷어붙이는 것으로 묘사합니다. 이러한 소식이 얼마나 멋지고 흐뭇한 거였으면 산들 위에서 외친다, 노래한다는 표현으로 나옵니까.

누가복음 2장 10절에서 11절을 보면 두려워하는 목자들에게 주의 사자가 나타나서 계시합니다. 다윗의 동네에 기쁜 소식이 나타났다. 그리스도의 탄생 계시는 바로 구약에서 예언하던 바가 성취되는 결정적인 순간의 계시입니다. 승리의 기쁜 소식이 바로 성탄입니다. 성탄은 인간들 희희덕거리고 장난질하는 것이 아니라, 바로 많은 사람들이 사모하던 그분이 나타난 것이고 그 복음이 바로 강생하신 것입니다.

10절 말씀에 의탁해서 신약성경을 볼 때 마태복음 24장 14절이나 마가복음 13장 10절 보면 온 땅끝까지 복음이 전파된다고 말합니다. 땅끝까지 이르러서 온 족속에게 복음이 전파돼야 세상 끝이 온다고 했기에,

여기 있는 말의 성취를 알 수 있습니다. 이것은 꼭 외적인 지역이라든가 인종을 말하는 것은 아닙니다. 그런데 이것을 지역적으로나 지나치게 시간적으로 해석하다가 이상야릇한 데로 빠지는 경향들이 있습니다.

종말과 복음전파

온 천하, 온 땅끝까지에 대해서 폭넓게 해석해야 하는 것 중 한 가지 알려주는 말씀이 골로새서 1장 6절에 살펴보면 이렇게 나옵니다. "이 복음이 너희에게 이르매 너희가 듣고 하나님의 은혜를 깨달은 날부터 너희 중에서와같이 온 천하에서도 열매를 맺어 자라는도다." 여기 온 천하라는 말에는 바로 골로새도 포함됩니다. 이것을 너무 문자적으로 멋대로 해석해서 전도에 불붙이는 것은 그릇된 것입니다. 예수님께서 그 말씀을 하셨을 때는 시간의 측면을 염두에 두고 계시하지는 않았습니다.

아까 인용했지만 사도행전 1장 6절에서 8절을 보더라도 '시간 같은 것은 성부님께 속한 거다 나도 모르겠다' 이런 정도로 말씀하신 것으로 비춰서 해석한다면, 마지막 날에 대해서 바로 깨달아야지, 이것을 바로 깨닫지 못하면 복음도 그릇되게 알고 그릇되게 전파할 가능성이 있습니다.

자기 당대에 종말이 임할 것같이 또한 하나님의 큰 구원이 발생할 것 같이 생각하고서 이것을 한번 이뤄보겠다고 팔걷어 붙여봤자 그것은 늘 이단으로 그릇된 신앙 행위로 전락되지 않을 수 없고, 하나님의 심오한 경륜, 계획에 도전하는 잘못입니다. 아까도 말했지만 세계복음화운동본부 어쩌구 하는 말 또는 선교사로 헌신하겠다 이런 따위 같은 말들은 아닙니다. 경거망동입니다. 참으로 신앙인이고 좋은소식을 깊고 의미있는 내용으로 받은 사람이라면 그런 식으로 나가지 않습니다.

복음전파의 역사를 바로 알아야

복음의 내용이 어떻게 쭉 지금까지 오랜 세월 동안 전달돼 왔던가, 또한 하나님께서 그 복음의 내용과 전파하신 것을 어떻게 보존하고 발전시키시며 계속해서 교회로 하여금 계승하도록 하셨는가를 잘 아는 것이 중요합니다. 범죄하기 전에 아담에게 했던 약속의 말씀이든가 아니면 아브라함이라든가 모든 하나님의 일꾼들에게 언약하신 것이 바로 하늘의 별같이 바다의 모래같이 후손들을 번창시키실 것이라는 말씀입니다.

이것은 어떤 의미로 이방인의 구원을 내포하는 말씀으로 받아야 합니다. 또 다른 말로 하면 하나님 나라의 도래는 언약이 성취됨으로 발생합니다. 이것이 전격적으로 나타난 것이 바로 예수님께서 오셔서 회개하라 천국이 가까왔다는 말씀으로 성취되기 시작했고, 그리스도께서 부활하신 다음에 숨을 내쉬면서 성령을 받으라고 말씀하십니다. 그분이 하늘에 오르셔서 사도들에게 성령님을 보내신 후에 전격적으로 언약이 성취되기 시작합니다. 물론 지금도 성취돼 가는 과정입니다. 그리스도의 우주적인 왕권과 하나님 나라의 사상을 담고서 점진적으로 복음을 전파해 나가도록 합니다.

어떻게 예배당 나와서 이상야릇하게 몸에 진동이 오니까 간증한다고 다니면서 많은 사람들을 전도하게 하지만 그것은 위험합니다. 연예인 교회니 체육인 교회니 하지만 문제가 많습니다. 바른 교회가 아닙니다. 요즘 볼 때 이방인들까지도 오해해서 그릇 전도한 것이 만연되다 보니까, 이제는 교회를 깔볼 수밖에 없게 됐습니다. 그러니 그런 교회라면 세상척도로 난도질 당하는 것은 마땅합니다.

또 사람들 속에, 특히 한국 사람들이 그런 것을 많이 하는지 모르지만, 독특한 전도방법이라고 할까 이런 것들을 자꾸만 세월의 흐름을 따라서 개발하여 보편화시키려고 합니다. 물론 그것으로 한번 한 껀 잡으면 또 돈도 왕창 벌겠지만 말입니다.

역사적 검증 없는 전도방법들

예를 들어서 새생명훈련원 같은 것도 벌써 몇 단계 거쳐서 최신 프로그램입니다. 또 전도특공대, 전도폭발부터 해서 벧엘성서공부 같은 것도 마찬가지입니다. 요즘 조금 한물간 것 같지만 총동원전도주일을 모든 교회마다 써먹고 있습니다. 또한 각종 교회의 프로그램들은 대부분 그릇된 겁니다. 다만 역사적인 신앙을 토대로 전도해 나가도록 하는 것이 바로 성령께서 쓰시는 방법입니다.

요즘같이 말씀의 부재상황에서 어떻게 바른 복음이 기쁜 소식으로서 알려질 수 있겠습니까? 선지자들과 사도들이 복음 전파해 온 역사, 그 가운데 내포되어 있는 성격이라든가 의미같은 것들을 잘 깨달아야 합니다. 바울이 말했던 것같이 그리스도의 심장으로 하나님 나라의 진전에 맞춰서 복음을 전파해야 합니다.

지금 사도 당시같이 복음을 전해 보겠다고 하지만, 귀신도 쫓아보게 하고 많은 신비적인 현상을 일으키게 하면서, 그러면 더 복음이 쏙쏙 들어가지 않겠는가? 믿는 사람들이 다 잘 살고 모든 사회단체 장급들을 장악하면 전국 복음화가 되지 않겠는가? 하지만 전부 잘못된 것입니다. 전도대회니 각종 선교대회니 하는 것은 개혁파교회에서 비롯된 일들이 아닙니다. 원리상 담넘어 들어온 강도들이 마련한 것들입니다.

그렇다면 우리는 좋은소식을 어떻게 알려야 되겠습니까? 나아가서 나라 안팎을 향해 어떤 식으로 알려야만 하겠습니까? 적어도 교회의 보편성을 믿는다면 말입니다. 이러한 좋은소식에 대한 것들을 풍성히 담지 않고서야 바른 건지 그릇된 건지 어떻게 분별력을 가질 수 있겠습니까?

요즘 각종 전도하는 것들, 언론이라든가 모든 매체까지 동원하여 각종 이단 종파들까지 많은 선전하는 것을 볼 수 있습니다. 대개 보면 비

인격적이고 무책임하고 무법한 전도입니다. 예를 한가지 들어본다면 어떤 목사가 5분 설교를 방송에 한 다음에 '가까운 교회에 나가시기 바랍니다' 로 마칩니다. 마음이 퍽 너그러운 양반 같습니다. 한심한 친구입니다. 또 방송 설교를 하면, 이 분 신령하다고 모여듭니다. 뭐가 신령한 것입니까?

결국 계시의 가르침에서 무엇보다 먼저 하나님을 잘 알아야 합니다. 이것을 잘 아는 길은 하늘에서 뚝 떨어지는 것이 아니고, 하나님께서 사람을 세우셔서 그들의 활동과 봉사를 통해 하나님을 알도록 하십니다. '주의 이름을 부르는 자는 누구든지 구원을 받는다' 는 말이 밑도 끝도 없이 발생한 것이 아닙니다. 바로 좋은소식을 바로 알아서 전파하는 그 가운데서 발생하는 일입니다.

기도

하나님 아버지여, 저희에게 값없이 모든 죄들을 사하여 주심으로 앞으로의 죄까지도 하나님께서 영원한 형벌을 면제시키셨사옵나이다. 저희에게 하늘의 귀한 것으로 덧입히셔서 새로운 삶을 살아가게 하시니 감사하옵나이다. 이러한 좋은 길에 들어서서 하나님의 복음을 저희가 힘입을수록 견딜 수 없는 심정 가운데로 때때로 주님께서 이끄시기에 주와 더불어 고난받는 생활을 하게 되옵나이다. 이로 인하여 그러한 일들을 하나님께서 쓰셔서 하나님 나라가 더욱 흥왕하며 주님의 몸된 교회가 더욱 똑바로 세워져가는 것을 알게 되옵나이다.

주여, 저희 속에 숨은 욕망들을 다 제거해 주시기를 바라옵고 그리스도의 명령을 받았던 선지자들과 사도들이 어떠한 자세로 살았나 하는 것들을 깊이 마음에 담아두도록 하시고, 저희가 어떠한 부름을 받든지

간에 그리스도의 복음에 착념하는 자세를 특히 전파하는 삶 가운데서 확증해 나가도록 하시옵소서.

주여, 저희 교회에서 이러한 일들을 매우 등한히 여긴 바가 있고 그 가운데 성령 하나님의 역사에 대해서 저희가 과연 슬프게 하는 일들이 어떻게 발생했는지를 생각해보지 않을 수 없사옵나이다. 따라서 저희의 사귐에 영향력이 매우 좁고 그 가운데서 스스로 컸다 하나 어떤 부분에는 난장이 상태를 면치 못하는지 알 수 없사옵나이다.

주여, 저희가 거룩한 인격으로서 모든 면에 올바로 장성을 거듭하도록 하시옵소서. 주께서 들려주신 이 거룩한 복음을 저희의 형편에 어서 더욱 주를 의지하고 전파해 나가도록 하시옵소서. 이러한 일들이 저희의 입술로 고백하는 것을 저희 삶의 행위로서 더욱 확증하는 것이 되겠사오니, 그 가운데서 당하는 여러 가지 시련들을 주님께서 받으시고 넉넉한 위로와 힘을 돋구어 주시는 것으로 갚으시옵소서.

주여, 저희를 통하여 만나게 될 하나님의 택한 백성들에 대한 설레이는 심정을 늘 갖도록 하시사, 만날 만한 때에 하나님의 백성들을 만나게 하셔서 담대히 복음을 알리도록 하시옵소서. 세상의 편법이나 그릇된 방식을 따르지 않도록 하시며, 더욱 진리의 말씀에 깊이 착념하고 성령님을 좇아서 모든 것을 의탁하고 나가는 가운데, 하나님께서 살아계심을 더욱 드러내시옵소서. 그렇게 해서 만나게 하시는 형제들을 통해 거룩한 교회가, 하나님의 바른 역사가 이땅 위에서 더욱 충만하게 펼쳐지도록 하시옵소서.

구주 예수 그리스도의 이름으로 기도 드리옵나이다. 아멘.

14강

드림

히브리서 13:12-15

12 그러므로 예수도 자기 피로써 백성을 거룩케 하려고 성문 밖에서 고난을 받으셨느니라
13 그런즉 우리는 그 능욕을 지고 영문 밖으로 그에게 나아가자
14 우리가 여기는 영구한 도성이 없고 오직 장차 올 것을 찾나니
15 이러므로 우리가 예수로 말미암아 항상 찬미의 제사를 하나님께 드리자 이는 그 이름을 증거
하는 입술의 열매니라

복음과 선포 〈1〉 _ 14강

드림

히브리서 13장 12-15절

좋은소식에 대해서 말씀을 드리려고 합니다. 본문 15절에서 17절에 있는 말씀은 하나님께 드림과 복음이 밀접하다는 말씀입니다. 무엇을 드릴까 할 때, 열매에 해당하는 것은 다른 어떤 것보다도 역사적인 믿음의 고백이라고 할 수 있습니다. 그런 의미에서 17절에서 말씀을 전하는 자들과 함께하라는 말씀이 연이어 나와 있습니다. 이런 복음전파를 받아야만 하나님께 합당한 드림, 열매를 낼 수 있기 때문에 그렇습니다.

복음의 알맹이와 바른 교회의 잣대

좋은소식의 알맹이는 예수 그리스도입니다. 다른 어떤 것들이 좋은소식이 될 수 없고 또 좋은소식일 수 없습니다! 평범한 말씀이지만 잘 헤아려 보십시오.

우락부락했던 베드로가 복음에 대해 한 말중에 순전하고 신령한 젖을 사모하라고 했습니다. 복음이 어떤 것인가? 특히 우리가 어린아이라 할진대 생명의 성장에 결정적인 구실을 하는 것이 젖입니다. 그런 의미에서도 사람들의 생각이나 때와 곳에 따라서 복음의 알맹이는 바뀔래야 바뀔 수 없습니다. 그런 만큼 좋은소식을 듬뿍 마음 가운데 담고 있는 사람이라면 어떤 시대든지 또는 어디 가서든지 늘 청청함을 유지할 수밖에 없습니다.

겉사람으로는 도무지 될 수 없을지라도 복음이 그렇고, 예수 그리스도는, 신령하게 표현해 본다면 영원한 젊음을 지닌 변치 않는 분이시기 때문에 그분이 지금도 내 옆에서 다스려 나가시는데 뭐하나 꿀릴 것이 없습니다. 그런 데서도 우리가 과연 하나님께 드림이 제대로 되고 있는지를 빗대서 견주어 볼 수 있습니다. 자꾸만 다른 것에 마음을 뺏기다 보니까, 드린다 하지만 형식에 빠질 수 있고, 고백한다 하나 외식에 치우칠 뿐입니다.

좋은소식을 풀어내는 것, 드러내 외치는 것, 깨닫는 것이 바른 교회의 잣대입니다. 보통 교회라고 간판 붙인 데와 믿는다는 사람들은 복음을 바르게 믿는다고 말들을 하지만, 바른 교회의 잣대가 되는 해석하는 것, 선포하는 것, 깨달아 나가는 데서, 참된 것인가 아닌가 하는 것이 드러나는데, 이러한 잣대는 바로 성령님의 역사로서만 가능합니다.

바른 복음의 열매는 다른 어떤 데보다 개혁신학에, 역사적으로 전통적으로 이어내려오는 거기서 맺어갑니다. 물론 다른 데도 복음이 어느 만큼 있겠으나 그들의 소행머리를 눈감아 주고 그들의 방식을 답습하거나 따르는 것으로 만족할 수 없습니다. 이것이 쉬운 문제가 아닙니다. 다른 교인들이 좋아하는 것을 함께 좋아한다고 나쁜 것은 아니지만 거기 머물 수 없습니다. 그런 정도에서 한 걸음 더 나아가기를 하나님께 바라야 합니다.

복음의 알맹이를 놓친 신교

그런데 오늘 교회들의 현실은 어떤지 모르겠습니다. 예를 들어서 로마 카톨릭에서 만든 그릇된 의식적인 예배를 개혁자들이 뜯어고친 것이 신교입니다. 말씀의 예배로 바꿔놓았는데, 지금 교회들은 점점 거꾸로 돌아가서, 성찬식 때도 목사들이 흰 장갑을 왜 끼는지 모르겠습니다. 미관상 좋으라고 또는 성격이 까다로운 교인들이 떡 받는데 조금 혐오감 없게 하려고 또는 예수님의 물과 피가 귀하니까 흰 장갑을 끼면 거룩하다는 겁니다. 그러나 흰 장갑이 어느 섬유 회사에서 나왔습니까? 공해 업체에서 만든 겁니다. 사람의 생각이라는 게 참으로 어리석습니다. 물론 마음 중심은 일단 이해가 가지만 그렇게 하나님을 생각하는 것은 유치합니다.

또 강단에 서서 무슨 일을 할 때마다 시커먼 까운이라든가 여러 가지 휘황찬란한 무당들이 입는 것 같은 겉옷들을 언제부터 입었는지 모르겠습니다. 당장 그걸 걷어치우면 도산할 업체들이 한두 개가 아닐 겁니다. 그런 거 만들어 팔아먹고 사는 사람들은 국가 경제적으로도 좀먹는 겁니다. 그런 것을 다 없앨 정도가 돼야 하는데, 그에 대해서 거론하는 사람이 없습니다. 이상한 노릇입니다. 시커먼 것을 입으면 거룩하게 보이고 하나님 말씀이 더 잘 선포될 것 같습니까?

이것을 받아들이는 정도의 교인들이라면 약골입니다. 없으면 없는 대로 있으면 있는 대로 잘 가꿔서 입고 나와 전파하면 그만입니다. 시커먼 것을 둘러쓴다고 뭐가 달라집니까? 개혁교회는 그런 것이 없습니다! 복음의 알맹이에서 자꾸만 눈을 돌려 다른 여타의 것들이 알맹인 것같이 자꾸만 속입니다.

복음계시의 핵심은 언약과 순종

성경에 기록돼 있는 구속계시의 전체 역사 가운데서 좋은소식을 하나님께서 어떻게 차차 나타내시는지를 살펴보는데, 가장 핵심적인 건 하나님의 언약과 사람의 순종이라고 요약해도 과언이 아닙니다. 이걸 이모저모의 사건들과 많은 말씀으로 설명해 나갑니다. 그리스도의 계시를 소개하려고 말입니다.

개인으로부터 왕국으로, 창조와 구속의 역사로부터 하나님의 섭리로 점점 풍성하고 엄청난 단계로 이끌어 나가기 때문에, 하나님의 말씀을 믿고 복음을 힘입는 사람이라면, 스케일이며 생각하는 것이며 장엄하게 나가게 되는 것은 상식입니다. 이런 것도 우리에게 앞으로 큰 숙제이고 매우 중요한 것입니다. 복음에서 나온 것 중에 아내들이 해산의 환난 겪는 문제와 남편들이 땀을 흘리면서 식구들을 먹이는 문제 같은 것도 거기에 관련돼 있는 문제입니다.

복음을 떠나서 존재하고 가능한 것은 없습니다. 그런데도 이런 건 상식이니까, 이런 것은 으레껏 하는 거라고 생각하면 복음을 훼파할 가능성이 농후합니다. 일반적인 하나님의 역사에 대해서도 조심스럽게 귀하게 여기는 것이 상식인데, 이런 일들에 대해서 오늘 사회는 뒤죽박죽이 돼있는 때입니다.

좋은소식은 늘 현실에서 생기는 사건들 가운데서 살피게 돼 있습니다. 예수 그리스도께서 속죄하신 은혜가 현실적인 사건에서 늘 따르고 걸맞게 성령 하나님의 역사로 이끌림을 받는 가운데서 알맹이가 어떤 것이구나, 하나님께 내가 드리고 있는가 하는 것이 밝혀지게 됩니다.

꼭 예배당에 나와서 예배시간의 한 순서만 표시하면 그게 드리는 겁니까. 그리고 한 사건에 짧은 한 시기에만 얽매이면 드림이 끝난 겁니까? 전 생애를 바쳐도 모자랍니다. 교회는 하나입니다. 그러니 우리가 하나님께 드린다는 것이 얼마나 크고 넓은 것인가 생각해야 합니다.

복음전파로 나타나는 결과는 드림

본문에 나와 있지만 찬미의 제사, 여기서부터 좋은 일을 해내는 것이 발생하고, 사귐으로 드림에 이르기까지 나타내도록 하십니다. 문자 그대로 좋은소식이기 때문에 자연스런 귀결입니다. 좋은소식을 안다면서 어두운 생각, 부정적인 생각에 휩싸여 있고 드림의 큰 원칙을 전 생애 속속들이 점점 확대해 가는 데 등한히 여긴다면 어떻게 봐줘야 합니까?

드림을 한 개인만이 아니고 모든 세대에서 뽑아낸 백성들의 모임인 교회를 통해서 하나님께서는 받고자 정하셨기에 이것을 위해서 계시기관을 다양하게 세워 나가십니다. 각 시대에 걸맞게 말입니다. 이런 계시기관을 세우셔서 좋은소식을 점점 더 풍성하게 선포하고 계승 발전토록 하십니다.

그러나 오늘 시대는 위태하다고 여러 번 말씀드렸습니다. 계시기관이 뿌리째 흔들리는 때입니다. 바울이 한 말이지만 복음의 사제직무로서 이방인을 하나님께 제물로 드린다고 말합니다. 이걸 위해서 자기는 부름 받았노라고 고백합니다. 17절을 보면 '좋은소식을 알리는 이에게 복종하는 게 마땅하다.' 여기에 군더더기 해석은 필요 없습니다. 정상적인 인도자에게 한마디로 신령하게 대접하라는 겁니다. 눈에 보이는 것이건 안보이는 것이건. 왜? 계시기관에게 근심이 생기면 너희한테 유익이 없기 때문이라고.

아브라함도 부지 중에 하나님의 사자를 대접한 경우가 있고 큰 칭찬을 받았습니다. 아비가일 같은 이방여자도 있습니다. 다윗을 대접해서 크게 높임받은 여자입니다. 예수님의 죽으심을 준비하려고 마리아는 귀한 기름을 부어 기념했는데, 복음과 직결되는 일이라고 주님께서 직접 말씀하십니다.

이런 것을 보더라도 어느 하나라도 복음을 떠나서 무관한 것은 없습니다. 모두 하나님께 드림에 연결돼 있습니다. 에덴동산에서 아담이 떨어지기 전에 예수 그리스도의 은혜로 말미암은 좋은소식을 똑바로 받았다면, 이런 일이 없었을 텐데 하는 안타까움이 한편 있기도 합니다. 다시 말하면 하나님의 언약을 귀담아 들었어야 합니다. 복음이 뭡니까? 제멋대로 방자하게 날뛰는 것이 결코 아닙니다.

어떤 면에 아담은 당시 교회의 삯군이라고 해도 과언이 아닙니다. 아담이 삯군이 되다 보니까 하바까지 망가지고 말았고, 하바가 망가지다 보니까 하바 때문에 또 아담까지도 망가지고 말았습니다. 결국은 간단한 원리지만 그렇게 됐습니다. 그당시 얼마나 풍성한 계시 가운데 지극한 것을 바라보고 만든 작품들인데 말입니다. 그렇게 언약 또는 맡겨진 일인 에덴을 가꾸고 지키는 일을 소홀히한 죄는 심각한 겁니다.

복음으로 장성과 하나로서 드림

에베소서에 나오지만 좋은소식은 그리스도를 아는 것과 믿는 것에 하나, 다시 말하면 통일을 이루어 그리스도께서 장성하신 충만한 분량에 이르도록 하는 것이 좋은소식입니다. 이런 면에서도 꼭 지식만이 아니라 인격적인 삶 전반에 계속해서 자람의 근원이 바로 좋은소식입니다. 우리는 매일같이 실패하고 돌아보면 하나님의 법에서 먼거리를 점점 느끼기 때문에 더 좋은소식으로 기쁨을 삼지 않을 수 없습니다.

그런데 말씀에 대한 갈급함이라든가 여러 가지 좋은 심정이 사라지는 것은 참으로 위태합니다. 하나님께서 받지도 않는데도 드리는 흉내를 내면 외식입니다. 늘 하나라는 것을 깔고 말씀하는 것이 복음인지라 개인은 무가치합니다. 아무리 그 사람이 잘생기고 잘났어도 그것으론 아무런 가치가 없습니다. 그리스도와 신비한 한 몸을 이루어야만 복음의 효과가 발생하는 법입니다.

요즘 독신주의가 점점 많아지는지 모르지만 이것이 얼마나 무시무시하고 악독합니까? 어떤 특별한 은사받은 사람은 그럴 수 있지만 이걸 주의해야 합니다. 많은 사람들한테 독신의 영향 미친다는 건 좋은 게 아닙니다. 보통 드라마를 보더라도 독신자들이 많이 나오는데 악한 드라마입니다.

하나님께서는 다른 단체들보다 교회에 속한 지체들을 쓰십니다. 각 지체에게 맛보게 하시는 하나님의 큰 일들을 서로 바라보게 하셔서 기림의 드림으로 표현하도록 하십니다. 나를 봐서는 도무지 기림을 드릴 만한 마음이 생길 구석이 없습니다. 우리는 때로는 정상적인 신앙에서 이탈돼서 욕심도 많아지고 마음이 바빠지면 찬송이 안 나옵니다. 그러나 다른 형제를 바라보게 될 때 참된 사귐 가운데 하나님이 이렇게 크시고 거룩하신 분이구나 알고 공동의 노래에 참석하고 싶은 마음이 생기게 됩니다. 그런 가운데 말씀의 은혜를 하나님께서 베푸십니다. 그런 좋은 마음을 하나님이 만드십니다.

오늘도 천상의 그리스도께서 얼마나 풍성한 순종을 성부 하나님께 드리고 계십니까? 이게 우리 눈에 선하지 않습니까? 지상생활에서도 감히 따르지 못할 본을 보이셨지만 하늘에서는 더합니다. 이젠 군더더기가 없으십니다. 지금까지라도 성자 하나님께서 성부 하나님을 향해서 그런 정도로 대하시는데 우리는 뭐가 잘난 게 있다고 좋은소식을 등한히 여기고 어디 가서 뭘 할 수 있습니까?

버릇이 좋은 하나님의 백성들이 되길 바랍니다. 그러려면 내가 드림의 삶인가? 어떻게 뜯어고치며 자라고 있는가? 돌아보아야 합니다. 선대들의 가르침에 부끄럼 없이 말입니다. 내가 사람들 앞에 서 있지 않다고 내 멋대로 해도 됩니까? 바른 드림에 참여하는 사람은 신비한 사회에 대한 책임의식이 커집니다.

아담 안에서 죽은 사람인지라 뭐가 좋고 뭐가 나쁜지 구별할 수 없습니다. 아무리 신자라 할지라도 세상 판사가 죄를 어떻게 다룬답니까? 사람이 정해놓은 법 테두리라든가 또는 몇몇 사례를 가지고 임의적으로 판단할 뿐이지 하나님 앞에 두려움이 없다면 전부 훗날 벌이 얼마나 크겠습니까?

성경에도 나오지만 판사들의 잘못을 굉장히 크게 대표적으로 지적합니다. 좋음과 나쁨을 우리는 구별할 수 없습니다. 만약 우리가 장성하지 못하고 어린 신자들로만 있다면, 신령한 분별력이 필시 모자랄 수밖에 없기 때문에, 복음의 효과를 오붓하게 누릴 수 없고 찬송과 드림이 제대로 나올 수 없습니다. 그러면 이것저것 따지는 것부터 해서 자기 형편을 놓고 하나님을 남 대하듯 하게 됩니다. 이건 앞뒤가 뒤바뀐 상태입니다. 위험합니다.

바른 드림은 교회의 역사적인 가르침으로 사귐에서

속사람은 마침내 단단한 먹을거리로 튼튼히 자라면서 그리스도의 은혜를 때마다 보이시는 것들을 바라보면서, 그때마다 새롭고도 신령한 노래를 하나님께 드림으로 그리스도의 이름을 증거하라고 말씀합니다. 나가서 왁자하게 떠드는 것만이 증거가 아닙니다.

그리스도 안에서 하늘에 속한 은혜를 깨달아 누림으로 복음의 효과를 말할 수밖에 없습니다. 그런 만큼 결국은 예수 그리스도의 낮아지심 정도가 아니고 천상의 사역은 뭔가? 소위 은혜의 왕국 또는 권능의 왕국이 어떻게 맞물려서 교회를 통해 이땅에서 강력하게 보이시는가? 를 바라보지 않고서는 드림에 대해서 마음의 감흥이 일어날 수 없습니다.

세상나라의 이모저모 복잡한 것을 땜질하기에 급급하다 끝장납니다. 그런 만큼 좋은소식의 결과를 보고 고백하는 게 아무 사람이나 또는 아무렇게나 해서 될 수 없습니다. 기독교에 많은 교단이 있는데 나타나는 삶과 신령한 드림 면에서 천차만별입니다.

그러니 신문 같은 거 보더라도 기독교를 이상야릇하게 말하는 부분이 많고, 또 교회 나가는 자들까지라도 자기교단의 처지에서 세상 사람들에게 함부로 붓을 놀립니다. 큰 죄악들을 범하게 됩니다. 무법하고 무질서한 데서 나름대로 좋은소식이라고 멋대로 규정한다거나 여기면 큰 과

오입니다.

드림은 언제든지 교리인 역사적인 교회의 가르침의 테두리에서 또한 교회의 거룩한 사귐 가운데서만 이루어질 수 있습니다! 여기서 빗나간 거짓된 복음 또는 위험한 복음들이 신비주의, 경건주의, 복음주의 또는 반교회 제도주의 같은 것들이 한마디로 말하면 복음을 범하는 간음죄들을 저지르는 겁니다.

좋은소식을 교회 바깥에서는 분별이 어렵습니다. 또 세상의 척도로도 할 수 없고 정통신학이 아닌, 훗날 새끼친 비주류의 사이비 신학에서도 좋은소식을 가려낼 재간이 없습니다! 그처럼 그릇된 데 마음을 기울이면 어떻게 좋은 신학이, 좋은 복음이 좋은 복음으로 들려지겠습니까?

전에 한겨레신문에 한신 명예교수 소위 민중신학의 한 갈래인 안병무 씨가 휴거 문제를 썼습니다. 이건 기독교 근본주의자들한테 책임이 있다고 했습니다. 기독교 근본주의자들이라는 말은 소위 보수파를 말합니다. 거기에 개혁파까지 싸잡아 날립니다. 참 한심한 일이고 어떻게 보면 그리스도에 대해서까지 모독하는 것입니다. 또는 신문이 얼마나 무서운 도구입니까?

한겨레신문은 가장 좋은 신문인데 전체적인 성격자체가 늘 경계의 대상입니다. 이건 신령한 의미에서 볼 때 개혁파 신문이 아니고 진보파 신문입니다. 어떻게 그런 칼럼을 함부로 싣습니까? 그런 걸 보면 분노를 금할 수 없지만 어찌 사사건건 신경쓰고 나갑니까. 어쨌든지 좋은소식을 제대로 알지 못하면, 함부로 아무데나 가서 아무렇게 들으면, 복음인 것같이 착각하게 됩니다.

좋은소식을 제대로 받지 못하면 심판받음

바른 기독론은 오직 그리스도 안에서 또한 개혁교회 가운데에서 고백하므로 만사를 그리스도께서 하시는 것처럼 할 수 있도록 해야 합니다. 내가 하는 게 아닙니다. 지금 만약 그리스도께서 하신다면 이렇게 하셨을텐데 하면서 자기를 돌아보게 됩니다. 어쨌든지 항상 모든 것으로 그리스도께서 쓰실 만하고 또한 쓰시는 것같이 행해 나가는 것에 바로 복음과 연락이 있습니다.

라오디게아 교회 같은 경우는 잘난체 했습니다. 자칭 부자라 했지만 발가벗은 수치를 통렬하게 예수님께서 꾸짖었습니다. 하지만 서머나 교회 같은 경우는 궁핍했지만 큰 칭찬을 했습니다. 적지만 신령한 힘을 겸비한 교회임을 선언한 것입니다. 이런 것도 복음의 능력의 차이입니다.

좋은소식을 바로 받아야 되는데 어떤 사람이건 특별히 어떤 교회건 하나님께서는 사역자를 두시고 좋은소식을 선포할 뿐인데, 받지 못하게 되면 급기야 하나님의 버력 선언으로 바뀔 수밖에 없습니다. 이걸 우리가 왕왕 놓치고 매일같이 실패하는 수가 많습니다. 들어도 그만 안 들어도 그만이 아니고, 내가 이 시대에, 한 교회에 속했으면 분명히 좋은소식을 주십니다. 그런데 그걸 의식 못하고 제대로 못 받으면 하나님의 꾸중을, 나아가서 진노를 살 수밖에 없습니다.

복음으로써 하나님 경외함으로 드림

고린도후서 2장에 나옵니다. 그리스도를 아는 냄새는 두 가지로 작용합니다. 그리스도의 향기를 바울은 순전하므로 하나님께 받는 것처럼 받는다 또는 받아라 이렇게 권면도 하지만, 어떤 사람에겐 사망에 이르는 냄새, 어떤 사람에게는 생명에 이르는 냄새라고 선언했습니다. 이런 말씀은 오늘날 잘 전해지지 않는 말씀입니다. 무조건 전파돼서 어떤 효과 또는 결과만 내면 복음이다, 이런 식으로 자꾸만 사람들이 생각하도록 합니다.

첫 사람이 범죄한 뒤에도 좋은소식 가운데 저주를 분명히 하나님께서 선언하십니다. 그 양면성이라고 할는지, 복음의 성격을 잘 견지해야 합니다. 한마디로 말하면 바른 경외가 좋은소식의 전제라고 해도 과언이 아닙니다. 하나님에 대한 떨림이 있어야 되는데, 범죄한 뒤에 아담조차 떨어서 나무에 숨고 자기 방식을 취할 정도였는데, 오늘 우리가 그런 유치한 정도도 없어서야 되겠습니까? 좋은소식은 소극으로 보아도 하나님의 버력이 수반되기 때문에 두렵습니다. 따라서 좋은소식으로써 하나님 앞에 드림에서 열매로 나타내야 합니다. 하늘나라 안에서 성령님의 풍성하신 열매를 가지고 말입니다.

옛날에 이스라엘 백성들이 광야에서, 가데스바네아에서 열두 명의 정탐꾼들을 가나안에 보낸 뒤에 소식을 접합니다. 열 명은 복음을 전하지 못했습니다. 가나안 자체가 복음입니다. 먹는 게 어떻건 또는 막강한 가나안 족속들이 어떻건 가나안 상태를 복음으로 전했어야 하는데 두 명 빼놓고는 실패합니다. 이건 필시 양심에 화인맞은 강팍한 상태에서 불안하기도 하고 정욕으로 교회를 크게 소동의 동아리 속으로, 함정 속으로 내몰고 말았습니다. 그러니 백성들도 귀가 다 멀어서, 백성들조차 물론 썩은 뿌리가 슬슬 기어나왔으니 그 말에 솔깃했겠지만 이러한 무서운 일이 있었습니다.

하나님으로 만족해야 함

우리가 예배에서 은혜의 방편들을 바로 쓰고 있습니까? 이것도 좋은소식과 관련해서 심각하게 새겨야 합니다. 은혜의 방편을 통해서 좋은소식이 좋은소식으로 나타나는 것입니다. 가만히 있는 상태로는 성경 자체도 종이 짝에 써진 말씀에 지나지 않습니다. 그리스도 안에서 하나님으로, 하나님의 것으로 만족을 삼는가 하는 것도 심각하게 새겨야 합니다.

모자라다는 것을 바로 헤아린다면 오직 좋은소식 안에서만 찾아내기를 힘써야 될텐데 그렇게 하지 않다보니까 불법을 자꾸 좇게 됩니다. 사람의 행위건 어떤 교회의 움직임이건 한 시대상을 평가할 때 많은 잣대들이 있지만 이런 면도 충분히 살필 수 있습니다. 복음이 지지부진한데 뭘 어떻게 합니까? 아무리 세상 수준에서 완벽하더라도 그건 아직 틀린 상태입니다.

이른바 신학교에 가서 목사 되는 것과 선교사 되는 걸 큰 것인 양 속이는 시대입니다. 이건 신학교 자체가 잘못이라든가 그런 것을 하지 말라는 말이 아니라, 소행머리를 보면 근본부터 잘못된 출발들입니다. 평안을 외치는지 모르지만 거짓이 득실대는 때입니다. 그런 면에서도 자기의 모자람을 복음으로 채우는 것이 아니고 복음 비슷한 것들로 속입니다.

성경에 보면 복음계시를 사돈관계 또는 집안에 견주어서 많이 알려주고 있습니다. 이걸 볼 때 요즘 가정들은 복음이 절실하다고 말하지 않을 수 없습니다! 하나님께서 할 일이 없어 그런 것들을 빗대서 그리스도를 소개했겠습니까? 중시하는 기관들입니다.

하바(하와)의 경우 죽은 아벨 대신 셋을 낳고 고백하는 말 중에 여호와한테 얻었다는 말씀, 이건 '쉐트'(셋)에 대해서 아담과 하바가 어떻게 키웠을까 하는 걸 넉넉히 짐작하는 구절입니다. 한 가정으로 잘라놓고 볼지라도 그렇습니다. 셋이 혼인해서 에노쉬를 난 다음에 큰 찬양이 당대를 휩쓸게 됩니다. 아담이 타락한 이후 대단한 개혁의 때입니다. 물론 성경은 자세하게 기록하지 않지만 충분히 그렇게 생각할 수 있습니다.

교회역사의 주류에 들어서야 함

복음은 환경의 온갖 것들의 지배를 넘어서게 하고, 자기의 부족을 철두철미하게 깨닫도록 해 줍니다. 복음을 안다면서 자기비하의 통렬함을, 처절함을 말하지 않는다면 그게 어떻게 복음입니까? 그걸 통과한 뒤에 큰 확신을 얻어 돌진하면 이 사람은 정당하지만, 거쳐야 할 것을 거치지 않으면 이상한 복음입니다. 사탄의 궤계가 얼마나 무시무시합니까? 그렇기 때문에 복음은 언제나 궤계가 난무하는 현실을 볼지라도 그 가운데서 늘 절실히 구해야만 되는 중요한 내용들입니다.

본문 12절에서 14절이 그런 것들을 엿보게 하는 말씀입니다. 그리스도의 고난을 따라서 산다는 것을 밑바탕에 깔아놓고, 15절 이하를 생각하도록 써나가는 장면입니다. 12-14절 없이 15-17절은 무의미합니다. 복음의 본령은 한마디로 십자가를 걸머지는 데서 나타난다고 할 수 있습니다. 죄와 죽기내기로 피흘림의 싸움터에서 이김의 기쁨으로 기릴 수 있도록 합니다. 이런 것이 없으면 복음을 혹시 받았다 해도 그것이 어떻게 열매를 맺겠습니까? 세상의 환난, 재리의 유혹에 휩싸여 타죽고 말 겁니다.

구약에서 볼 때 이사야 선지자가 한 말씀 중에 그당시 다 살기 좋다고 여기는 때인지 모르지만, 66장까지를 쫙 볼 때 복음전파가 어떤 거구나, 적어도 어떤 핍박 가운데 어떤 사회에서 전파하는가, 예레미야는 무리들의 배반과 사망의 두려움 속에서도 복음을 전파합니다. 복음의 성격이 과연 어떠한 것들을 늘 수반하고 나타나도록 하시나 하는 큰 원칙을 기억해야만 합니다.

교회역사의 발자취를 따라서 지평을 넓히면 넓힐수록 좋은소식이 점점 오붓해집니다. 필요가 그만큼 절실해집니다. 안방 속에 있는 사람이라면 그정도 이상 어떻게 하나님께서 담아줄 그릇이 없습니다. 그렇다고 세상을 돌아다니는 여행이라도 해서 큰 복을 받는다는 말이 아닙니다. 신령한 고통이 있어야 되는데 그러려면 교회역사의 주류의 발자취를 잘 알아야 합니다.

우리는 유장한 역사의 무대에 들어서 있습니다. 과연 어떤 이들과 사귐을 갖고 있습니까? 내용은 좋은소식일 수밖에 없습니다. 이 사람도 사귀고 저 사람도 사귀고 멋대로 사귀도록 돼있지 않고 이것도 계통이 있습니다. 유유상종한다고 합니다. 사람은 친구의 얼굴을 빛나게 합니다. 날카롭게 합니다. 좋은 기별은 뼈를 기름지게 하고 먼 땅에서 오는 좋은 소식은 목마른 사람에게 생수입니다. 이런 시원하고 풍성한 것이 바로 복음입니다.

이젠 나를 주체 삼지 말고 다른 것들을 이해타산으로 따지지 말아야 합니다. 그렇게 하면 필시 복음에 무관심한 사람이 될 수밖에 없습니다. 괜한 데 마음을 싹 뺏겨 판단합니다. 못하면서 판단하는 척 합니다. 세상이 뭡니까? 그것을 알 수 있는 비결이 어디 있습니까? 세상 안에 속한 것으로 세상을 어떻게 압니까? 그 눈이 그 눈으로 보는데. 그러니 좋은 소식의 필요, 갈급함은 언제나 절대입니다.

요즘 정보들이 얼마나 많이 있습니까. 그러나 이것 때문에 신령한 기쁨들이 얼마나 많이 빼앗기는지는 감지도 못합니다. 말로는 그리스도의 신부라고 하면서. 오죽했으면 신부라는 비유의 말씀을 그리스도께서 쓰셨겠습니까? 그런 표상들을 쓴 걸 뭔가 가만히 묵상해 보면 많은 깨달음이 생깁니다.

하나님께서 마지막 때에 속한 심판을 성경역사를 보더라도 점점 드러내시는데, 이것을 안다면 좋은소식을 받지 않고는 하루라도 한 발자국도 확신으로 할 수 없습니다. 정말 양심적이라면 말입니다. 가다가 날아오는 돌멩이에 맞아 죽을지, 땅이 갈라질지, 예수님께서 나타나실지 어떻게 압니까? 뭐를 믿고 당당하게 활보를 하는지. 더더구나 사망권세가 난무하는 세상에서 빛과 소금이라는 거룩한 직분으로 그리스도의 복음의 향기를 날린다는 건 얼마나 거리가 있는 건지.

우리는 늘 복음으로 마음이 바뀌어야 되겠고 만날 때마다 새로운 사람이 돼서 더욱 거룩해져야 합니다. 다른 것으로는 새로운 사람이 될 수 있는 게 없습니다. 오직 복음입니다. 그러려면 그리스도를 새롭게 만나야 되고, 그분의 가르침, 그분의 어떠하심을 알아야 되는데, 다른 것 가지곤 껍데기만 꾸미는 거지 새로운 사람이 아닙니다!

높이 오를수록 새로운 모습을 나타낸다는 것이 얼마나 어려운지, 아차 하면 거짓말쟁이로 떨어집니다. 대개 나이 많은 사람을 상대해 봐서 알지만 음흉하고 능글능글하고 빙빙돌리는데, 복음이 없는 사람이라서 그렇습니다. 복음을 가졌을지라도 나이들수록 정신 바짝 차려야 합니다.

그래야 우리가 옛날에 손가락질했던 소위 썩어빠진 기성세대가 안 됩니다. 비판한 만큼 책임있게 살아야 합니다. 특별히 언약이 어떻게 이루어져가는지 바라보면서 큰 소망가운데 하늘의 기쁨을 모든 것으로 삼고 말입니다. 거기밖에 뭐가 있겠습니까? 집안에 무슨 생일잔치가 있다, 누구 결혼잔치가 있다, 또는 큰 경사가 났다, 그거 다 하루 지나면 끝장이고 휴지 쪼가리입니다. 운동장에서 와아 하면서 끝나면 그 뒤엔 쓸쓸함밖에 없습니다. 허무합니다. 껍데긴 원래 허무한 법이니까!

과연 우리는 좋은소식을 바로 받아서 바로 계승하는 계통에 서 있나? 잘 안다고 자부하시겠지만 맨날 똑같은 말을 반복하지 말고 자꾸만 살붙여야 합니다. 살붙이고 재확인하고, 그래야 우리가 서 있는 이곳, 이 위치를 더욱 돋보이게 할 수 있는데, 고백에 일치하는 바른 삶을 즐기고 있습니까? 이것도 중요한 문제입니다.

우리가 어떤 취미가 있는데 소박한 거고 사회에 불쾌감을 주지 않는다 할지라도 이걸 또 가만히 생각하면 과연 그리스도를 즐기는지 나를 즐기는지 혼란스러울 때도 있습니다. 그럼 또 과감하게 버리고 즉시 그분께로만 나가는 겁니다. 그렇다고 금욕주의자가 된다는 말이 아니고, 자연스럽게 합니다.

역사적 신앙고백으로 열매를 드림

본문에 볼 때 15절에서는 복수 1인칭이 나옵니다. '우리는 드립시다!' 그러나 그 뒤에 16절에는 '너희들은 잊지 말아라!' 가정법에서 명령법으로 바뀌면서 글쓴이의 심정이 강화돼 있는 것을 보여주고 싶어합니다. 고백이라는 열매로 찬미의 제사를 드리는 데서 성큼 나가서 선행, 사귐의 제사를 드리도록 해야 합니다. 교회랑 세상을 뜯어고쳐오는 선진들의 발자취를 목숨을 다해서 따르는 것이 마땅합니다.

우리는 일에 재미를 느낍니까? 참된 재미는 영원히 변치 않는 영광스러운 그것밖에 없습니다. 바른 신앙고백을 늘 드리는 데서 모든 것들을 드릴 수 있음이 성립한다는 것을 다시 한번 되새기면서, 역사적인 신앙고백을 전제로 하나님께 드림을 광범위하게 생각하도록 하는 것이 복음이라는 말씀을 드렸습니다.

하나님 아버지여, 개인의 구원관에 머무르게 하는 옅은 가르침에서 복음의 효과를 맛보지 못하게 하는 일들이 한국교회에 짙게 깔려 있습니다. 이러한 데서 저희들을 뽑으셨고 앞으로 나아가게 하시니 많은 가식들이 있고 우리 힘으로는 어떻게 해 볼 수가 없나이다. 주 앞에 구하오니 주여, 저희의 기쁨이 날로 새로워지고 풍성해지도록 하시옵소서. 세상의 그 어떠한 것도 일시적인 기쁨을 줄지 모르겠사오나 오직 복음 안에 저희가 잠겨 들어가기 전에는 기쁨이 유지될 수 없음을 아옵나이다.

하나님 아버지여, 사람은 변하고 시대도 변할 뿐더러 이땅에 있는 모든 것은 없어지고 말 것인데, 주의 말씀은 세세토록 이루어낸다고 하는 말씀 앞에서 과연 저희들이 일시 있다가 없어질 그림자 같은 것을 쫓고 그것에 재미 붙일 수 있겠나이까. 영생의 말씀이 여기 있는데 저희가 어디로 가겠나이까. 주의 진리의 말씀으로 저희를 거룩하게 하시옵소서.

복음의 말씀이 어떻게 영광스럽고 내달리는지를 늘 바라보면서 마음에 기쁨을 뜨겁게 견지하도록 하셔서, 마침내 하나님께 드림이 저희 전생애 구석구석에서 드러나게 하시옵소서. 이것으로 말미암아 하나님만이 크게 좋아하시고 하나님 나라의 빛남이 캄캄한 세상을 얼마간 밝히는데 감히 써주시옵소서.

구주 예수 그리스도의 이름으로 기도드리옵나이다. 아멘.

15강

전도(1)

디도서 1:3

3 그런데 이분은 제게 속한 때들에게 그분의 그 말씀을 드러내외침으로 드러내셨는데 그것을
나야말로 우리 건짐님 하나님의 시키심을 따라 맡았습니다

복음과 선포 〈1〉 _ 15강

전도(1)

디도서 1장 3절

전도에 대해서 말씀을 생각해 보겠습니다. 우리는 새로운 사귐으로 나가야 합니다. 전도하는 일에 대해서 그동안 우리 인생관이 많이 소극적이었던 것을 부정할 수 없는데, 직접 말씀을 드러내 외치는 이모저모가 나타나야만 합니다. 그래야 하나님이 큰 능력을 우리 손에 맡기십니다. 옛날에 복음에 대해서 몇 시간 살핀 적은 있지만 전도에 대한 성경 말씀은 그렇게 집중적으로 살핀 적은 없습니다. 그래서 그런지 전도를 못하거나 잘 안 하는 폐단이 이어져 옵니다.

이건 우리가 너무나 편안하게 지낼 가능성이 많고, 우리 사귐이 타협한다는 게 아니라 폭넓어지고 다양해져야 되는데, 그래야 발전도 하고 다른 형제들을 통해서 성숙할 수 있는데, 이런 방면에 굉장히 소극적입니다. 이제 우리가 일어서서 일할 때가 되었습니다. 적은 일이지만 우리를 지금까지 인내하게 해 주셨고 그나마 하나님께서 버리지 않으신 게 감사한데, 이제 이 중요한 것을 불쌍한 영혼들을 상대로 강력하게 어떻게 하든지 전파하는 게 마땅합니다.

전도란 말의 뜻

전도란 말씀은 구약성경에는 안 보이고 신약성경에도 그다지 많이 나오지 않습니다. 그런데 전도란 말은 번역에 문제가 있습니다. 물론 이 말투가 한자 말투인지라 중국사람들이나 일본사람들한텐 어감이 잘 소화될지 모르지만, 우리나라 사람한테 '전도' 그러면 잘 들어오지 않을 뿐더러 굉장히 많이 왜곡되어 있습니다!

우리는 전도 그러면 어떻게 성경말씀에서 이해하고 있고, 현재 한국 교회에서 벌어지는 전도에 관련한 이모저모를 어떻게 판단하고 있는지 모르겠습니다. 이걸 똑바로 판단한다면, 왜 우리가 이 특권을, 마땅한 것을 그런 엉터리 내지 연약한 사람한테 내팽개쳐 둡니까? 어떻게 하든지 짬을 하나님이 만들어 준다면 이 복음이라는 성령님의 검을 들고 나서야 합니다.

전도에 대한 원문의 뜻을 몇 군데 찾아보면, 보통 한문으로 선포宣布한다는 뜻입니다. 한글로 바꿔보면 "드러내외친다"는 강력한 언사입니다. 단지 가르친다, 설교한다는 말이 아니라, 성경이 말하는 선포는 진짜 선포라고 할 수 있습니다. 그 명사꼴은 케뤼그마*κηρυγμα*인데 한글개역성경에 대개 전도란 말씀으로 번역되어 있습니다.

그리고 골로새서 4장 3절을 한글개역성경에 보면 "전도하는 문을 열게 해 달라" 그런 식으로 중보기도하는 내용이 나옵니다. 대다수 교회들에서 이 말을 들어 '이 가정한테 전도할 문을 열게 해 달라' 고 하지만, 여기 '전도할 문' 에서 '전도할' 은 헬라어 성경에 로고스*λογος*, '말씀' 으로 되어 있습니다. 즉 '전도할 문' 이 아니라 '말씀의 문' 입니다!

말씀의 문을 열게 해 달라고 그런 기도를 합니다. 이것을 보면 도를 알린다는 거랑 말씀이랑 뗄 수 없는 불가분리의 관계에 있습니다. 말씀이 없이는, 오직 말씀만으로 아니라면, 성경적 의미의 케뤼그마는 없습니다.

그리고 보통 '전도자, 전도인' 이란 말이 있습니다. 여기에 전도라는 말이 있으니 케뤼쎄인*κηρυσσειν*에서 오는 낱말을 쓸 것 같지만 그렇지 않습니다. 복음전한다는 말이 따로 있습니다. 유앙겔리조εὐαγγελίζω의 명사꼴입니다. 유앙겔리떼스εὐαγγελιστής, '좋은소식 알림꾼', '좋은소식 전하는 자' 이걸 한문으로 전도자傳道者, 전도인傳道人 두 가지로 번역해 놨습니다. 드러내외친다는 말이랑 좋은소식알린다는 말이 연락이 있고, 그게 다 전도한다는 말과 같은 뜻입니다.

이렇게 볼 때 오늘날 전도는 굉장히 많이 인본주의로 전락해 있습니다. 전도는 굉장히 중요하고 선불리하는 것도 아니지만 마땅히 하게 돼 있고, 다른 것을 전할 수 없습니다. 복음, 복음을 드러내외치는 것, 좋은 소식으로 알리는 것이 성경의 의미로 전도입니다.

요즘 교회정치를 보더라도 보통 전도사, 전도인, 전도부인 심지어 여전도사, 여목사 이런 말들이 있습니다. 보통 영어로 치면 헬파helper 정도입니다. 돕는 사람! 옛날 한국교회에선 조사助使라는 말로 썼습니다. 말씀을 드러내외치는 목사를 돕는다는 뜻에서 조사라고 했지만, 성경적인 근거는 없습니다. 도우면 다 돕는 거지 전도사만 돕습니까? 이게 잘못 되니까 여전도사가 생기기 시작하다, 급기야 지금은 여자 목사 시대입니다! 그만큼 타락한 때입니다. 복음이 똑바로 전도됐다면 상상할 수 없습니다. 결국은 다른 것을 전도하거나 아니면 심각히 왜곡된 내용을 전도합니다. 이것을 묵과할 수 있습니까? 어서 바른 본보기를 드높여야 합니다.

우리는 복음을 분명히 거저 받았습니다. 이 귀한 생명을, 영원한 복을. 그러면 다른 사람한테 거저주는 건 당연합니다. 그런데 이걸 내가 잘 알지 못하거나 제대로 맡질 못했으니 내가 앉은뱅이입니다. 철부지들은 별별 방식으로 전파하지 않습니까? 그거 비판만 하고 있을 수 없습니다. 전해야 합니다! 아까도 말했지만 순교를 보통의 경우로 놓고 드러내외치도록 돼 있습니다. 그런 걸 상상하지 않고는 감히 복음을 알릴 수 없습니다.

'선교' 의 부패상

또 전도란 말은 떠올릴 때마다 심히 부패된 개념, 행사인 '선교', '선교대회' 를 떠올리지 않을 수 없습니다. 지금까지 많은 사람을 만나봤지만 선교에 대해서 부정적으로 비평하는 사람을 거의 못봤습니다. 한 15년, 20년 전만 해도 선교사는 거의 없었고, 선교사라는 코쟁이를 향해서 선교사란 말을 가끔 썼지, 이렇게 선교가 전체 교회를 장악할 줄은 정말 몰랐습니다. 똑바로 성경적인 의미를 담고 쓴다면 전도가 됐건 선교가 됐건 다 좋습니다. 그런데 아무 뜻도 없습니다. 그러니 어떤 큰 교회당 또는 어떤 큰 사람의 겉모양만 보고 계속 흉내내기 바쁩니다. 이것도 모르는 뭇 성도들은 시간 털리고 돈 털리고 마음만 붕 떠서 날아다닙니다.

그렇게 하여 교회가 바로 세워졌습니까? 많은 시금석 중에 이것이 대표입니다. 교회가 분명히 똑바른 길에 서서 전진하는 가운데 도를 전합니까? 그렇지 않다면 교회의 ABC도 모르면서 어떤 사람한테 어떤 말씀을 전할 수 있습니까?

교회역사 전체를 파헤치지 아니할지라도, 대개 식민지시대에 코쟁이들이 배타고 다니면서 총칼로 짓이겨댔습니다. 회교도, 이슬람교도들이 왕년에 한 손엔 꾸란(코란)을 한 손엔 죽음을 놓고 전했다고 합니다. 차라리 그 사람들은 어떤 순박성이나 있습니다. 그러나 코쟁이들은 무시무시한 족속들입니다. 물론 그 사람들을 써서 복음을 하나님께서 견지하려고 쓴 면도 있지만 교만했습니다. 동인도회사로 인도를 경영하는 것부터 해서 심지어 아셈ASEM에까지 촉수를 뻗치고 다닙니다. 로마 카톨릭의 악한 근성을 싸고돌면서. 그러니 정상으로 복음을 받을 수 없었습니다.

한국도 예외가 아닙니다. 그 당시 미국교회가 탄탄했습니까? 호주, 캐나다 같은 한국에 들어온 코쟁이들의 교회가 다 정통교회였던가 말입니다. 그렇지 않습니다! 극소수 몇몇 선교사들만 그래도 정통신앙 갖고 있었던 사람들이지, 다수는 그렇지 않았습니다. 장로교만 봐도 그렇단 말입니다. 다른 파는 말할 필요도 없습니다. 그러니 한국은 완전히 혼탁해졌습니다.

보통 듣는 얘기지만 우리나라는 단일 민족이고 전통적인 좋은 예법이 있는 나라입니다. 중국사람들이 왈 동방예의지국, 공자도 말했다는데 '나 그 나라에 가서 살고 싶다.' 그런데 왜 나라가 지금 이 꼴이 돼 있습니까? 복을 받았다는데? 뭔가 분명히 문제가 있습니다. 남이 한다니까 성경으로 조명도 안 해보고 그냥 합니다. 신학생들 목사들 성도들이 똑바로 전하는 일에 힘을 안 씁니다. 여기에 특별히 신학까지도 좌경화하여 망치면서 더 잘못된 선교관이 뿌리내립니다.

특별히 우리나라에 부흥회가 굉장히 많습니다. 여기에 편승해서 선교 선교 선교 선교! 심지어 '선교 안 하는 교회는 교회도 아니다' 선동합니다. 선교란 말은 성경에 나오지도 않는데 말입니다. 신약성경 계시를 통해서 하나님께서 어떻게 구원하시는 일들을 펼치시나를 전제하고 살펴본다면, 그렇게 함부로 남발할 수 없습니다. 그러니까 교인들도 선교 비평하거나 선교하지 않는 교회는 교회로 생각도 안 합니다. 뭔가 문제가 심각합니다!

미국교회의 상태

좋은 의미로 선교는 개혁자들만 할 수 있습니다! 다른 이는 어림도 없습니다. 왜 이 복음을 다른 자에게 하나님이 맡기시겠습니까? 맡기질 않습니다. 바른 신앙, 바른 교회에 속한 성도들에게 대대로 맡겨오십니다. 그럼 왜 복음이 안 전해집니까? 생활이 편해지는 겁니다. 고통을 받아야 복음의 진수를 압니다.

강원도에 가면 감리교가 많습니다. 경기도 근방에도 그렇습니다. 서울과 평양 이런 데는 장로교입니다. 선교사들이 나라를 조각조각내서 전도한 결과입니다. 그당시 미국사회를 보더라도 이미 주도권을 뺐긴 상태입니다. 자유주의자들, 민주주의자들한테.

전에도 말씀을 드렸지만 미국은 장로교인이 얼마 안 됩니다. 그런데 유학 갔다오면 굉장한 것 같지만 미국에선 장로교를 알아주지도 않습니다. '꼴통들 맨날 싸움만 하는 자들' 이런 식으로 알고 있습니다. 감리교, 침례교, 로마 카톨릭이 왕성합니다. 한국은 그런데 교인들까지 한심합니다. 나중에 말씀드릴 거지만 참된 전도, 참된 선교는 말씀선포로부터 비롯합니다. 강단에서 바로 그게 권위있는 전도입니다. 성도들이 이걸 받아들였을 때 전도하는 겁니다.

교회관이 없는 교회의 선교사업

그래서 몇 가지 적어 봤는데 선교학, 선교사업, 선교학교, 심지어 선교신학교도 있지만 각종 아무개 선교단체, 심지어 교회가 돈벌이하려고 아이들 상대로 하는 '선교원'. 교회가 그런 식으로 넝마주의같이 보입니까? 교회가 똑바로 될 수 없습니다. 또는 몬테소리가 좋다고, 선교는 조금 차원이 낮아서 몬테소리로 했다고 등등등. 모두 정욕적입니다!

또 이른바 선교하러 나가는 사람한테보다 교인들한테 울궈내려고 '평신도선교사' 라고 부릅니다. 말은 평신도인데 그러면 일반 교인들이 바로 내가 평신도라고 하면서 물듭니다. 평신도란 말이 성경에 어디 있습니까? 그럼 속아서 '나도 선교사가 될 수 있구나, 목사가 아니라도 선교할 수 있구나' 해서 자꾸만 불법 내지 혼란을 가중시킵니다.

그래서 세상에서 실력만 있으면 다 선교사라고 합니다. 의사가 선교한다, 체험이 선교한다. 그러나 복음전파라는 이름을 앞장세우면서 바른 교회를 깡그리 부정합니다. 교회를 부정하는 게 바로된 사람들입니까? 속아넘어가 있는 겁니다. 족보가 뭔지 모르면서 나는 아무개집 자손이라고 하는 것보다 더 한심한 사람입니다. 신령한 족보가 뭔지도 모르고.

적어도 삼위일체 신관이 확고한 가운데서 복음전파하지 않으면 안 됩니다. 아브라함 카위퍼가 얘기했습니다. 화란에서 당시 두 개혁교단 통합 때 나온 개혁주의 선교의 대헌장에서 이걸 정돈하면서 말하는데, 삼위일체 하나님, 바른 교회연합, 선교사의 자질들을 선언했습니다. 개혁자들의 후손들인 개혁교회가 복음을 드러내외치지 않는 사이에 원수들이 교회에 침범해서 가라지를 뿌리고 도망친 겁니다.

빗대서 표현해 보자면 우리 교회도 그런지 아닌지 모르겠습니다. 굳이 전도란 말을 쓴다면 특별히 강조하는 건 칼뱅도 힘주어서 말하지만, 선택론, 구원받기로 작정한 사람을 예정하고 버리기로 작정된 자를 유기해 버리는, 선택과 유기라는 예정론을 전제로 복음을 드러내외치는 게 전도입니다. 예정론을 생명같이 확고하게 붙잡는 사람처럼 열심쟁이가 없습니다! 그럴 수밖에 없습니다. 그러나 누가 예정되었는지 알 수 없기 때문에 이 복음을 전해야 합니다. 임박한 심판을 앞두고 있는 때입니다.

그런데 한번 마음먹고 해보려 해도 가슴이 두근거립니까? 어떻게 시작할까? 그것을 뛰어넘어야 합니다. 뛰어넘으려면 담대함이 있어야 하는데 기도 외에는 그런 능이 나갈 수 없습니다. 빌어야 성령님께서 역사하십니다. 기회를 포착하는 것도 슬기가 있어야 합니다. 이런 유형의 사람 또 이런 일 가운데서 그때그때 해줘야 합니다. 보편의 원칙이 없습니다. 성령님의 이끄심을 좇아서 성경대로 하면 됩니다.

교회의 표지와 전도의 사명

특별히 전도는 말씀을 선포하는 거니까, 다른 어떤 것보다도 바른 교회냐 아니냐 하는 참된 표지가 든든하게 전제돼 있어야 합니다. 보통 참된 교회의 3대 표지는 말씀을 바로 선포하는 일, 그 말씀을 힘입어 성찬

성례 벌이는 일, 그 다음은 권징, 정치하는 일입니다. 이런 것에 대해서 아무 것도 없이 어떻게 뭐를 어떤 사람한테 어떤 목적으로 전파합니까?

그러다 보니 전도 받은 사람이 엉망진창입니다. 교회를 얕보고, 말씀을 얕잡아보고. 그러니 신앙이 제대로 성장할 수도 없습니다. 우리가 뭇 영혼들을 그런 독소에다 떠넘기고도 편안할 수 있겠습니까? 특별한 경우 그럴 수도 있겠지만 복음은 직접 정곡을 찌릅니다. 역사는 하나님이 하십니다. 이모저모 보조 방편들이야 알아서 하는 차원입니다.

겉모양이라든가 방법론에만 자꾸만 눈이 시뻘게지면 알맹이가 자꾸만 없어집니다. 변질합니다. 때가 악하고 자기 귀를 긁어주는 사람만 좋아하는 때, 뭇 사람들에게 복음을 전파하면 대단한 핍박과 비웃음을 받습니다. 적은 무리만이 반응합니다. 왜 우리가 그런 고난을 회피합니까? 그런 흉내를 이단자들이 얼마나 잘 냅니까?

정종유착

지금 이단자로 낙인찍힌 유광수의 다락방 전도부터 해서 각종 이단들은 굉장히 열심입니다. 거짓된 것으로 자기네 돈벌이하려고 심지어 저쪽 북한에도 들어갔습니다. 통일교 선교한다는 자들은 리틀에인젤스까지 휘어잡고 있습니다. 물론 망할 자들 망하게 하려고 그렇겠지만 갑갑한 문제입니다. 불쌍한 북한 동포입니다.

김영삼 있을 때는 통일교가 꼼짝 못했습니다. 어쨌거나 멀리 빙빙 도망 다니더니 김대중이 들어온 다음에 휘어잡고 있습니다. 이른바 국민정부는 타락입니다. 영으로 어떤 한 개인이 무슨 신앙으로 되기보다도 김영삼 때보다 심각한 타락은 불을 보듯 빤합니다! 제가 무슨 예언하는 것이 아니라 로마 카톨릭의 음흉함도 엄청납니다. 국민정부 대통령은 로마 카톨릭입니다. 각종 법인 단체, 무슨 무슨 선교회 만들어서 돈벌이하느라고 날뛰는 꼴을 보면 교활하기 한량없습니다.

그 수법은 세상에서 알지만, 알면서도 괜히 종교 핍박한다는 소리 들을까봐 건드리지 않습니다. 그러니까 그런 유혹을 받는 겁니다. 무슨 선교회 그러면 묵인해 줍니다. 그러면서 썩어들어갑니다. 어찌 보면 '선교' 그러면 중세 로마교회의 면죄부와 같은 말입니다. 그러니 너도나도 할 일 없이 선교, 선교...

전도는 먼저 성경에서 가르친 것을 알기에 힘쓴 뒤 해야 합니다. 강단에서 말씀선포하는 것이 전도입니다. 지금부터 한 1,500년전 1,400년전 로마교회 그레고리 1세 당시가 지금보다는 그래도 조금 괜찮은 때인지 모르겠습니다. 그때 왈, 100명의 감독, 지금 말하면 목사겠지만, 100명의 감독이 있다 했을 때, 말씀의 농도는 두째 문제고, 말씀을 선포하는 사람이 1명이나 있을까 없을까라는 얘기입니다.

그럼 그 사람들이 뭐했냐? 사업 벌였다는 얘기입니다. 그러니 그뒤 계속 썩어들어간 것입니다. 종교개혁 때까지 1,000년동안. 지금은 어떻습니까? 더한 때입니다! 만 명의 말씀 선포자 중에 한 명이나 말씀 전하는 사람 있을런지 없을런지. 그러면 나머지들은 뭐합니까? 굉장히 바쁩니다, 사업하느라고. 교회라는 이름 붙이고 하니 갈수록 어두워집니다.

본보기를 무시한 교회와 신학교

전도의 본보기는 예수님 한 분입니다. 구약 전체를 한 손에 휘어잡고 새로운 시대를 내다보시면서 가르치신 모습 말입니다. 한편 디다스케인(διδασκειν, 가르치심)과 케뤼쎄인(드러내외침)과 당시 임시적인 방편으로 병고치는 것, 이 본보기 외에 딴 게 없습니다. 선지자나 사도도, 돌 맞고 죽은 스데반도 마찬가지입니다.

신학교가 무너지니 교회가 무너지고, 목사가 무너지니 신학교가 무너지고, 교인들은 말할 필요도 없이 쓸려다닙니다. 이걸 제대로 문제점으로 똑바로 자각하는 사람을 아직 만나보질 못하고 있습니다. 개혁교회가 잘 안 보인다는 얘기입니다.

이렇게 말하면 폐쇄적인 사람이다, 막혔다고 할지 모르지만, 아까 몇 가지 헬라말을 봤지만 전도라는 용어조차, 그 개념조차 정립이 안 돼 있으면서 선교는 무슨 말입니까? 또 '전도는 국내에 하는 거고, 선교는 딴 나라 하는 거다.' 그게 어떻게 맞는 정의입니까? 이런 철부지들 또는 한편 사업하는 자들, 우쭐거리는 자들이 이런 식으로 말씀 드러내외친답시고 탈법을 합니다.

심지어 어떤 교회의 이름은 선교교회입니다. 그러면 다른 교회보다 선교에 더 중점을 둔다는 얘기입니다. 그 사람은 어떻게 신학 공부한 사람이고, 정말 전도가 무엇인지 아는지... LA충현 선교교회라고 옛날 70년대 어느 부목사가 그쪽에 가서 이렇게 했습니다. 그리고 한국교회 무슨 신학교 후원한다고 돕는데, 먼저 뭐가 바른 교회인가 뭐가 바른 복음인가 어떻게 하는 게 좋은소식을 알리는 건가? 이런 기본이고 당연한 것에 대해서 마음 기울여야 합니다. 깊고 많은 진리를 모를찌라도 중요한 것들에 대해서 다시 한번 정리해 나가야 합니다.

제 신학교 동기가 시작하는 교회에서 일년에 몇 차례인지 무슨 글을 보냅니다. 과연 교회의 삼대 표지를 견지하고, 하나님의 예정 도리를 힘입고 이른바 선교활동을 하는지? 눈여겨봐야 합니다. 많은 동료들이 가서 선교하고 교회 세운다고 하지만, 걱정되는 것은 그곳도 우리나라 짝날 거란 말입니다. 그런 교회관으로 가서 복음전한다 그러니.

물론 제가 하나님보다 뛰어넘어서 그이상 걱정한다는 게 아니라, 우리가 마땅히 해야될 걸 못하니까 그렇습니다. 바른 교회가 있으면 바른 교회랑 사귐의 한 형식으로 만약 가난한 교회가 있다 그러면 지원할 수도 있습니다. 그런 신학, 그런 교회를 찾으려면 도를 전해야 되는데 그런 힘씀이 없이 무슨 세상차원에서 독지가가 돼서 돕습니까? 그건 쓸모없습니다.

우리가 직접 전파하는 가운데 현장의 쟁투를 알아야, 이런데 협력하는 게 그야말로 최전방에 있음을 깨닫습니다. 이건 인본주의적인 표현인지 모르지만 군대에서 싸울 때 탄약이든 먹는거든 지원이 돼야 합니다. 그 기지는 교회입니다. 교회! 교회의 성도들이 하는 겁니다.

그러니깐 일단 강단이 강화돼야 바른 전도가 되겠지만, 또한 신학교가 똑바로 확립돼야 합니다. 그러나 온통 교회가 외형적으로 부풀리기 위한 신학입니다! 어떻게 하면 이걸 빨랑 몇 년 만에 큰 건물 짓고, 몇 백명 몇 천명 뽑아서 멋진 선교사업 하고, 사회사업하는 겁니다. 하나같이 다.

그런데도 각 교단지 신문광고에 실린 것 보면 이단집회하는 광고도 실어주고 뭐가 뭔지 모르겠습니다. 순복음이나 이단집회하는 것이 장로교 신문에 광고가 나오고. 15년 전만 해도 상상이 안 되는 거였습니다. 총신 아무개 교수가 저 순복음 신학교 가서 강의하고 이용당하고 돈 벌고. 그거 제명 처분 당해야 합니다. 그런데도 통과했으니 짬뽕이 돼 있습니다. 바른 장로교를 구현하는 데가 드뭅니다.

복음전파와 정통신앙고백

우리는 어서 말씀을 잘 떠받들고 전파하는 가운데 강력한 교회가 돼야 본보이게 됩니다. 그럴 능력이 충분히 있다고 확신합니다. 모든 것의 주인은 하나님이십니다. 아직 우리 그릇이 이래서 그렇지 언제든지 마태복음 22장을 봐도 그렇습니다.

거기 어떤 임금님이 잔치를 벌이는데 사람들을 초청하니까 오지 않습니다. 이 핑계 저 핑계로 안 오자 빨랑 가서 어떤 사람들을 데려왔는데 그중에 한 사람은 그만 예복을 입지 않아서 쫓겨난 사건이 생깁니다. 이건 중요한 것을 많이 시사하는 표현이지만, 전도와 관련해 뒤에 반드시 따라붙는 것이 신앙고백이라고 할 수 있습니다. 왜 그 친구는 예복을 안

입었습니까? 그곳이 어떤 자리인데?

바른 복음을 드러내외치면 정통교회에 대한 고백을 하게 됩니다. 길고 어려운 신학이론을 전파해서가 아니라 그런 고백을 하게 됩니다. 그럼 전도 받은 사람은 바른 교인이 되는 겁니다. 그런 식으로 이끈 경우가 얼마나 있습니까? 우리교회도 그게 아직 잘 안 됩니다. 결국은 우리가 뭇 사람을 향해서 불사른다고 할찌라도 지극히 적은 무리만이 복음을 듣게 돼 있습니다. 그러니 우리는 너무나 엄청난 복을 받은 사람이요 큰 사명의 짐을 지고 있는 겁니다. 만약 그러지 않으면 점쟁이들입니다! 아니면 아예 직무유기자들입니다.

하나님이 우리를 얼마나 높이시고 높이시면 우리 입술을 통해서 구원할 자를 전도하시기로 정하셨겠습니까? 이것을 천사한테 맡기신 것도 아닙니다. 사람한테 맡깁니다. 이거 이상 하나님이 우리를 어떻게 상대하십니까? 그럼 꼭두각시가 좋겠습니까? 우리를 최고로 대우하십니다. 겁내지 마십시오. '그래도 내가 좀 성경이나 한번 읽어야 전도하지 않겠습니까?' 성경에 어디 그렇게 써 있습니까? 깨달은 대로, 확신주는 대로 마음에 감동되면, 그래 내가 지금 이런 정도지만, 그 부족한 상태를 주께 빌고 나서는 것입니다.

뭇 영혼들은 한편 사람의 판단으로 볼 때 순박한 부분이 있기도 합니다. 강퍅함이 압도하면서도 말씀을 들을 자를 분명히 예비해 놓으셨습니다. 우리가 비록 일평생 그렇게 분투하는데 한 사람도 교회당 안에 발을 옮게 들여놓지 못하는 경우가 혹 생길지라도 실망할 필요가 없습니다. 하나님이 귓문을 열어야 듣습니다. '이 사람 데려가면 교회에 좋겠다' 그것은 인본주의이고 점쟁이입니다.

바울은 자기가 받은 은혜가 너무나 컸기 때문에 '나는 지옥 갈 수밖에 없는 사람인데 나를 건져주시다니' 하면서 평생 그 마음을 없애지 않은 사람입니다. 고린도 교회를 준렬하게 꾸짖으면서 사명을 촉구한 말씀 중에 "너희들은 그리스도의 향기다" 좋은 말씀입니다. "그런데 두 가지 양상이 나타난다. 사망에 이르는 냄새 또 생명에 이르는 냄새" 얼마나 멋있습니까? 그리고 그 책임이 막중합니다. 다 그리스도의 향기입니다. 복음을 전파하는 사람들인데, 양상은 둘로 쫙쫙 갈라집니다.

왜 이 냄새를 못 날립니까? 말씀 받을 때 혼잡케 하지 않고 하나님 말씀으로 받을 때 나타나는 일들입니다. 하나님 말씀으로 못 받으니까 의심이 생기고 확신이 안 생기고 이거 저거 고민하고 약골이 됩니다. 집약적으로 성경에 나타난 전도에 대한 사건들의 가르침들을 앞으로 살펴나가겠지만, 성경은 복잡한 게 없습니다. 하나님이 다 하십니다.

우리는 지금 예배 가운데서 전도받고 있습니다. 우리만 누리라고 이 말씀을 듣게 하십니까? 아닙니다. 본문 말씀 디도서 1장 3절을 가만히 살펴보십시오. 이것도 전도라고 번역된 부분과 관련해서 샘플로 뽑아본 겁니다. 간단한데 잘 나와 있습니다. 앞부분은 "하나님이 드러내셨다" 부정과거꼴입니다. 그다음 그 말씀을 꾸미는 수식절에서는 "나야말로 맡았다" 재미있는 표현입니다. 하나님으로 온통 다 말미암았고 하나님께서 하십니다. 다만 바울은 도움에 지나지 않고 드러내외칠 것을 명령받은 겁니다. 바울은 그대로 했습니다. 난공불락의 파란만장한 삶을 살았습니다. 우리는 핑계댈 거리가 한가지도 없습니다. 어떻게 하시겠습니까? 하나님이 분명히 물으십니다.

말씀을 드러내심의 세 요소 - 무엇을, 언제, 어떻게

뭐를 드러내셨냐 할 때 그분의 말씀을 드러내셨다고 했습니다. 여기 드러낸다는 말은 계시란 뜻도 됩니다. 하여간에 하나님께서 구원하시기 위해 펼쳐보이신 모든 것입니다. 지금은 신구약 성경으로 정리할 수 있지만, 아직 이때는 성경을 완성하기 전이니까 말씀을 드러내셨습니다. 어떤 방식으로 드러내셨느냐 하면 드러내외침입니다. 전도로, 드러내외침의 방식으로 드러내십니다.

그러면 언제 드러내셨나? 이것도 중요합니다. 하나님 스스로 하나님께 속한 때들에게 드러내셨다. 그 때들도 구속적인 시간의 의미로 강력히 말씀하십니다. 단수가 아니고 복수에 주목해야 합니다. "때들에게 드러내셨다." 이걸 보면 쭉 대대로 여러 모양, 여러 방식으로 전파한 걸 바울은 말합니다. 에덴 때부터 아브라함, 모세 그 앞서 노아 그 모든 때를 말씀합니다. 이게 다 전도 전도 전도로 이어져 왔습니다!

교회의 유일한 대사명이 무엇입니까? 드러내외치는 것입니다, 신구약 성경입니다! 이걸 하는 겁니다. 우리가 감히 나타낼 수 없지만, 책으로 나타내는 것은 엄청난 일입니다. 이건 교회 공동의 일이고 개별적으로도 부딪히는 사람들을 향해서 어떻든지 복음의 내용을 전파하는 겁니다. 알아듣건 알아듣지 못하건. 그럼 그때부터 하나님이 역사하십니다. 세상 끝날까지 그리스도께서 함께하시면서 이 세 요소를 펼치십니다. 무엇을, 언제, 어떻게.

그 가운데 어떻게는 드러내외치는 방식으로 하나님께서 자신을 계시하십니다. 어디 갔더니 꿈에 환상가운데 하나님 만났다. 이런 게 아니고, 드러내외침을 통해서 거기에 하나님의 임재를 알게 하신 경우도 있고, 바울같이 그리스도인 잡으러 쫓아가다 박살나는 경우도 있습니다. 언제 어떻게 뒤집어질지 우리는 모릅니다. 전파할 뿐입니다. 아니 선포할 뿐입니다. 선포한다는 부정과거꼴로 '케뤼쎄인' 그러면 강력합니다.

본보기는 다른 데 있는 게 아니고 호 로고스 ὁ λογος '말씀', 복음 안에 다 담겨 있습니다. 다른 것을 가지고 되질 않습니다! 아까도 말씀처럼 정점에 그리스도께서 있고, 모든 계시기관인 사역자들이 있습니다. 그러니 강단에서 선포되는 건 복음 외에 다른 거 선포하게 돼 있질 않습니다. 바로 그 때가 카이로스*καιρος*로 하나님께서 주장하시는 시간의 개념을 썼습니다.

세상 시간의 개념 속에서 전파되는 것이 결코 아닙니다! 시급한 문제를 담는 것입니다. 특별히 하나님께서 구원하시는 역사의 관점 가운데서 드러내외칩니다. 창세기부터 쭉 흘러오면서 요한계시록까지 전체를 놓고, 아니 이것도 부족해서 하나님께서 2,000년 동안 교회의 역사를 두시면서 어떻게 복음을 드러내오셨습니까? 어떤 때는 구원론이 강화되고, 어떤 때는 신론입니다. 시대마다 복음을 짓밟으려고 하는 원수들을 격파하면서 진리의 깊은 것을 드러낸 때마다 큰 일이 있었습니다.

전도가 그런 겁니다! 심심하면 하고 아니면 그만두고 하는데, 전도가 그렇게 값싼 겁니까? 구원과 구원받은 이에게 맡기신 복음이, 시류를 좇거나 풍조를 좇아 방법론에만 몰두하면 안 됩니다.

'어떻게 하면 전도를 잘합니까?' 그냥 부딪히면 됩니다! 처음에 부딪쳐 얻어터지고 피곤하니까, 이거 안 되겠구나, 그러면 기도하고 자기 부족을 말씀 가운데서 찾게 됩니다. 모양이 다 다르고, 처한 경우가 다 다른데 획일적인 게 있을 수 없습니다. 획일적인 것은 성경과 교회 외엔 없습니다. 그럼 분명히 그것으로 말미암아 환희와 풍요로운 삶을 하나님이 보장해 두셨습니다.

이거 다 마련해 놓고 걸어가라는데, 누가 못합니까? 성경에서 앉은뱅이라든가 꼽추라든가 이런 비정상적인 것에 대해서 흠이 있다고 하나님이 꾸짖습니다. 우리가 그런 사람들입니까? 얼마나 온전하게 만들어 주셨습니까? 다른 복음은 없다고 갈라디아서에서도 바울은 말씀합니다.

개혁신학을 믿음으로 드러내외침

우리는 가장 좋은 교리라는 이 정통의 교리, 종교개혁자들과 그 후손이 대대로 형성해 온 개혁신학을 바탕으로 하고 있습니다. 최고의 것이고 유일합니다. 이걸 전해야 합니다. 한 발짝 앞서서 악한 자들은 우리까지라도 노리면서 우는 사자처럼 택한 자도 삼키려고 그러는데, 어떻게 맞서 싸워야 합니까? 오직 성령님의 검, 믿음의 방패로 불 공격 막아내면서, 무시로 성령님 안에서 빌면서 싸웁니다.

싸움 방법, 전투 방법, 복음 전파하는 방식들이 성경 안에 꽉 차 있습니다. 그러나 해 보지도 않고 괜히 딴 사람 하는 것을 흉내만 내려고 합니다. 흉내는 성경 안에서 내도 충분합니다. 어떤 때는 "와 봐라" 이 말에 꺾어진 친구도 있습니다. 다 그런 경우는 아니지만.

어떤 경우는 사도들을 청빙해서 말씀 듣는 가운데 성령님이 임해서 온 식구가 세례 받는 경우도 있고, 어떤 친구는 자살하려다 복음 전함 받고 구원받기도 합니다. 우리를 만날 사람을 어떻게 예비해 놓는지 우리는 알 수 없습니다. 기기묘묘합니다. 꼭 병든 사람, 망한 사람 이런 사람만 찾아다닌다고 복음이 전파될 것 같습니까? 아차 하면 버르장머리 나쁘게 만듭니다.

가까이 해서 말씀을 듣는 것처럼 중요한 게 없습니다. 이건 당연합니다. 하나님은 말씀 듣는 게 시원찮은 사람에게 전도할 기회를 주지 않습니다. 차라리 마귀를 통해서 전도를 시키십니다. 믿음은 들음에서 나고 들음은 그리스도의 말씀으로 믿기로 작정된 자는 다 들으니까 걱정할 필요가 없습니다. 특히 기회가 되면 살피려고 기독교강요를 죽 한번 훑는데 칼뱅의 말은 시원합니다! 정말 다른 책은 소개하고 싶지 않습니다. 성경과 칼뱅 개인을 높이는 게 아니고 복음의 도에 온 인생을 불태웠기 때문에 그렇습니다. 명쾌합니다.

바로 이러한 사명을 본문에서 "나야말로" 주어인 자기 자신을 강조했습니다. 나야말로 맡았다. 그 맡았다는 말이 피스튜에인*πιστευειν* 다시 말하면 믿는다는 말입니다. 달리 말하면 "나야말로 믿어졌다" 수동태니까. 아니면 수동태를 강조한다면 강하게 말씀할 수도 있지만, 하나님의 명령을 따라 하나님께서 시키심을 따라서 믿어졌다. 드러내외침, 전도를 믿어졌다. 한국 어법은 잘 안 돌아가지만, 이렇게 됩니다. 받는다는 말이랑 맡긴다는 말이 연락이 있는데 원뜻은 믿는다는 낱말입니다.

믿음이 있으면 드러내외칩니다. 하나님의 명령 앞에 안일할 수 없습니다. 무사안일 평온한 상황보다 육신으로 단정할 수 없지만, 영적으로 깊은 그리스도의 고통 가운데가 더 좋습니다. 이판사판 돌아보면 그렇습니다. 편안한 환경에선 복음전파가 안 됩니다. 악한 환경이 될 때 복음전파가 됩니다. 그때 가만히 몸 움츠리지 말고 전파하셔야 합니다.

전파해야 하나님께 무릎 꿇고 찬송이 드려지고 영혼에 대한 사랑이 생기고, 내 문제는 언제 없어졌는지 해결되어 있는 겁니다. 그런 일들을 경험해 보셨습니까? 구질구질하게 내 문제 가운데서 낑낑매는데, 이건 해도 해도 해결이 없습니다. 하나님이 왜 이렇게 날 이끄셨는가? 전파하라고. 편안하다 편안하다 할 때 심판이 오는 것을 두려워하십시오.

드러내외침의 목적과 자세

천사가 흠모하는 게 바로 복음을 전파하는 직무입니다. 목사는 최고의 영광스러운 직분입니다. 그 말씀에 참여하고 같이 지지하는 성도들도 마찬가지입니다. 교회를 온전하게 그리스도께서 명령하신 만큼 그 분량 그 키의 충만까지 자라도록 하라고 드러내외치는 겁니다.

맨날 앉은뱅이라면 결과는 빤합니다. 왜? 자라나지 않으니까. 세파가 오면 그러한가 하면서 한참 휘몰리다 10년 지나고, 또 뭔가 휙 비바람 부니까 조금 움츠리다 나왔더니 머리는 백발, 그래서 뭐 할 겁니까? 인생으로 낳아서 장성하면 어린아이 같지 않다 그랬습니다. 어떤 이유든 다 헤치고 단단히 선다고 성경은 말씀합니다. 그래서 복음이 중요합니다.

세상 사람은 전부 만신창이가 된 사람들입니다. 갈 바를 모르는 자들입니다. 이걸 살려낼 길은 복음을 드러내외치는 길밖에 없습니다! 우리가 무슨 갑부도 아니고 무슨 권력자도 아니고 세상에서 가진 게 없는 사람들입니다. 그러나 최고의 것을 가졌습니다. 아무리 사람한테 인간미 있게 대한답시고 말씀을 가감하지 마십시오.

우리가 때로는 교만하게 보이는 것 같을지라도, 말씀이 그런데 어떻게 합니까. 하나님이 알아주시면 됩니다. 물론 참고 있을 때도 있지만 결정적일 때 '말씀이 혹은 하나님의 명예가 손상되는구나' 그땐 견딜 수 없습니다. 그렇다고 목에 핏대를 세운다는 게 아니라 변호해 나갑니다. 그때는 내가 뒤에 어떤 일이 될지라도 만약 죽으면 죽으리다, 에스더가 왕후라는 높은 자리에서 안락을 누렸다면 유대인들은 멸망하지 않았겠습니까? 이때를 위해서 왕후로 세운 걸 확신하기에 이르렀습니다. 그게 당장 결정났던 건 아니었습니다. 갈팡질팡하다가 자기 삼촌이 막 직선적으로 날리니까 깨달았습니다.

특히 부모형제한테 어영부영하지 마십시오. 물듭니다! 그렇다고 책잡는 행동을 하란 말이 아닙니다. 하나님이 최고지 감히 어떤 인간이 그 자리를 찬탈하려고 합니까? 속이는 거고 미혹하는 겁니다. 쭉쭉 자라고 또 자라야 만세반석 위에서 요동하지 않는 교회가 될 수 있습니다. 앞선 사람들은 본보기를 보이고 쫙쫙 자라나고, 뒤라고 해서 선두문제 생각하지 말고, 앞선 사람 따라 마셔야 합니다.

숱한 엉터리들의 헛된 열심에 이 귀한 사명의 특권을 뺏길 수 없습니다. 그동안 출판 문제를 보면서, 이게 왜 안 될까? 물론 막상 부딪히면 이것도 쉬운 문제는 아니겠지만, 제가 그렇다고 두 가지 다 할 수도 없고, 참여하면 복음이 전파되는 일인데 왜 안 될까, 기금이나 몇 십억 마련되어 있으면 한다고 끼어들까? 우리 교회가 어떤 교회입니까? 하나님이 모든 걸 다 마련하고 베푸시려고 그런 것입니다.

오늘부터라도 무릎을 꿇어야 합니다. 일단 사람 마음대로 되는 게 아니니 무릎 꿇고. 그러면 하나님이 기회를 주십니다. 70대 60대 50대 40대 30대 좀 골고루 여러 유형의 사람들이 사귐을 폭넓게 만들면 복음이 굉장해지게 되어 있습니다. 이렇게 맨날 우중충한 것이 아닙니다.

하여간에 "나는 믿어졌다 하나님의 시키심을 따라 전도를 맡았다" 이것을 우리는 고백할 수 있습니까? 이걸 수식절, 관계절에 집어넣고 주절은 "하나님이 드러내셨다" 확실합니다. 그러면서도 "나야말로 전도를 맡았다" 부정과거꼴을 썼습니다. 요지부동입니다!

전도라는 미련한 드러내외침

목사 그러면은 선교사한테 쩔쩔맵니다. 선교사한테 편지가 오면 뒤에 붙여놓고 3, 4년만에 한 번씩 또 안식년 휴가라고 쉬면서 놀러올 때 집도 얻어주고 또 무슨 특강한다고 하고, 짝짜쿵하는 겁니다. 교회관도 없는 자를 아무나 강단에 세우고, 선교보고를 한다고 슬라이드 돌리게 하고, 교회는 자꾸만 약화됩니다. 그런 거 안 하면 목사 스타일이 없는 줄 압니다. 그러니까 주보에다 '우리는 열 명의 선교사 돕는다, 우리는 100군데 돕는다' 하지만 똑바른 상태에서 해야 값집니다. 바로 교회들이 세워져야 합니다.

믿는 사람들이 바르게 되도록 해야 되겠고, 앞으로 우리 교회도 하나님께서 힘 주시면 다음부터는 그런 바른 교회, 간접이건 직접이건 바른 전파할 수 있는 일들을 하나님께서 찾고 만나게 해 주실 때, 그런 사귐들이 필요합니다. 건물 먼저 마련하고 그런 뒤에 합니까? 그러다가는 날이 새도 못합니다. 죽은 다음에 전도할 겁니까?

전도의 미련한 것으로, 전도의 드러내외침의 미련한 것으로 믿는 자 구원하시기를 하나님이 기뻐하신다고 했습니다. 미련하지 않게 전도하려고 그러지 말고, 미련하게 성경 말씀대로 어리석게 드러내외칩시다. 그러면 믿는자를 구원하시기를 기뻐하시는 하나님의 뜻이 이루어집니다.

기도

하나님 아버지, 우리에게 좋은소식을 알리기 위해서 피뿌린, 이름 모를 성도들과 고통받은 교회를 생각하지 않을 수 없사옵나이다. 하나님 아버지여, 우리는 두 달란트와 다섯 달란트 받은 사람임을 확신하옵나이다. 이 귀한 것을 빼앗기지 않도록 경각심을 갖도록 해 주시고, 세상 끝날까지 주님께서 함께하신다고 약속하셨으니, 이 복음을 가르치면서 씻기면서 배우게 할 수 있도록 힘을 쓰기를 바라옵나이다.

하나님 아버지여, 수많은 사람들이 강퍅해져 가고 있고 큰 속임에 휩싸여서 미친 사람과 방불한 무시무시한 때이옵나이다. 우리가 그 영혼들을 향해서 애타는 마음과 하나님의 사랑을 품도록 하사 그리스도의 심장으로 대하게 하시고, 우리가 말씀 앞에 설 때마다 그 말씀이 우리를 뜨겁게 만드는 말씀이 될 수 있도록 주장하시옵소서. 추수할 것은 많지만 추수할 일군이 적다고 분명히 2,000년 전에 주님이 말씀하셨는데 오늘날도 마찬가지 아니옵나이까? 이런 대명을 이어받는 바른 교회가 될 수 있도록 하시옵소서.

구주 예수 그리스도의 이름으로 기도 드리옵나이다. 아멘.

16강

전도(2)

고린도전서 9:16-18

16 내가 복음을 전할지라도 자랑할 것이 없음은 내가 부득불 할 일임이라 만일 복음을 전하지
아니하면 내게 화가 있을 것임이로라
17 내가 내 임의로 이것을 행하면 상을 얻으려니와 임의로 아니한 다 할지라도 나는 직분을 맡
았노라
18 그런즉 내 상이 무엇이냐 내가 복음 전할 때에 값없이 전하고 복음으로 인하여 내게 있는 권
을 다 쓰지 아니하는 이것이로라

복음과 선포 〈1〉 _ 16강

전도-2

고린도 전서 9장 16-18절

전도에 대해서 개괄적인 것 몇 가지를 살펴보겠습니다. 원래 9절 전체를 읽어야 되지만 석 절만 읽었습니다. 우리가 믿는 바를 나타내고 하나님께서 맡겨주신 일을 잘 수행하는데, 개인적으로 경건하고 하나님 섬기는 거 다 마땅한데, 한 가지 중요한 부분이 복음을 알리는 것 소위 전도하는 일입니다.

이것이 되지 않고는 이 좋은 길의 명령을 강력하게 입는 구실도 못하게 되고, 우리가 주장하는 것이 마이동풍이 될 수밖에 없습니다. 물론 사람 앞에 전도하는 것이 결코 아닙니다. 적극으로 세상을 개혁해 나간다고 할 때 중요한 것은 일단 영혼이 새로워져야 합니다. 사람이 뒤바뀌어야 세상이 바뀔텐데 그러려면 모든 사람들을 향해서 살리는 이 복음을 전파해야 합니다.

이런 방면에 우리가 그 동안 너무나 연약하고 이론 정도로만 생각했기에 하나님이 물으신다면 상당한 꾸중을 면할 수 없고, 그러다 보니 우리의 그릇도 하나님께서 뭔가를 담아주시고 싶어도 맨 날 그런 상태니 흘려버린 것이, 개인들마다 따져 보더라도 적지 않으리라 확신합니다. 이건 작은 잘못이 아닙니다.

세계를 정복한 복음

세상의 어떤 경우를 보면 백 명도 안 되는 적은 규모의 교회에서도 몇십 교회를 또는 몇 십 명의 소위 선교사들을 후원한다고 합니다. 물론 그 방법은 잘못돼 있는데, 그 교인들이 다 사기꾼이 아닌 다음에야 모두 잘못됐다고 함부로 논평을 못합니다. 다만 성경적으로 잘 잘못을 가리는 것뿐입니다. 어떤 한 교회에만 그런 힘을 주셨겠습니까? 결국은 하나님 말씀을 잘 따르고 말씀을 잘 보존하고 전승시키는 거라면, 거기에 반드시 말씀을 듣도록 전파하는 능력이 나타납니다.

지난 시간에도 말씀드렸지만 예배 시간에 말씀을 선포하는 것도 전도, 개개인이 직접 사람 상대로 해서 이 모양 저 모양 전파하는 것도 똑같은 전도입니다. 굉장히 값지고 중요합니다. 히틀러나 나폴레옹은 세계를 정복하고자 하는 야망이 있었던 갓난쟁이들이지만 우리는 이 복음을 갖고 있습니다. 이미 그리스도께서 세상을 정복하신 바로 그 복음입니다.

새로 계속하여 한 세대는 가고 한 세대는 오기 때문에, 오늘날 우리에게 맡겨준 것이니만치 충분히 가능합니다. 물론 우리 한 교회만 하는 것도 아니지만. 적게는 우리가 이 대한민국 족속만 향하더라도 남북한 세계 도처에 있는 사람들이 1억이 넘습니다. 엄청난 분야입니다.

그럼 전도할 때 꼭 성경을 전파하지만, 각양 각색 모양의 사람을 휘어잡으려면 각 방면에 굉장한 진보가 있어야 합니다. 율법주의자한테 율법이 있는 자처럼 그러려면 율법주의가 뭔지도 빠삭하게 환히 알고 있어야 합니다. 제목만 몇 개 덜렁 내려놓으면 사람들이 얕잡아 보고 복음을 우습게 여깁니다. 그러니 우리가 할 일이 많습니다. 준비가 제대로 안 되고 게으른 삶이면 자신이 안 생깁니다. 담대함이 없으면 복음을 전할 수 없습니다.

성경 창세기 처음부터 있는, 애낳고 땅을 정복하라는 말을 죄짓기 전에 주십니다. 죄진 뒤에 바울의 고백중에 한 토막은 믿음으로 아이를 낳는다는 표현을 씁니다. 믿음의 아이. 구약 창세기에 있는 말씀을 그런 식으로 구현했음을 고백하는 말씀입니다. 우리도 믿음으로 얼마나 많이 아이를 낳아봤습니까?

어떤 면에 육신이야 자기 피붙이라고 애착가는 본능이 있을지라도, 내 생명을 내던져서 한 영혼을 전도했을 때, 그 영혼에 대한 기억과 애착은 엄청납니다. 그런 게 없으면 전도를 제대로 못한 사람이고 무책임한 사람입니다. 전도한 사람으로서 전도받은 이에게 역전당하지 않기 위해서라도 모든 방면에 장성해야 합니다.

그런 면에서 우리가 만약에 전도하는 일을 못했다면 너무나 개인주의로 살아온 겁니다. 영혼에 대한 각별한 사랑을 표현하지 않았다는 겁니다. 그것을 배은망덕이라고 말합니다. 꼭 하나님 앞에 직접 1대 1로 해서 내가 크게 하나님의 명예를 훼손했을 때 그것만 배은망덕이 아닙니다. 마땅히 해야할 것을 하지 않는 게 배은망덕입니다.

이중 전도

에덴 동산부터 이제는 온누리 방방곡곡에 복음이 전파된 때입니다. 그런데도 하나님 말씀은 어제나 오늘이나 한결같이 복음을 전하라고 신구약 전체에 흘러넘칩니다. 이만큼 어떤 시대든지 교회는 역동적이고 강력합니다. 세상에서 빌빌거리던 자들도 복음으로 새로워진다면 자기 갈 길이 분명해지니 막강한 사람이 됩니다.

개인을 따져보더라도 먼저 구원의 도를 전파해서 하나님의 사람을 만들도록 힘쓰는 게 첫째이고, 그 다음 중요한 부분이 그 사람들을 계속 자라나도록 전파해야 합니다. 성경은 어떤 면에 두 가지를 다 담고 있습니다. 아마 후자 쪽에 더 액센트를 두고 있는지도 모릅니다.

하나에 결여가 있으면 나중 것도 문제가 생깁니다. 내가 성장 됐으니까 퍼주고 싶고, 또 그 사람한테 딱 받은 사람은 감복되니까 빨랑 가서 주게 됩니다. 완전해서 도를 전하는 건 없습니다. 이땅에서는 완전한 사람이 될 수 없습니다. 이런 면에서 이 두 방면에 다시 한 번 가다듬고 박차를 가해야 합니다.

전도할 복음의 내용

생짜를 건짐받도록 힘쓰는 일, 건짐받은 사람을 장성하도록 가르치는 일, 전파하는 일 둘 다 어떤 것 하나 소홀히 할 수 없습니다. 그런데 아직 우리 교회의 역량을 보나 맡겨주신 것을 보나 이런 숫자 가지곤 안 됩니다. 최소한도 한 백 명, 백오십 명 정도까지 힘을 주시면 멋진 교회를 이뤄볼 수 있겠습니다.

그리고 말씀을 전할 때 전할 내용인 복음을 전한다는 것이 전제돼야 합니다. 복음을 완전히 알고 성경 전체를 다 알아야 전파하는 것은 아닐지라도, 복음의 핵심인 예수 그리스도 그분께서 어떤 분이신가? 어떻게 사람이 되셨나? 왜 죽으셨고 왜 살아나셨나? 이런 것들에 대해서 확고하게 알고, 기본 도리들에서 알아가면서 전파해야 합니다. 성경이 뭐냐? 교회가 뭐냐? 예배는 어떻게 드리는 거냐? 성도의 삶은 어떻게 되는 거냐? 이런 기본 골격에 대해서 자꾸 틀을 세워가면서 즉시 전도합니다.

학교 선생님들 보더라도 맨날 쓰는 교안으로 그저 뱅뱅이짓 하는 사람은 촌지나 받는 사람이 되지만, 학생들 하나하나를 정말로 자기 애같이 그 영혼을 바라보면서 헌신적으로 가르치는 사람은 자기 것 모두를 내바치면서 합니다. 그러니 딴 사람보다 몇 갑절 힘들지만 보람을 느끼는 게 세상 선생들입니다. 영혼의 스승은 어떠해야 되겠습니까? 세상에서도 좋은 거 알려주려면 만만치 않은 법인데, 마귀의 궤계를 끊어 팽개치고 영혼을 건져온다는 건 사람의 능력 밖의 일들입니다.

구약 교회에서 보면 할례라는 구별된 표시를 사내아이들 몸에다가 새겨넣었습니다. 이건 영원히 지워지지 않습니다. 그러니 어디에 가서 나는 이스라엘 백성이 아니다, 속일 수도 없습니다. 너무나 뚜렷합니다. 요즘 세례로 바뀌다 보니까 바른 물은 다 말라버리니 어떻게 이 사람이 믿음 있는지 구별되는 게 없습니다. 그럼 그렇다고 해서 하나님이 약화시켰습니까? 아닙니다.

'그러면 나는 당신 따라서 교회당 나가겠다' 고 하며 나온 것 자체는 굉장히 귀한데, 어서 빨랑 자발적으로 신앙고백해서 세례가 얼마나 중요한 건지를 본인 스스로 받겠다고 해서 받을 정도가 됐을 때, 그 사람은 그때 진짜 교인이 됩니다. 이것이 구원받았다고 확증할 수 있는 경계입니다. 이미 구원받았을지라도 그러한 긍지, 중요한 표시로서 세례를 오늘 교회에서도 베풀고 받는 사람은 그런 신앙자세를 가져야 하는데 구약시대 할례만 못한 것 같습니다.

우리는 다 세례받은 사람들입니다. 이것을 강력히 증거해야 되겠고 나를 통해서 구원받는 사람에게, 교회와 세례가 구원에 어떤 관계인지를 명백하게 소개해줘야 합니다. 물론 교회로부터 가르침 받을지라도 내가 일단 전했으니까 나한테 책임을 맡겼다고 생각하고 물심양면 혼신의 힘을 쏟아야 합니다. 생짜를 건지는 건 힘겨운 일입니다.

물론 마음바탕이 잘 만들어져서 확 크는 사람도 있지만 각양각색입니다. 세상 사람들도 가지가 많으면 바람 잘 날이 없다는데, 내가 전도한 사람을 관리한다는 게 그렇습니다. 이빨만 가지곤 안 됩니다. 온 몸이 다 내바쳐져야 합니다. 그래도 개중에 많은 사람이 손가락질하고 등돌리기 일쑤고 많은 핍박이 동반합니다. 그래도 내가 좋아서 하는 거니 해야 합니다.

이방 부르심과 계시의 종결

이렇게 구약이나 신약시대에 전도하는 방식이 껍데기로 볼 때 많은 차이가 보일지라도 본질은 같습니다. 구약시대에도 복음으로 구원받았고 지금도 복음을 들어서 구원받습니다. 구약에 할례, 신약에 세례 그러므로 로마서에 보더라도 세례받은 것을 확고히 하라고 말씀합니다. '나는 세례받은 사람이다' 이런 말을 해야 합니다.

나는 세례받았다고 마음으로 하는 거랑, 도를 증거하면서 내가 날 자랑하는 것이 아니라, 세례가 이래서 나는 세례받았다고 하면 나도 모르게 확신이 생깁니다. 이렇게 하지 않는 사람이랑 엄청난 차이가 납니다. 약속하신 대로 이스라엘만 아니라 이방 사람들 가운데 얼마만큼을 부르시기 위해서 신약성경이 완전히 계시가 드러나고 종결되었습니다. 이건 이방구원의 성취를 가르치기도 합니다. 더이상 다른 복음도 필요 없고 베푸신 완전한 계시의 터 위에서 우리에게 남은 건 귀에 들리도록 전파하는 일입니다.

옛날에 그런 적도 있다고 합니다. 우리나라 초대교회 때 최 아무개 목사가 '예수 천당' 이라고 전도했다는데, 그땐 초가집도 띄엄띄엄 있고 그런 촌을 연상하면 운치 있는 전도였던 것 같습니다. 지금은 그렇게 안 합니다. 지금은 시대가 많이 바뀌고 마음판도 바뀌었는데 '예수 천당' 하면 미쳤다는 소리를 듣습니다. 그런데 당시 그 사람이 공부를 잘한 사람은 아니지만 그걸 하나님이 써서 많은 사람을 전도했다고 합니다.

택한 백성이라도 삼키려고 찾는 마귀

우리는 아담의 후손이기 때문에 꼬꾸라진 뒤에 살고 있습니다. 꼬꾸라진 뒤에 살고 있다는 걸 늘 기본으로 하고 생각하면 만사가 좋습니다. 이걸 잠깐 까먹으니까 교만해집니다. 자기가 뭐나 된 것처럼. 그때 아담한테 약속하신 대로 땅 위에는 싸움판이 벌어지기 시작했습니다. 오래 가지도 않았습니다. 그 집안에서부터 살인 사건이 벌어집니다. 싸움판입니다.

두 계열이 갈라질 수밖에 없습니다. 구원 얻을 자의 집안과 버림받은 자의 집안으로. 그건 하나님이 정해 놓으신 대로 된 건데, 강퍅한 족속들은 복음으로 말미암아 심판을 면할 수 없습니다. 문자 그대로 먹고 먹히는 싸움판이 온 누리를 뒤덮기 시작합니다. 정치, 경제, 사회, 문화, 심지어 종교까지라도 싸움판은 갈수록 엄청나고 상상을 초월합니다.

잘 알지만 마귀는 택한 백성이라도 잡아먹으려고 합니다. 이 말은 가만히 생각할수록 무서운 말입니다. 귀신 나온다 이러면 겁날까? 우는 사자처럼 택한 백성이라도 잡아먹으려고 한다는 말을 무서워하는 사람이 별로 없습니다. 심각합니다.

성경은 구원받지 못한 사람들의 영적 상태를 마귀의 사슬에 묶여 있는 것으로 말합니다. 착고에 채우면 사람의 힘으로 풀지 못합니다. 이걸 마귀의 올무에 먹힌 사람들을 빗대서 말씀하는데, 전도는 이걸 깨부수고 건져오는 겁니다. 그리스도께서 사탄을 이긴 것을 전제로 싸움이 가능합니다. 우리가 어떻게 사탄을 제압할 수 있습니까? 믿음으로 이깁니다. 이걸 깨부수고 꺼내오는 겁니다.

그 방법은 딱 하나밖에 없습니다. 예수 그리스도께서 해내신 것처럼 해야 합니다. 무엇입니까? 엇걸이틀벌, 십자가의 곤욕입니다. 이것을 겪지 않고는 그 영혼이 제대로 전도도 안 될 뿐더러 전도해 봤자 말썽꾸러기밖에 안 됩니다. 내가 똑바로 된 상태도 아닌 상태에서 전도하니 어떻게 되겠습니까? 많은 지식을 요하기 이전에 십자가의 도가 구원 얻는 사람에게 능력이 된다는 것을 신령하게 체험해야 합니다.

전에도 말씀드린 바가 있지만 전도하면 두 쪽으로 갈라집니다. 영혼이 심정적으로 부딪친 경우가 있고, 이론적으로 관념적으로 그렇다니 그렇구나. 이런 두 가지가 있습니다. 물론 각각 시간의 차이는 있겠지만. 그런데 중심이, 영혼이 깨져나가야 합니다.

십자가를 겪어서 전도함

어느 나이 많으신 분 가정인데 일평생 신앙생활하고 무리없이 경건하게 살아왔는데 신앙고백이 안 되는 겁니다. 이론으론 믿습니다. 그런데 심령에 부딪침, 구원의 확신이 없는 겁니다. 예수님께서 걸어가신 십자가의 길을 얼마큼 걸어보셨습니까? 이건 처음부터 그런 버릇이 들어야 합니다.

내가 처음 전할 때 예수 그리스도께서 보이신 그 사랑, 헌신, 복음으로 영혼을 향한 열정, 이걸 가지고 전해도 한 번에 깨지질 않습니다. 그렇다고 마구잡이로 해서 되는 문제도 아니고. 각양각색의 모양이니 슬기를 얻어서 해야 합니다. 그런데 이걸 힘쓰라고 성경에 나옵니다. 그래야 세상이 깨끗해지고 거룩해집니다. 이것을 할 수 있고 또 하도록 명령하시니 구하시면 하나님께서 주십니다.

그런데 십자가의 길을 많은 사람이 안 좋아합니다. 가는 것 같은데 언제인가 안 보이기도 하고 또 가긴 간다고 하는데 맨날 말썽만 핍니다. 왜 그럽니까? 영혼을 낳을 수 있어야 합니다. 믿음의 자녀를 낳으란 말입니다. 혼인해서 낳는 차원의 아이 말고 그것도 물론 낳는 거니까 중요하지만 영혼을 향해야 합니다. 그럼 이상하게 몸도 건강해지고 물론 병날 때도 그게 구실거리가 안 되고, 어떤 못할 일들이 생기지 않습니다.

오늘 두 번째로 개괄적으로 말씀드립니다. 저마다 지난날을 쭉 돌아보고 회개하고 나도 이땅에 얼마나 살지 모르는데, 불쌍한 영혼을 향해서 하나님의 섭리와 경륜이 어떠할지 알 수도 없으니 일단 전해야 합니다. 하나님께서 창조하신 작품들이니 멍멍이 다루듯 할 수도 없고, 하나님 형상으로 지음 받은 영혼들에게 어떻게 할까 구해나가야 합니다. 내가 죽어야 그 사람들이 살게 됩니다. 내가 죽지 않고서는 살리지 못합니다.

어렸을 적에 그동안 우리 집에 세들어 살던 사람 쭉 보면 믿음으로 한 경우는 아니니까 그랬겠지만, 잘 도와줘서 잘 되면 나간 다음에 뒤를 다시 보지 않습니다. 뭐를 받으려고 그런 것도 아닌데. 육신에 속한 것으로만 돕는 게 돕는 게 아니고 영혼을 향해서 먼저 도와줘야 합니다. 그게 많은 환란을 겪을지라도 결국은 하나님도 기뻐하고 본인도 기뻐하는 것이 됩니다.

두 가지 그릇된 전도자세

두 가지 돌아볼 것 중에, 하나는 바르게 전하지 못하는 경우 또 한 가지는 전하지 못하고 머뭇거리는 경우입니다. 이 두 가지가 늘 우리 앞에 가물거립니다. 대개의 경우 보면 바르게 전하지 못하는 경우가 주를 이룹니다.

우리교회 같은 경우는 전하지 못하면서 머뭇거리는 건 아닐까 하는 생각이 듭니다. 자기 선에서 한번 적당히 넘어가려고 하는 경우는 굉장히 위험합니다. 내가 아직 확신 있게 알지 못하면서 슬쩍 넘어갑니다. 교회한테 전가하고 생짜에게 가서 어떻게 될까, 내가 노력하지 않고 내가 성장해 가면서 이걸 어떻게 하든지 모색해 보지도 않습니다.

우리교회가 어떤 교회입니까? 하나님의 교회입니다. 우리교회보다 막강한 교회들이 없었겠습니까? 하나님 앞에 핑계거리가 될 수 없습니다. 이 두 가지 약점을, 머뭇거리거나 똑바로 못 전하는 것을 다 떨쳐 버려야 합니다. 내가 요거 잘못 전했구나 그러면 나중에 가서 고쳐주면 됩니다.

성경 중에 다 특색들이 있어서 기쁜 말씀이지만 바울의 글 중에 이런 게 있습니다. "우리가 세상에 아무 것도 갖고 온 것이 없다." 여기에 반론 제기할 분 있습니까. 거기에 머무르지도 않고 "아무 것도 갖고 가지 못한다." 이런 말을 했습니다. 이제 어차피 이렇게 된 거 복음이나 전해야 합니다. 모두 내 것입니까? 모두 하나님 겁니다. 우리가 받은 복, 이 귀한 것을 꽁꽁 싸 가지고 천당갈 겁니까? 책망 듣습니다.

'내가 널 위해서 몸 버려 피흘렸는데, 너 왜 그렇게 사냐?' 저도 가끔 그런 책망을 받습니다. 앉아서 맨날 끌적거린답시고 전도를 못합니다. 사람 만나서 이야기하고 복음전해야 하는데. 전하지 않다 보니 영혼에 대한 사랑이 식어집니다. 사람에 대해서 말로는 다 알지만 무관심해집니다. 그러다 보니 괜히 쓸데없는 비판이 먼저 나오고 부정적인 언사가 나옵니다.

아무리 자동차 문화 첨단 세상이 됐을지라도 사람이 없으면 움직이지 못합니다. 전도는 사람과 사람이 맞닥뜨리는 문제입니다. 비록 식구들한테는 좋은 영향을 못 받지만 다른 사람한테 전하면 됩니다. 어차피 식구랑 원수로 한번 겪을 걸 성경이 경고했으니 마땅히 겪는 겁니다. 안 겪으면 더 감사하지만 겪어도 감사합니다. 집집마다 복잡한 사람이 없는 집이 있습니까? 모두 하나님의 섭리입니다.

우리가 맨몸으로 왔다 맨몸으로 갑니다. 이걸 몰랐을 때 쩔쩔매게 됩니다. 머뭇거리고 자기 멋대로 합니다. 왜? 내가 뭔가가 좀 있다는 겁니다. 나는 완전히 낮아져서 난 아무 것도 없다면 끝납니다. 이거저거 자꾸 앞세우니까 영혼에 대해서 복음을 던지질 못합니다. 참 딱합니다. 나그네라고 말씀하셨습니다.

전력투구로 그리스도만 높임

그래서 우리가 이걸 해결할 수 있는 방안 중에 한 가지는 배울 때 똑바로 힘을 한껏 들여서 배워야 합니다. 돈, 시간, 몸으로 전력투구해야 합니다. 그래야 보배로 알고 다른 영혼한테 줄 마음이 생깁니다. 그런데 전력투구하지 않으면 거기에 이해타산이 걸립니다. 이건 죽은 복음입니다. 오히려 다른 사람한테 전하다 괜히 이상한 사람 만들기 쉽습니다.

또 한 가지는 내 몸에서 예수님만, 그리스도만 존귀하게 되기를 바라면 됩니다. 난 완전히 짓밟혀도 그뿐이고 그리스도 그분만 높아지시면 그이상이 없다. 그러면 해결 안 될 문제가 없습니다! 왜? 다 내가 잘못하고 내가 죽어지는데 그러면 그뒤 하나님이 역사하십니다. 감동하십니다. 그 자리에서 꺾어지기도 하고 나가다 교통사고 나서 꺾어지기도 하고 그 방법은 하나님만이 알고 있고, 난 이미 도를 전했고 사랑으로 헌신한 겁니다.

고린도전서 13장이 그런 말씀입니다. 사도 바울은 말썽 많은 고린도 교인에게 다시 복음을 전파했을 때 피를 토하듯 놀라운 말씀을 전파합니다. 내 자신이 불법이나 편법 같은 마귀의 술수에 속해 있는 상태라면 어떻게 전하겠습니까? 온전히 힘이 안 나갑니다. 내가 속죄의 은혜가 확고하고, 하나님께서 살아계셔서 역사하는 것과, 사람으로 태어나서 하나님 앞에 나아옴으로 참된 인생이 시작된다는 게 확연하다면, 불을 토하는 사람이 됩니다. 마음에 갑갑증이 생겨 견딜 수 없습니다.

맨입 가지고는 잘 전파가 안 됩니다. 사랑이라는 큰 소쿠리에 이거저거 각양각색의 모양을 담아 복음에 싸서 전도합니다. 지금은 특히 갈수록 담이 높아서 마음을 잘 열지 않습니다. 담이 없으면 마음들이 가난한 상태인데. 지금은 마음들이 아주 강합니다. 특히 아파트 사회니 또는 자가용 시대 특히 컴퓨터 시대까지 돼서 완전히 이렇게 돼 있습니다. 그러니 다른 방법은 없습니다. 미련하게 보이는 방법밖에는 없습니다.

전도는 마귀와 전투

그래서 마음을 감동하시면 열리는데 열린 사람들은 유무식 빈부귀천이 없습니다. 다 어린아이 같아집니다. 그런 과정을 거친 사람들이 진짜배기가 됩니다. 그런 걸 때때로 겪어야 신앙생활하는 재미가 납니다. 아무리 바쁘지만 그런 거 없이 일만하다 피곤해서 자고 또 아침에 눈뜨고. 물론 일도 중요합니다. 그런 가운데서도 분명히 사람과 사람의 만남이 있습니다. 컴퓨터 속에서도 전도할 수 있습니다. 그러나 인격대 인격의 만남이 되야 합니다.

복음서에서도 전도에 대한 케이스 같은 것들이 많습니다. 물론 지금 같은 세상 방식의 전도 계시는 아니지만 성경 계시 가운데 그런 것도 있습니다. 우리가 마귀의 올무를 까부시고 영혼을 건지려면 어떻게 무장해야 악한 병기가 아니고 의로운 무기라고 할 수 있습니까? 우리가 어떤 싸움을 싸운다고 성경이 말씀합니까? 싸움이 없는 교회는 교회가 아닙니다! 싸우지 않는 신자는 성도들이라고 할 수 없습니다.

그럼 교회는 싸움을 어떤 식으로 드러내야 합니까? 성경을 보면 분명히 말했습니다. 법대로 경기해라. 자기 멋대로 방향 없이 싸우지 말아라. 모든 것에 절제해라. 그러면 영혼을 제압한다는 것입니다. 너무나 당연한 말입니다. 세상의 이치에도 합한 얘기입니다. 그런데 여기에 어떤 무질서 내지 불균형이 생기면 안 됩니다. 그러면 성령님의 능력이 나를 통해서 역사하질 않습니다.

성령님은 하나님이시기에 인격이시고 고도한 질서를 가지고 계십니다. 그런데 우리는 왕이 돼서 사람을 자기보다 못한 것같이 겉모양을 보고 판단하면 일단 하찮게 봅니다. 뭇 영혼들이 교회 밖의 삶이나 교회 안에 있는 사람이나 바른 복음으로 능력있게 들을 만한 사람들이 많습니다. 다만 귀버릇이 잘못되어 있거나 많은 사건들을 잘못 해석해서 선입견들이 있어서 그렇습니다.

그러니 이걸 해소하는 길은 한두 번 가지곤 안 됩니다. 적어도 크게 봤을 때 우리나라에서 개혁교회가 서기 위해서는 이땅에 복음이 전파된 지 100년, 카톨릭까지 하면 200년이 넘습니다. 이걸 보아도 단숨에 되지도 않지만 또 많은 기간을 제압하려면 무척 힘써야 합니다. 그러려면 우리 당시에는 빛을 못 보더라도 썩어져야 어떻게 하나님이 불쌍히 여기셔서 더 좋은 때가 올까 모릅니다. 너무 처음에 심기를 잘못 심었습니다.

오늘 본문이 그걸 잘 가르쳐주는 대표적인 부분이라 한 군데 읽었습니다. 너무나 잘 아는 부분입니다. 이런 마음은 사도만 갖는 마음은 아닙니다. 이런 체험적인 신앙이 돼야 합니다. 그런데 신학교 가고 목사되고 장로 되다 보면 이게 식어져버릴 수 있습니다. 이 핑계 저 핑계 대고 나이 먹어 간다고. 나이 먹어 갈수록 아이같이 돼야 합니다. 마음이 이것 따지고 저것 따지고 보면 나이 늙어 죽는 겁니다.

전도 대상의 모양이 됨

앞에 보면 여러 대상의 모양이 된다는 말씀이 나오는데 그뒤에 쭉 전체를 다 봐야 합니다. 약한 자는 약한 자처럼 모든 말을 할 필요가 없습니다. 각 대상의 모양이 될 수 있었던 것은 바울이 그만큼 인간미에, 식견도 식견이지만 마음을 이미 낮추었으니 모든 것들을 전부 담아낼 만한 그릇이 되어있는 겁니다. 어떤 종류의 인간 상대든지 싹 다 손에 쥐었단 말입니다. 그러니 하나님이 강력히 썼습니다. 너 큰그릇이구나, 해라.

때로는 배가 난파되어 어느 섬에 갔는데, 나무에 불을 지피려다가 독사가 나와서 손을 물었습니다. 그런데 안 죽었습니다. 복음 때문에 안 죽이신 겁니다. 왜? 로마도 가야 되고, 할 일이 있습니다. 만약 할 일이 끝났으면 독사에 물려 죽었을 겁니다. 바울이 신입니까? 사람입니다. 그런 때도 있었습니다. 독을 먹어도 안 죽는 경우가 있습니다.

왜 복음 때문에 우리가 이렇게 건강하고 사지백체 말짱하고 하루 세 끼 먹는가? 복음을 위해서 할 일이 있습니다. 그거 끝나면 데려가십니다. 이땅에 더 살게 하실 필요가 없습니다. 살면 살수록 피곤과 수고, 노그라짐뿐입니다. 빨랑 갈수록 좋은 겁니다. 그런데 바울도 빨랑 가고 싶지만 왜 가지 않느냐? 할 일 때문입니다. 내가 낮아지고 복음 전함으로 그리스도를 높이기 위해서 내가 땅에 있는 게 좋다. 우리가 다같이 그런 경지에 들어섰으면 합니다. 절대 사람을 핑계대지 마십시오.

본문에 보니까 권權을 다 쓰질 않았다고 말합니다. 권이라는 말은 헬라말로 엑쑤시아εξουσια입니다. 이걸 거느림으로 번역했는데 하여간에 권세, 힘을 가르치는 말씀입니다. 사도 바울 그러면 많은 엑쑤시아를 갖고 있던 사람인데 이걸 자기 마음대로 남용하질 않았습니다.

왜? 이걸 해도 죄가 되지도 않고 하나님이 뭐라고 하진 않습니다. 왜? 마땅히 그가 누릴 수 있기 때문입니다. 그런데 이걸 누림으로 말미암아 혹시 어떤 영혼 중에 복음 못 받을까봐 내리 억제했단 말입니다. 그래서 가정도 안 가진 것입니다. 가정을 강조하는 사람입니다. 성경원리도 그렇습니다.

그런데 이 복음 때문에, 베드로같이 할 수 있지만, 좌우간 자기에 관련된 모든 걸 다 똥으로 여겼으니까 끝난 겁니다. 우리한테 아직 똥으로 여기지 않는 것이 있습니까? 다 분토같이 여기십시오.

왜 그리스도께서 사람이 되셨나? 이건 곰곰이 생각할수록 신비합니다. 하루라도 이걸 잊어먹지만 않는다면, 그 중심을 하나님이 쓰셔서 '하나님 믿읍시다' 이렇게 난 가볍게 말했는데 심령을 뒤집어 꺾는 경우도 있겠고, 꼭 내가 무슨 말을 잘하고 확 목소리를 높인다고 심령이 감화되진 않습니다. 내 그릇대로 하나님이 역사하십니다. 우리는 평범히 했는데도 그 사람의 심령을 뒤흔들어서 번민 가운데 꺾기도 하십니다. 내 그릇이 문제입니다. 결국은 복음에는 문제가 없습니다. 내가 문제입니다.

빌립보서 1장 27절도 같은 말씀입니다. 다만 이건 강조 어투입니다. 그리스도의 좋은소식에 마땅하게 신국백성 시민노릇 해라, 폴리튜오 *πολιτευω*. 하나님의 백성답게 살란 말입니다. 이게 바로 복음에 합당한 거란 말씀입니다. 복음에 합당하다는 말은 복음전파랑 관련된 표현입니다.

우리가 살고 있는 곳이 하나님의 나라, 그 나라의 시민권 갖고 있는 사람들입니다. 그럼 이 나라가 얼마나 능력있는 나라고 아름다운 나라고 온갖 것으로 풍성한지를 신구약이 다 증거하고 있습니다. 그러면 이걸 충분히 잘 본보기로 드러내면 만인이 들어온다는 얘기입니다. 좋은 길입니다. 물론 뽑아낸 사람의 마음을 감동해서 들어오게 하십니다.

우리가 시민 노릇을 똑바로 하고 있는가? 복음에 합당한가? 이게 중요한 문제입니다. 그래서 거기 앞뒤에 보면 거듭해서 말씀하시는 것이 믿음의 진보, 복음의 진보, 이 말을 거듭해서 하십니다. 성장하라는 얘기입니다.

구약계시에 있는 복음전파에 무지함

오늘날 현대선교전략 그러면 대개 신약성경을 거의 압도적으로 인용하고 그러한 말씀에서 강조합니다. 그러다 보니 학자들 중에 구약신학을 한 사람은 선교세미나, 선교집회엔 별 인기가 없습니다. 신약교수나 이런 사람들 또는 선교학을 한 사람이 인기가 있습니다. 이만큼 성경관이 엉망진창인 때입니다.

구약의 깊은 구석부터 복음전파는 나타납니다. 정말 갑갑하고 한심하고 두려운 일입니다. 구약성경부터 복음이 뭐고 복음 전파를 어떻게 하나님께서 쓰셨는지 알아온다면 잘못된 선교관 같은 것이 틀을 많이 잡을텐데. 구약신약을 한다는 사람도 전도가 뭔지, 아니 성경이 뭔지 알지도 못하고 그냥 밥벌이나 합니다. 요즘 교수들 얼마나 좋습니까. 적당히 주인들 비위 맞춰가면서 철철이 놀러다니면서 돈 왕창 벌고, 쇠밥그릇이라고 합니다. 지옥 밥그릇이 안 돼야 될텐데 불쌍한 인간들입니다.

우리 중에 좀 멋진 교수가 되면 어떻습니까? 교수가 나쁜 겁니까? 나름대로 또 미치는 영향이 좋게 많이 나타날 수 있습니다. 그렇게 좋은 걸 어벙한 사람들한테 뺏기고 가만히 있으면 되겠습니까? 쟁취해내야 합니다. 짧은 인생인데.

지난 시간에는 복음과 관련된 헬라말 중에 복음전한다는 '유앙겔리제스다이' 랑 그 다음엔 특별히 이것보다는 전파한다는 말의 '케뤼쎄인' 이 더 유력하다는 말씀을 드렸습니다. 그래서 말씀선포도 전도랑 관련된다 이런 말씀 잠깐 드렸는데, 이거 외에도 전도의 동의어가 상당히 많이 나옵니다. 헬라어만 몇 군데 볼 때도 그렇단 말입니다. 쉽게 말하면 아까도 말씀드렸지만 신구약 전체는 한마디로 전도하는 내용들입니다.

하나님을 믿고 전도 한번 못한다면 근본 문제가 있습니다. 믿으면 자기 중심의 삶에서 타인 중심의 삶으로 바뀝니다. 그러면 다른 영혼을 사랑하니 사랑하는 내 몸까지 다 줍니다! 뭘 줄 게 없을까 갈급해집니다. 우리가 복음을 주는 사람이 되는데 이게 없으면, 아직도 믿는다 하면서 자기 중심의 삶이 어느 만큼 남아 있어서 그렇습니다. 싹 없애 버려야 합니다.

복음전한다의 동의어들

헬라말로 앙겔레인αγγελειν은 '알린다'는 말씀입니다. 여기서 천사란 말도 나옵니다. 앙겔로스αγγελος, '알림꾼, 부림얼' 이런 식으로 번역했는데, 앞에 전치사 카타κατα를 붙인 것도 '전도한다'는 말이고, 디아δια를 붙이는 것도 '전도한다'는 말입니다. 유ευ를 붙이면 '복음전한다'는 말입니다. 다 같은 뉘앙스의 말들입니다. 그런데 대개 유앙겔리온ευαγγελιον, 여기에 초점을 맞춰 복음의 내용도 제대로 정립하지 못한 가운데 전도, 전도 이런 식으로 해온 것입니다.

맨날 그 수준에서 뱅뱅돌고, 그뒤 그러면 뭔가를 가르치느냐 하면 이걸 가르칠 만한 상태도 안 되어 있고, 크나큰 숙제입니다. 말씀 배우는데 전력하십시오. 복음은 들으면 들을수록 기쁜소식입니다. 문자 그대로 세상에서 어떤 게 내 고달픈 인생길에서 기쁨 주는 게 있습니까? 한 가지가 없습니다. 당장은 달콤하지만 나중에 이빨 썩게 만들고 피곤한 일들입니다. 누가 뭐라 해도 복음밖엔 없습니다.

몇 군데 샘플을 찾아보면 오늘 읽은 9장에 대표적으로 많이 나오는 것이 몇 개 있기 때문에 잡아봤습니다. 14절에 '복음전하는 자들' 이건 현재분사로 돼 있습니다. 여기 전한다는 말이 카탕겔레인καταγγελειν으로 돼 있습니다. '카타' 더하기 '앙겔로'. 그다음 오늘 읽은 16절에 그건 그대로지요. '복음전하다', 유앙겔리조. 그 다음 제일 끝절이 결정타입니다.

"내가 내 몸을 쳐 복종하게 하고 내가 남에게 전파한 후에 자기가 도리어 버림이 될까 두려워함이로라." 여기 '전파한다'는 말은 지난주에 봤던 케뤼쏘. 그러니까 이 세 가지가 같은 성격의 말씀입니다. 카탕겔로, 유앙겔리조, 케뤼쏘. 그런데 한글개역성경을 보면 어떤 경우는 똑같이 번역했고 딴 말로도 번역해 놓고 뒤죽박죽입니다. 원문의 뜻을 알 길이 없습니다.

성경은 전도에 관한 유일한 책

하여간에 '신구약 전체는 전도에 관한 책이다' 이러면 결코 틀린 말씀이 아닙니다. 가장 불덩어리 같은 맹렬한 행동을 촉구하는 책입니다. 이게 들어가면 로마가 뒤집어지고, 가장 중요하다는 영혼이 뒤바뀝니다. 천하보다 중요한 영혼이 뒤집어지는데 이건 성경밖에 없습니다. 정신을 위해서 또는 육신적으로 좋은 것들이 많이 있다지만, 영혼을 다루는 건 성경밖에 이땅에 없습니다. 딱 한 권입니다.

이렇게 전도라는 똑같은 말을 갖가지 낱말로 왜 하나님이 표시하셨겠습니까? 구원 그 이후에 가르치고 배우고 전파하는 게 무한히 계속돼야 한다는 겁니다. 그러니 보통 우리나라 말로 교회 그러면 가르칠 교敎에 모일 회會입니다. 모여서 가르치는 데가 교회로 압니다. 이건 좀 우스꽝스러운 소리지만 글자풀이가 그렇게 되어 있습니다. 우리교회는 어떻습니까? 모여서 가르치고 배우고 또 나가서 전파하고 초대교회는 그랬다고 합니다. 그 사람들이 할 일 없었고 다 실업자였습니까? 그렇지 않습니다.

단지 어떤 방법론, 외형 이런 것만을 자꾸만 새로 모양 바꿔서 추구하는 것은 성경을 멀리하는 증거입니다. 각종 전도전략 책자부터 프로그램들을 보십시오. 이 사람은 이 모양, 저 사람은 저 모양으로 성경을 슬쩍 인용한다지만, 중심에서 우러나오는 성경 해석이 아닙니다. 하나님이 끝날에 그냥 두시겠습니까?

물론 그런 방식으로 전파되는 수도 있고, 그로 말미암아 또 잘못 오도받아 강퍅해지는 사람이 있는 건, 섭리 가운데 되어지지만 안타깝습니다. 바울이 감옥에 들어갔다니까 말쟁이들이 소근소근해서 강퍅해지는 사람은 그렇게 되는 거고, 바울이 옥에 갇혔는데 우리가 더 열심내자 그래서 더 많은 사람이 전도 받을 수도 있습니다. 바울이 투옥된 문제가 복음전파에 관련됩니다.

꾸짖으면서 가르치면서 전도함

골로새서 1장 28절을 보십시오. 이것도 전도에 대한 말씀입니다. 그분을 '카탕겔로' 이건 '카타'와 '앙겔로'를 썼습니다. '전파한다' 하고 끝나야 합니다. 그 뒤에는 분사구문 두 개가 있습니다. 전파한다는 말을 꾸밉니다. 한 가지는 어떤 거냐 하면 "모든 사람을 꾸짖으면서" 여기 권한다는 말은 애매한 낱말인데 '꾸짖는다' 즉, 모든 사람을 향해서 마음을 완전히 쏟는 겁니다. 쏟는 방편으로 꾸짖는 표현이 들어갑니다.

또 한 가지는 어떻게 하면서 전파하느냐 하면 다 똑같습니다. 모든 사람을 그리스도 안에서 완전한 자로 세우기 위해. 원문에는 "가르치면서", 가르친다는 말을 이렇게 또 딴 말로 한글개역성경은 번역해 놓았습니다. "꾸짖으면서 가르치면서 전파한다." 전도 그러면 '교회당에 한 번 나와주십시오' 합니다. 물론 그런 경우도 있겠지만 믿는 사람에게 복음 전파할 때 빌빌거리면서 귀에 듣기 좋은 것만 전파하는 것이 아닙니다. 꾸짖기도 하고 가르치면서 '카탕겔로' 해야 합니다.

전도에 관련한 여러 가르침들

바울은 아까도 말했지만 권權, '엑쑤시아'를 왜 다 쓰지 않았느냐 하면 가로막힐까봐. 그렇게 해도 가로막히지 않을 수 있었지만, 복음에 장애가 될까봐 그 권을 다 그만뒀다는 건 보통 사람이 쉽게 흉내낼 수 없는 일입니다. 우리가 바른 복음을 제시했을 때 초신자 때는 말을 잘 듣지만 세월이 가면 뭐나 된 것처럼 말을 안 듣습니다. 성경적인 확신을 가지고 고집하면 그건 귀하지만 안 바꿉니다. 이런 불통이 되면 어떻게 되겠습니까? 그건 무섭게 썩어있는 겁니다. 그런 사람이 되지 맙시다.

해를 거듭할수록 신령한 눈물이 나를 자꾸만 더 사로잡아야 합니다. 나이가 들수록 세상에서도 보면 마음이 강팍해져서 눈물들이 말라버립니다. 위험합니다. 눈물이 갈수록 많아져야 합니다. 눈물이 많은 사람일수록 얼마나 자기를 돌아보는 시간이 많고 첫째 마음이 부드럽습니다. 일단 딴 사람을 탓할 수 없습니다. 정상적인 눈물이라면 그런 눈물을 통과할 때, 그 사람의 언사를 통해서 심령들이 안 녹아지겠습니까?

스데반이 무릎꿇고 빈 장면. 왜 그 역사가 나타납니까? 사도행전 9장 27절엔 또 다른 낱말로 나옵니다. "예수님 이름으로 다메섹에서 굳세게 한다"는 말씀입니다. 한글개역성경에도 그렇게 나왔나 모르겠습니다. 복음전파는 뭐냐? 예수님의 이름으로 굳세게 하는 겁니다. 전도한다는 말을 째째하게 매가리 없이 쓸 수 없습니다. 굳세게 한다. 예를 들어서 아브라함의 조카 롯이 있던 교회가 완전히 박살난 적이 있습니다. 적군이 쳐들어와서 식구들이 다 끌려갔습니다. 아브라함이 가정군인 318명을 앞세워 가서 빼내옵니다. 전투입니다. 굳셈이 없으면 못했습니다. 굉장히 방대한 상태입니다.

그다음 아굴라와 브리스길라 부부가 있습니다. 천막짓는 일을 바울과 같이 했던 경건한 사람들로, 핍박받아서 바울과 만난 부부입니다. 그들이 당시 아볼로라는 당대 일류 변사가 아직 복음의 깊은 것은 알지 못하는 것을 보고, 그를 따로 불러서 복음을 전파했을 때 이 사람이 깨진 겁니다. 아볼로는 나중에 교회의 강력한 일군이 됐습니다. 이러한 담대한 굳셈이 수반됩니다. 결코 빌빌거리면서 복음전하지 맙시다. 이 값비싼 것을 말입니다. 이 강력한 것을 내가 잘못돼서 왜곡되면 어떻게 됩니까. 그대로 드러나게 해야 합니다.

그다음 이런 표현도 있습니다. 로마서 15장 19절을 보면 "예루살렘부터 일루리곤까지 두루 그리스도의 복음을 채워왔다" 여기 '가득채워왔다' 는 말씀이 있습니다. 현재완료꼴로 되어있는데 이것도 대단한 표현입니다. 이것도 복음전파랑 같은 표현입니다. '예루살렘에서 일루리곤까지 사도 바울이 그리스도의 복음을 가득채워와있다' 이렇게 말할 수 있습니다. 이건 하나님의 경륜을 내다보면서 한 말이지, 결코 자기 사역을 자랑한 표현은 아닙니다.

사도행전 8장 25절에도 같은 말씀이 있습니다. 사마리아에서도 두 사도인 베드로와 요한이 좋은소식 알렸다. 어떻게 알렸냐 "밝혀대면서 이야기하고 나서 전파했다" 그랬습니다. 여기 복음전파, 좋은소식 전하는 거랑 관련해서 밝혀댄다는 것은 증거한다는 표현이고, 이야기하는 것은 말한다는 것입니다. 그러면서 좋은소식 알린다, 좋은소식 알리는 관련된 방편을 말씀합니다.

복음전파의 강력함과 호방함

이 외에도 많이 있습니다. 신약을 중심해서 몇 군데만 뽑아봤는데, 지금은 거의 이런 식으로 말하지 않습니다. 요즘 보면 전도에 대한 또는 선교학에 대한 책 한번 사서 보십시오. 아니 사보지 말고 책방 가서 한번 구경해 보십시오. 어떻게 써 있는지. 그런 책은 갑갑해서 못 봅니다.

성경 전체를 늘 보시면 의문점 한 가지 중에, 왜 무시무시한 사건들이 계속 있고 하나님께로부터 왜 무서운 경고가 계속 이어질까? 반면에 복된 말씀도 동일하게 있지만, 그에 못지 않게 이런 강력한 사건 선언들이 왜 계속해서 있을까? 어떻게 이것을 생각해 보셨습니까? 복음전파에 관련된 말씀입니다! 좌우간 깨지거나 살거나 둘 중 하나입니다.

내가 그런 것이 아니고 복음의 성격이 그렇고, 복음전파한 결과가 그렇게 나타나기 때문입니다. 이러니 복음 있는 사람은 한없이 온유하기도 하면서 한없이 강력한 사람들입니다! 약한 자한테 한없이 약하게 보이면서 그 영혼을 사로잡기도 하고, 강자는 그리스도의 강력으로 박살내버리고, 무릎꿇게 하기도 합니다.

선지자들을 보십시오. 신약교회의 영광을 크게 바라보면서 어떤 식으로 당대를 걸어왔던가! 이사야 선지자의 글을 보면 당시 근방에 있던 대표적인 나라들을 다 망라하면서 메시지를 전파한 사람입니다. 복음은 광범위한 걸 요구합니다. 기껏 자기 나라 멸망하지 않기만을 전파한 사람입니까? 그러니 낱말 구성도 그렇고, 내용이 무척 호방합니다.

째째하게 민족복음화가 무엇입니까? 밑도 끝도 없이 세계복음화, 아니 총동원전도주일? 복음이 얼마나 엄청난 건데 이렇게 소꿉장난놀이를 합니까? 굉장히 구체적이면서도 섬세하면서도 확 몰아붙입니다. 한 영혼 한 영혼을 굉장히 중시하기도 하고 그러면서도 덤벼드는 자한테 가차없이 날려버립니다.

마지막으로 디모데후서 2장 1절을 보면 "많은 일러댐꾼들을 거쳐 나한테 들은 이것들을 미쁜 사람들에게 곁에 놓아라." 미쁜 사람들에게 곁에 놓아라. 왜? 다른 이들을 가르치기에 넉넉하리라. 복음전파랑 관련된 건데 미쁜 사람들한테 주면 그 미쁜 사람들이 다른 사람을 가르칠 거란 말입니다.

기도

하나님 아버지, 성전 미문에 앉아서 동냥이나 하던 거지같이 우리 모습이 하나님 앞에 어떤지 모르겠습니다. 이 값진 것을 값지게 여기지 못하고 현실 가운데 누리지 못했던 이 오만함들과 게으름들을 용서하여 주시옵소서. 하나님 아버지여, 세상에서 돈을 의지하던 사람들이 갈팡질팡하는 때인데 복음의 능력을 나타내야 될 좋은 때를 주신 것을 감사하옵나이다.

우리가 그동안 배워오고 견디어오고 환란 가운데 훈련받아온 것을 점점 드러내기에 좋은 때를 마련해 주신 것을 감사하오니 하나님 아버지여, 비록 저희들 많은 연약이 있을지라도 전능하심을 이 교회를 통해서 우리 한 사람 한 사람을 통해서 드러나게 하시고, 만날 사람들한테 만나서 복음을 전파할 때에 능력이 있도록 하시옵소서.

저희들이 전도에 대해서 이모저모 간단하게 말씀을 상고해 가는데 주여, 이 말씀이 풍요로운 열매를 맺도록 해 주시고, 우리 모두가 복음의 아름다움과 권세를 널리 드러내고 찬송하는 데로 자꾸만 다가서도록 하시옵소서.

구주 예수 그리스도의 이름으로 기도 드리옵나이다. 아멘.

성경 찾아보기